U0528950

片马人民抗英胜利纪念碑(照片由片马抗英纪念馆提供)
纪念碑位于云南省怒江傈僳族自治州泸水市片马镇。碑高19.1114米,意为1911年1月4日英侵略军正式武装强占片马。碑体有盾牌、剑,碑基由三个基柱组成,象征着傈僳、景颇、怒等各民族人民团结抗英。碑身上镶着铜铸的由胡耀邦同志亲笔题写的"片马人民抗英胜利纪念碑"。

片马抗英纪念馆(照片由片马抗英纪念馆提供)

"片马抗英纪念馆"馆名由胡耀邦同志亲笔题写。纪念馆展示有大量珍贵历史资料和抗战时期物件,已被列为"全国民族团结进步教育基地"。

辛亥革命

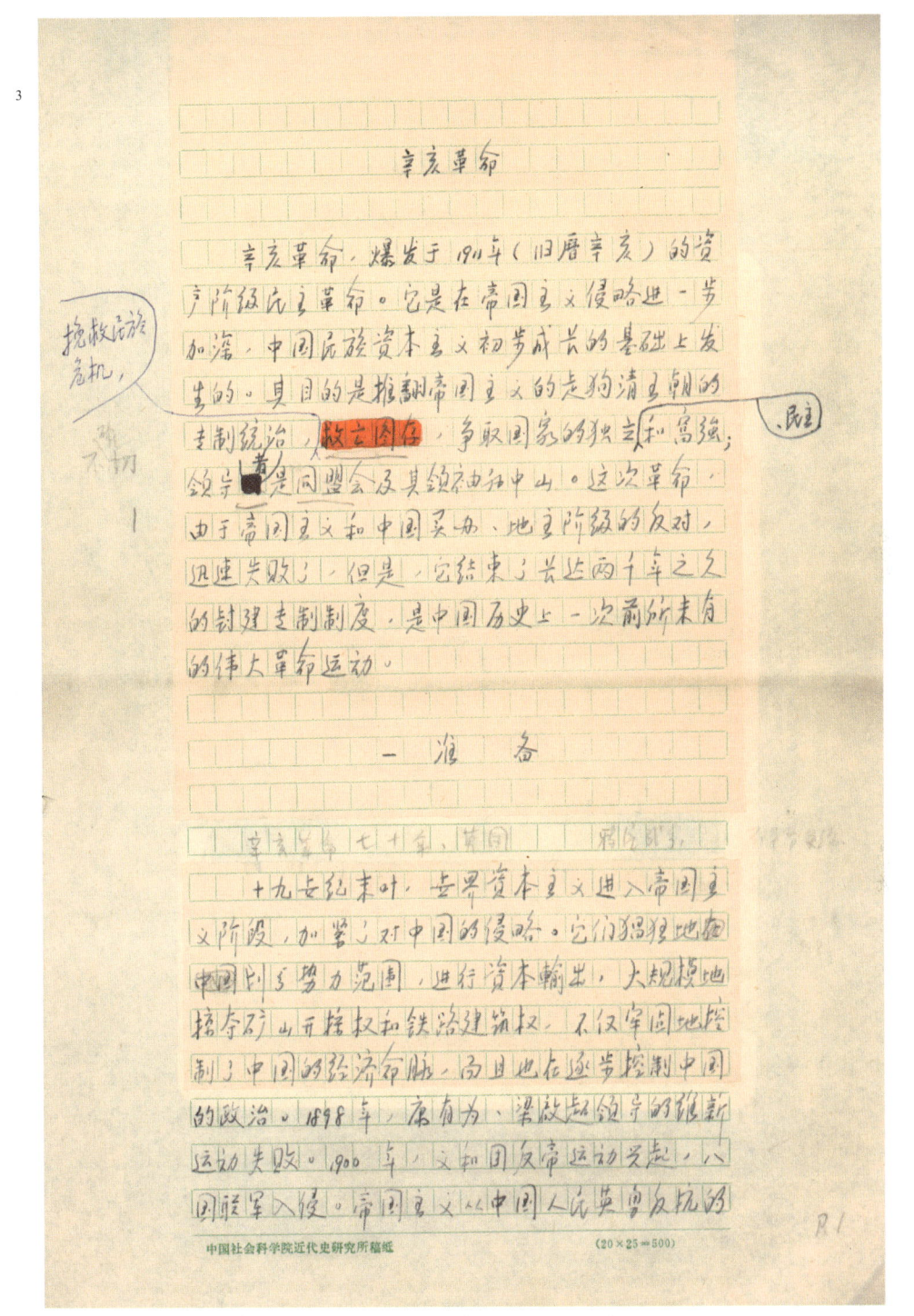

辛亥革命，爆发于1911年（旧历辛亥）的资产阶级民主革命。它是在帝国主义侵略进一步加深、中国民族资本主义初步成长的基础上发生的。其目的是推翻帝国主义的走狗清王朝的专制统治，挽救民族危亡，争取国家的独立和富强；领导者是同盟会及其领袖孙中山。这次革命由于帝国主义和中国买办、地主阶级的反对，迅速失败了。但是，它结束了长达两千年之久的封建专制制度，是中国历史上一次前所未有的伟大革命运动。

一 准 备

十九世纪末叶，世界资本主义进入帝国主义阶段，加紧了对中国的侵略。它们猖狂地在中国划分势力范围，进行资本输出，大规模地掠夺矿山开採权和铁路建筑权，不仅牢固地控制了中国的经济命脉，而且也在逐步控制中国的政治。1898年，康有为、梁启超领导的维新运动失败。1900年，义和团反帝运动兴起，八国联军入侵。帝国主义以中国人民英勇反抗的

杨天石为《中国大百科全书》《中国历史》卷中的"辛亥革命"长条所写的条目手稿。

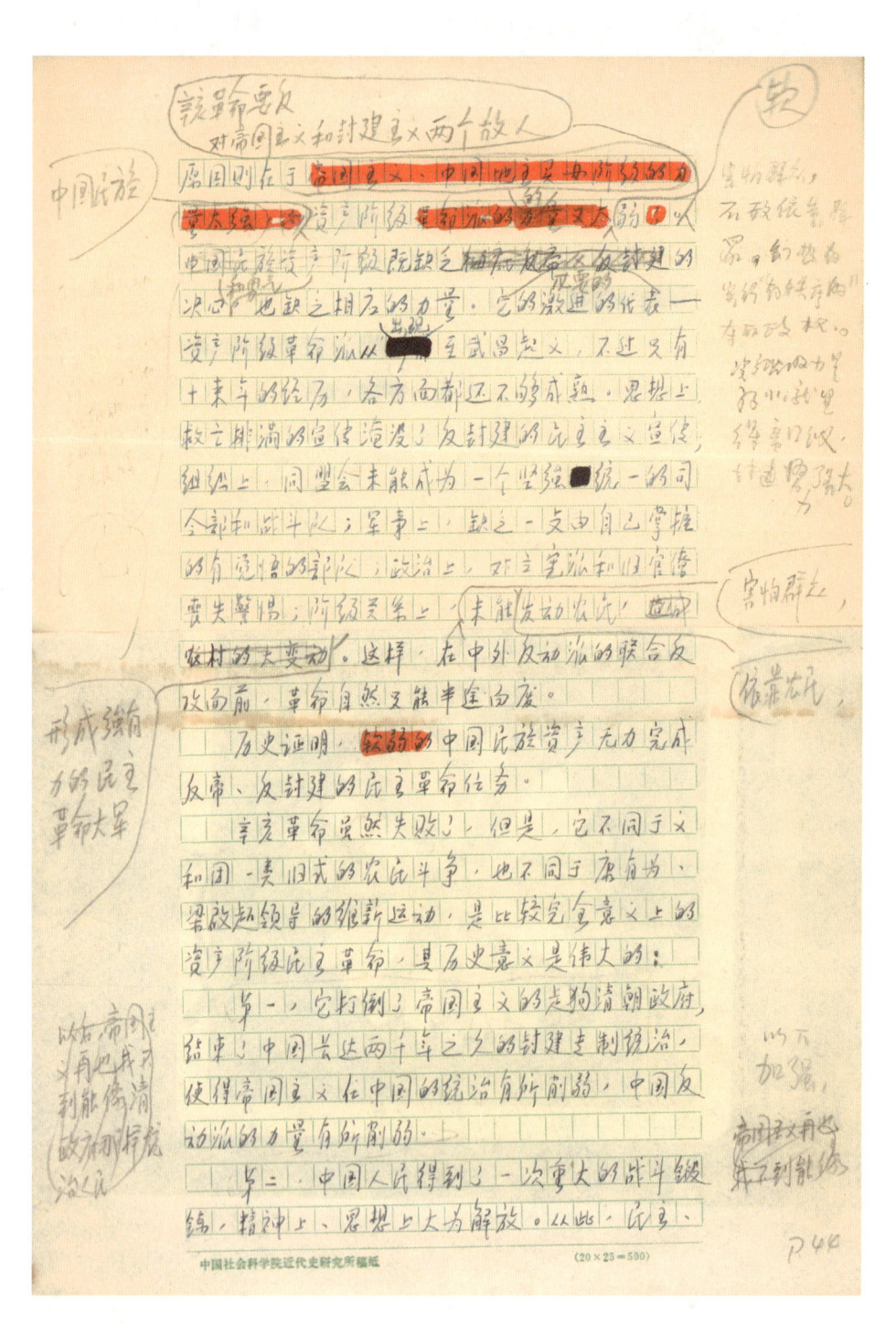

【读革命要反】
对帝国主义和封建主义两个敌人

原因则在于帝国主义、中国的无产阶级的力量太弱、一个资产阶级领导的革命之所以

中国民族资产阶级既无推反帝、反封建的决心，也缺乏相应的力量。它的激进的代表——资产阶级革命派以<s>孙中山</s>至武昌起义，不过只有十来年的经历，各方面都还不够成熟。思想上救亡排满的宣传淹没了反封建的民主主义宣传；组织上，同盟会未能成为一个坚强■统一的司令部和战斗队；军事上，缺乏一支由自己掌握的有觉悟的军队；政治上，对立宪派和旧官僚丧失警惕；阶级关系上，【未能发动农民】，进行农村的大变动。这样，在中外反动派的联合反攻面前，革命自然又能半途而废。

历史证明，软弱的中国民族资产无力完成反帝、反封建的民主革命任务。

辛亥革命虽然失败了，但是，它不同于义和团一类旧式的农民斗争，也不同于康有为、梁启超领导的维新运动，是比较完全意义上的资产阶级民主革命。其历史意义是伟大的：

第一，它打倒了帝国主义的走狗清朝政府，结束了中国长达两千年之久的封建专制统治，使得帝国主义在中国的统治有所削弱，中国反动派的力量有所削弱。

第二、中国人民得到了一次重大的战斗锻炼，精神上、思想上大为解放。从此，民主

右上为刘大年教授审稿时所批注的意见。

1911
危亡警告与救亡呼吁

杨天石 闫妮 —— 编

重庆出版集团 重庆出版社

图书在版编目（CIP）数据

　　1911：危亡警告与救亡呼吁 / 杨天石，闫妮编. -- 重庆：重庆出版社，2024.10
　　ISBN 978-7-229-16584-0

　　Ⅰ. ①1… Ⅱ. ①杨… ②闫… Ⅲ. ①辛亥革命—史料 Ⅳ. ①K257.06

中国国家版本馆CIP数据核字(2024)第092653号

1911：危亡警告与救亡呼吁
1911：WEIWANG JINGGAO YU JIUWANG HUYU

杨天石　闫妮　编

策　　划：	华章同人
出版监制：	徐宪江　连　果
责任编辑：	李　翔
营销编辑：	史青苗　刘晓艳
责任校对：	陈　丽
责任印制：	梁善池
封面设计：	周伟伟

重庆出版集团
重庆出版社　出版

（重庆市南岸区南滨路162号1幢）
三河市嘉科万达彩色印刷有限公司　印刷
重庆出版集团图书发行有限公司　发行
邮购电话：010-85869375
全国新华书店经销

开本：710mm×1000mm　1/16　印张：21.5　字数：301千
2024年10月第1版　2024年10月第1次印刷
定价：69.80元

如有印装质量问题，请致电 023-61520678

版权所有，侵权必究

编撰说明

1911年1月，英兵侵占我国云南片马。2月，英法合办的企业强索云南七府的矿产开采权，法军陈兵滇边。沙俄借修订《伊犁条约》及附约之机，企图攫取在新疆、蒙古、张家口等地的多种权利。这些警报，标示着中国边疆危机和中国民族危机的进一步加深。为此，中国人民奋起"保界"，拒绝修改中俄有关条约。此际，传说列强在巴黎集议，计划瓜分中国，仅留河南、陕西作为中国土地。为此，留日学界于当年3月发表《中国危亡警告书》，号召中国人民奋起救亡，反对瓜分。这一运动迅速向各地发展，成为同年5月四川等省轰轰烈烈的保路运动的前奏，在舆论准备、社会组织、发展商团、民团等民间武装方面，共同推动了辛亥革命的发生和发展。

多年来，学界对辛亥年的这一以"保界""拒约"、反对瓜分为核心内容的反帝救亡运动注意不够，研究甚少。本书广泛收集相关中文及日文资料，汇编成集，作为对辛亥革命110周年的献礼。

本稿完成于2021年。在本稿编辑过程中，日本小野信尔教授曾提供部分《日本外务省档案》，谨此致谢。

杨天石

目录

绪论
1911年的保界、拒约与反对瓜分的爱国救亡运动 ... 14
一、云南谘议局的"保界"呼吁与各地立宪派的响应 ... 16
二、留日中国国民会的成立及其与使馆的冲突 ... 19
三、民族资产阶级的奋起与国民总会的成立 ... 24
四、清政府的禁阻与运动向各省的扩展 ... 27
五、同盟会在运动中的作用及其斗争策略 ... 31

资料选编
（一）起自云南的保界呼吁 ... 36
《民立报》消息 ... 37
云南谘议局致留东全体诸君电 ... 37
云南保界会之宣言书 ... 37
云南谘议局片马交涉事上滇督呈 ... 39
千钧一发之云南 ... 41
中英争界之风云 ... 43
云南警告 ... 43

（二）留日学界的危亡警告 ... 54
《民立报》专电 ... 55
留东全体学生电 ... 55
留学生奔走国事 ... 55
《民立报》新闻 ... 55
留东学生会议，建议组织国民军 ... 56
留学生奔走国事 ... 56
东京留学界大集议 ... 57
东京留学大会 组织国民军 公使捐款 ... 57
东京留学生大集会 ... 58

留学生爱国大会补记	59
留学生爱国大会记（二）女子也知亡国恨	59
散发印刷物事件	60
提倡汉、满、蒙、回、藏民党会意见书	60
国民会代表回国之件	62
《中国危亡警告书》相关之件	63
中国危亡警告书	63
清国革命党员相关之件	75
清国留学生代表归国之件	76
清国留学生集会相关之件	77
清国留学生大会	77
法竟为瓜分我首耶	79
有关云南及伊犁事件的清国留学生大会情况	80
清国留学生各省代表集会之件	83
清国留学生的活动	85
清国留学生的行动	86
清国留学生的行动	87
中国国民会总会之件	88
清国留学生的行动相关之件	89
中国国民会意见书印刷之件	89
中国留学生的演说会	91
清国留学生归国代表者之件	92
清国留学生大会相关之件	93
清国留学生相关之件	94
清国公使与该国留学生	96
留学生奔走国事	97
留学生大闹公使馆	97
留东国民会始末记　呜呼吴振麟	98
留日中国国民会临时哀告内外同胞意见书	101
中国国民会章程	108
中国国民会议案：留日中国国民会评议部决议案	111
留东爱国儿之风云	113
破坏国民军之败类，著名牛皮大王，宪政妖党之走狗，公使馆之侦探	113

无题缺文......114
留日中国国民会近况，汪大燮无赖，吴振麟之可杀......115
滇代表通告书......119
云南代表由沪致滇谘议局电......121
吉林留日学生泣告乡人书......122

（三）上海民族资产阶级的奋争......128

风云中之烈士魂，顾君之蹈河自沉......129
商余学会之紧要通告，提倡尚武，卫国保家......129
少年军出现......130
附：以血洗血之准备......130
中国保界会上海分会事务所谨告......131
保界会事务所谨告......131
中国保界大会纪事......132
张园之保界大会......133
中国保界会到会诸公均鉴......133
上海南北商团均鉴......134
记全国商团联合会......134
本埠新闻：《全国商团联合会记》......136
全国同胞公鉴......136
劝人入商团之通函......137
国民一点尚武精神......137
壮哉爱国之风云......137
商团报名之踊跃......138
商余学会体育部添招第五队新队员......138
促进会为《东陲报》乞命......139
英雌之风云大会......139
中国敢死队出现......140
拟致沪上信教华人书......140
商团进行之种种......142
敢死团启事......143
旅沪宁波同乡大会纪事......143

丽之所观剧记，新舞台国民爱国 ... 144
全国商团之进行观 ... 145
敬告四川旅沪诸同乡 ... 146
商团之风云大会 ... 148
全国商团联合会缘起 ... 151
全国商团联合会简章 ... 151
志谢 ... 154
蜀人泣恳练兵团 ... 155
国民爱国 ... 155
国民爱国之新戏 ... 155
新舞台声飞闽中 ... 156
商学补习会体育部添招速成班 ... 156
中国学界联合会广告 ... 157
爱国心激起矣 ... 157
改良新戏之影响，倪君赞美艺员 ... 157
事急矣！死！！死！！！ ... 158
又一爱国者 ... 159
书业之商团出现 ... 159
雄鸡一声天下白 中国少年会缘起 ... 159
全国学界联合会事 ... 160
国民会代表归国 ... 161
国民会进行种种 ... 161
商团续招七百人 ... 162
国民会代表纪事：联合绅商报学之大会 ... 162
国民之爱国热 ... 163
上海"中国国民会"相关之件 ... 164

（四）北京动态 ... 166

对于中俄交涉之抗议 ... 167
直省谘议局议员联合会文件请重勘片马界务呈 ... 170
联合会第二届第十八次会员记事录 ... 172
联合会第二届第二十次会员记事录 ... 174

直省谘议局议员联合会报告书 ················· 177
　　电各省谘议局及上海汉口各团（1911年5月17日） ······· 181
　　代表团提交谘议局联合会议案 ················· 181
　　滇京官电 ···························· 184
　　东省代表联合大会 ······················· 184
　　政府赞成国民军 ························ 184
　　资政临时会小产 ························ 184
　　还说什么临时会 ························ 185

（五）江苏、陕西、福建等省的继起 ················ 186

1.江苏 ····························· 187
　　议长之救亡电 ························· 187
　　勖哉！吾少年军国民！ ···················· 187
　　学生军之造胎 ························· 187

2.陕西 ····························· 188
　　陕西谘议局致《民立报》转各报及留东诸君子电 ········ 188

3.福建 ····························· 188
　　上海福建学生会急电 ····················· 188
　　四方八面之催命符 ······················ 189
　　《敬告乡里速办团练》第一号 ················· 189
　　《再告乡里速办团练》第二号 ················· 191
　　看看看看，如有不发大奋者，必非中国人 ··········· 193
　　论说《鸣呼福建》······················· 193
　　再告我福建同胞 ······················· 195
　　论说：论日本图闽之原因、证据及其方略 ··········· 196
　　论日本图闽之原因、证据及其方略（续） ··········· 198
　　厦门排外思想相关之件 ···················· 200
　　再告乡里速办团练 ······················ 203
　　有关时局的福州民间运动情形报告之件 ············ 204
　　福州商团规则 ························ 207
　　闽人对外之风云 ······················· 210
　　闽人报国之风云 ······················· 211

福州商务总会公启 212
报告有关时局，福州市面上的谣言及其情报之件 213
闽浙总督松寿命令取缔谣言之件 214
福州商团队的成立与体操教育的加强 214
闽人对外人之风云 215
驻厦门领事代理致外务大臣公第80号附属文书 216
厦门体育会暂定章程 217
福州民心动摇相关之件 218

4.东三省 219
组织国民军之先导 219
楚歌中之国民兵 219
国民会代表入满记 219
吉林各界通电各省 220

5.湖北 220
汉人之国事热 220

6.安徽 221
此之谓爱国男儿 221

7.河南 221
豫人电促办民团 221

8.江西 221
九江国民军出现 221

9.山西 222
晋南的革命活动 222

10.广西 223

（六）国外各地华侨的呼应 224

横滨公电 225
秘鲁华侨致粤商自治会电（附复电） 225
吾国在欧留学界之论中俄交涉 225
留德学会电 228
留美学生公电 228
传言 228

附：俄社会党之救国 229
　　　附：俄议员与政府战为中俄交涉事 229

(七)《民立报》《时报》评论选 230
　　甲 《民立报》评论选 231
　　　半战书后之义勇队 231
　　　顾烈士之英魂安在 231
　　　二百年来之俄患篇（十续） 232
　　　承化寺说 233
　　　经营伊犁伤心史 234
　　　现今中国外交形势论 235
　　　俄人何足畏哉 238
　　　东西南北 238
　　　讨俄横议 239
　　　中国男儿 244
　　　国民兵 244
　　　呜呼！甘心亡国之政府！ 245
　　　拼将歌舞送河北 245
　　　振臂一呼 246
　　　呜呼暴俄不仁 246
　　乙 《时报》评论选 247
　　　论上海华商组织义勇队事 247
　　　再论沪商组织义勇队事 249
　　　论英俄交涉之影响 250
　　　敬告全国国民组织义勇队 252

(八) 清政府的官方态度 254
　　中国对俄交涉宣告列国书 255
　　呜呼！中国人之言论自由权 255
　　俄使欲箝我民口 256
　　国民军乎？拳匪乎？眼光之不同，各如其心理 256
　　政府答俄之全文 256

瑞督饬禁组织国民军 ... 258
王克敏之丧心病狂 ... 259
汪大燮电告外务部 ... 259
陆军部方禁制国民军也 ... 259
请外务部自省 ... 260
又是一道加急电司空见惯 ... 260
外患急兮防国民 ... 260
禁人爱国之公文 ... 261
江督要防范国民军，罢了，罢了，完了，完了 ... 261
二月二十北京特电 ... 261
北京电 ... 262
保定消息 ... 262
保界会又将查禁 ... 262
政府通电 ... 263
敢死团消息 ... 263
宁学使为国民军着急 ... 263
政府电 ... 263
大老怕老百姓 ... 264
电报中之国民军：官电禁阻，民电速办 ... 264
湖北谘议局 ... 264
《东陲公报》被封记　郭宗熙之欺内媚外　连梦清之仇内亲外　姚岫云之逆内顺外 ... 265

（九）政府文件与外交文书选 ... 268

甲　关于片马 ... 269

滇督李经羲致外部，英藉片马事争野人山界址，请商英使重勘电 ... 269
使俄萨荫图致外部丞参，报与陆使商议俄约事函 ... 270
滇督李经羲致外部，片马案久无结束，请催重勘电 ... 270
外部致李经羲，片马界务英使不肯派员会勘，希妥筹因应电 ... 271
滇督李经羲致外部，请与英使提议滇缅界务以便勘办电 ... 271
滇督李经羲致外部，缅兵赴腾越驻守，请商英使电缅政府，仍守小江北流为界电 ... 272
滇督李经羲致枢垣，英兵抵片马并胁各夷降附，请饬商英使退兵妥议电

(附旨)..273
外部致刘玉麟，英兵直抵片马，请商英外部撤回电..............................275
滇督李经羲致枢垣，英占片马，拟督军备战，誓以身殉乞示电........275
军机处致李经羲，滇缅界事已诘英使，希遵旨规画计出万全电..........277
外部致刘玉麟，英兵确抵片马，希商退兵再议界务电..........................277
使英刘玉麟致外部，译送英外部面交滇缅界案节略函（附节略）......278
附：英外部大臣面交滇缅界案节略..278
外部致汪大燮，中俄悬案本持认真商定之旨电......................................279
外部致各督抚，英人进兵片马事报传失实，请解释电..........................279
使英刘玉麟致外部丞参，陈滇缅界务暨禁烟办法函..............................280
督办粤川汉铁路端方奏，滇边界务请于片马交涉未定之际，端方片与英使商撤兵片..280
滇督李经羲呈内阁，滇路收归国有，请旨饬下迅议电..........................281
李鸿章奏，俄使请以天津河东为俄租界，请旨办理折..........................282
中英交涉遣使设领..283

乙 关于隆兴公司..284

邮部致外部，钞送滇督李经羲请办滇桂、滇蜀两路向四国公借二千万元来电，请查阅函（附钞电三件）..284
照录。滇督李经羲致邮部，隆兴公司因滇桂造路借款，要求派员查账，力拒未允电..284
照录。滇督李经羲致邮部，滇路收归国办，恐争路者反唇相稽，请裁察电....285
照录。滇督李经羲致邮部，滇路须加借巨款，请商度支部并赐复电......286
外、度、商三部奏，议结滇省隆兴公司矿案，取销原订合同折..........287
外部咨度支部，云南隆兴英法公司偿款请拨付文..................................288

丙 关于《伊犁条约》..289

关于《伊犁条约》..289
伊犁条约（崇厚所订）..290
使俄崇厚奏，与俄国议明交收伊犁修定约章，谨陈办理情形折（附照会）......294
照录崇厚致俄国外部照会..297
总署奏，遵议崇厚与俄定约损失国权折..298
改订条约（曾纪泽所订）..300
专条..304
附注..304

谕曾纪泽，到俄后必须力持定见，妥慎办理以全大局 304
签注《中俄陆路通商章程》 305
签注中俄爱珲专条 313
总署奏，俄国分界通商各事，经审订签注拟议办法折 313
新疆巡抚联魁致外部，新省于俄防不胜防，请饬萨使侦察电 314
伊犁将军长庚复枢垣，报俄由新疆赴藏路程地名电 315
科布多办事大臣锡恒奏陈，俄商违约私盖房屋已商令拆去，恳饬部立案折 315
使义钱恂奏，外交政策宜遵谕旨公之舆论折 318
使俄萨荫图致外部，俄开商约六款请示对付宗旨电 322
使日汪大燮致外部，闻俄调兵赴伊犁，英议有事滇边，诸宜直接交涉电 323
外部司员富士英、管尚平呈外部丞参，查报塔城中俄通商利弊禀（附清折二件）... 323
谨将查明塔城中俄通商利弊大概情形开具十条，以备察夺 324
新抚袁大化咨外部，伊犁中俄民籍混杂，撮叙户口总数酌拟办法，请核复文 328
科布多办事大臣忠瑞咨外部，呈送会议修改俄约调查表文　附界务、商务、税务、杂务表 331
俄国驻华公使廓索维慈致清政府外务部的最后通牒 340
俄外交大臣沙佐诺夫致驻华公使密电 341
清政府照会俄国驻北京钦使 342
俄外务部电致驻北京俄使原文内容如下 343

绪论

1911年的保界、拒约与反对瓜分的爱国救亡运动

1911年初，我国边疆地区警报频传。1月3日，英国派兵侵占我国云南西北边境要地片马。2月，英、法合办的隆兴公司强索云南七府矿产开采权，法国借口保护铁路而陈兵滇边。同月24日，中俄之间于1881年在俄国圣彼得堡签订的《中俄改订条约》（《伊犁条约》）已满30年，按规定，其中的《改订陆路通商章程》应该届满废止。但是，沙俄政府却于1月12日向清政府提出无理新要求，共35款，并于2月16日归纳为6点，要求扩大在新疆、蒙古、张家口等地的免税贸易范围、领事裁判权，使免税贸易无条件永久化等，声称如不允许，将"自由行动"。3月24日，沙俄政府向清政府发出最后通牒，要求在28日之前做出完全满意的答复。[1] 27日，清政府不顾全国人民的反对，复照"承认俄国按约一切要求"。

这些事件的接连发生，标志着中国民族危机和边疆危机的进一步加深。于是，由立宪派和革命党人分头发动，掀起一场以拒英、拒法、拒俄为主要内容的反帝爱国运动。当时传说，列强在巴黎开会，计划瓜分中国，仅将河南、陕西两省留给中国。为此，中国留日学界发表《中国危亡警告书》，号召中国人民奋起救亡。这一运动是同年5月轰轰烈烈展开的四川保路运动的前奏，在舆论准备、社会组织、发展商团等民间武装等方面，为辛亥革命做了准备。

关于这一运动，日本学者小岛淑男、小野信尔教授等早已做过初步研究，小岛淑男还以"留日学生与国民会"为中心写过专书。[2] 但是国内研究者却很少有人关注这一问题，有关辛亥革命史的著作对此几乎没有叙述。本人在多年前即注视这一课题，收录、抄写了大量资料，发表过专题研究论文，从广阔的角度审视这一运动，并且着重考察同盟会在其中的作用及其斗争策略。2011年辛亥革命百年纪念，

1　参见刘培华等著《帝国主义侵华简史》，黄山书社1985年版，第356—358页。
2　《留日学生の辛亥革命》，日本东京青木书店1989年版。

本人写作《帝制的终结》一书时，曾将"保界拒约运动"列为专节论述，惜未充分展开。2021年为辛亥革命110周年，除再版《帝制的终结》一书外，特将当年抄录的资料编辑、整理成书，论文略加改动，改题《绪论》，以此作为对中国历史发展中这一伟大日子的纪念。

须要说明的是，本书资料部分或取自日文档案，或取自当时的报纸杂志，均仍其旧，不求统一，遇有误抄、误排之处，编者尽可能作了订正，少数无法订正处，只能仍之。

一、云南谘议局的"保界"呼吁与各地立宪派的响应

1911年的拒英、拒法、拒俄运动发端于云南谘议局的呼吁。

1月28日，云南谘议局致电全国报馆："英人派兵据我片马，势将北进，扼蜀、藏咽喉，窥长江流域，大局危甚。拟先文明对待，不卖英货，请转各商协力进行。"[1]同时，又上书云贵总督李经羲，要求他一面与政府协力争议，一面在腾越、思茅等地编练重兵，以备不时之用。[2]2月7日，云南绅商在谘议局开会，议决成立中国保界会。该会决定：第一，联合全国各报馆、各宣讲所，分别著论演说，号召人民起而斗争；联合各省志士仁人，上书外务部，请与英人严正交涉，并以此案发交海牙和平会裁判。第二，在买卖货物、乘载轮船、雇请佣工等方面对英国进行限制，同时奖励并补助自设工厂和轮船公司。宣言要求全国及海外华人在各自驻地普遍设立保界会，并特别声明："我国现值积弱，只宜用文明之抵制，不可为野蛮之举动。"[3]2月11日，商会集会，决定抵制英货，以当月23日为"不卖英货日期"，"过期如有再买卖英货者，即公同议罚"[4]。

云南谘议局的呼吁迅速得到各省谘议局的响应。贵州谘议局复电称："英

---

[1]《民立报》，1911年2月4日。
[2]《申报》，1911年3月2日。
[3]《云南保界会之宣言书》，《帝国日报》，1911年3月7日、8日。
[4]《千钧一发之云南》，《帝国日报》，1911年3月13日。

据片马，先以不卖英货抵制，各界协议，表同情，并电政府力拒。"陕西谘议局复电称"非人人自为兵，无以救亡"，建议以3月9日为期，联络各省谘议局，同时致电资政院，奏请就地开办团练。[1]当时，俄国政府企图借修约之机扩大侵略权益的阴谋已经暴露，因此，各谘议局除通电拒英外，又大力呼吁拒俄。3月2日，江宁谘议局议长张謇致电全国各谘议局，提议联合各局议长，上书清政府，表示"俄旧约万不可徇"[2]。当时，立宪派已经在北京发动过四次国会请愿运动，要求召开民选国会，实行内阁制。3月11日，总部设在北京的"国会请愿同志会"发表长篇文章《对于中俄交涉之抗议》，指责"俄人之阴险狡诈"和清政府的"畏葸无能"[3]，要求各方人士联电政府力争。20日，福建谘议局在得到山西、江西等省谘议局的支持后，致电清政府军机处，要求召开官设的中央咨议机构——资政院临时大会，以民气为外交后盾。

在各省立宪派的鼓噪声中，资政院在京议员联名上书总裁溥伦，认为"修订中俄商约一事，实关系西北大局"，要求溥伦根据院章，奏请召开临时会议。但身为皇族的溥伦置之不答，[4]议员们赴溥伦住宅求见，溥伦又闭门不纳。尽管如此，清政府仍然认为溥伦等压制议员不力，于3月22日下令撤去溥伦、沈家本的资政院正副总裁职务。其间，议员们不肯死心，再次上书，说明各省谘议局纷纷申请开会，不可置之不理。[5]书上后，清政府的内阁大员们连看也不想看，"温谕阻拒"[6]。

新的民族危机也使海外的立宪派不能安坐，企图借此发动第五次国会请愿运动。2月下旬，在美国的中华帝国宪政会致电国内各团体，声称："敌迫，国会迟必亡，速五请。"[7]但是，国内立宪派由于对清政府镇压四次国会请愿运

---

1 以上引文，均见1911年3月13日《帝国日报》。
2 《议长之救亡电》，《民立报》，1911年3月2日。
3 《对于中俄交涉之抗议》，《神州日报》，1911年3月12日。
4 《资政临时会小产》，《民立报》，1911年3月21日。
5 《还说什么临时会》，《神州日报》，1911年3月27日。
6 《民立报》，1911年5月17日。
7 《申报》，1911年2月24日。

动的记忆犹新，不愿再行自找没趣，帝国宪政会的呼吁没有引起任何反响。

当时，立宪派的兴趣在于提前召开各省谘议局联合会。按规定，该会会期应在夏历六月（公历7月），现因召开资政院临时会无望，遂由福建谘议局提议提前召开联合会。5月12日，该会在北京开幕，到会的各省谘议局议长、议员及资政院议员共63人，以谭延闿为主席、汤化龙为审查长。会上，代表们普遍提议编练民兵，保卫边疆，反映出立宪派对清政府的愤懑、绝望，以及忧患意识的加深和自保要求的增强。据该会整理的资料，在全部27个议题中，与编练民兵或救亡相关的议题即达14件。[1]讨论中，代表们一致同意，编练民兵，主要用于对外，宗旨在于救亡；在定名上，代表们上书都察院，指出当今世界各国均采"国民皆兵"主义，要求各省、厅、州、县会同自治团体，选择土著而有职业者编练"备补兵"，"取民兵之意，而变通练军之法"。同时，号召各省谘议局议员协同各团体，组织体育社，召选学生学习步兵操法、射击教范等科目，以"提倡尚武精神，补助军事教育"[2]。

联合会开会期间，云南籍资政院议员顾视高、张之霖提出片马一案，汤化龙认为："上奏亦无效，不如作为我辈攻击政府之资料。"[3]5月8日，皇族内阁成立，片马问题即成为立宪派射向皇族内阁的有力子弹。6月13日，联合会致电各省谘议局等称："片马交涉，政府主延宕、退让两说，丧权误国，请径电内阁，力争重勘。"[4]6月18日，云南谘议局议长段宇清及资政院议员李增到京出席联合会。段称："仍恳诸公念片马非云南之片马，乃全国之片马，片马失，则云南失，云南失，则中国不保。"[5]24日，联合会通过由湖北省谘议局副议长张国溶起草的《通告全国人民书》，全面抨击皇族内阁的内外政策。当时，清政府曾准备同意英国前驻腾越领事烈敦的要求，"永远租借片马"。对此，通告

1　《直省谘议局议员联合会第二届报告书》，第6—7页。
2　《直省谘议局议员联合会第二届报告书》，第71、95页。
3　《直省谘议局议员联合会第二届报告书》，第50页。
4　《片马事往来电》，《民立报》，1911年7月15日。
5　《直省谘议局议员联合会报告书》，第58页。

书评论说："夫永远租借实割让土地之变名词。"[1]26日，联合会又上书外务部，要求将片马问题提交内阁，请另派大臣重行勘界，以固国防。

皇族内阁准备租让片马的消息激起了云南各界的强烈愤怒。8月，云南谘议局再次致电各省谘议局，呼吁采取联合行动："片马案，阁议永租，请协力电争，力争重勘。"[2] 9月又电内阁称："片马让租，民情愤激，恳勿退让，中国幸甚！并请从速解决，再迟恐为祸愈烈。"[3]当时，保界会一类组织遍布云南各地，"会员之泣血断指，誓以死争者前后相继。"[4]据时在云南的清军第38协统领曲同丰报告，"每接见绅耆，彼无不谆谆以片马为词""中心愤懑，词意遂多不平"[5]。这种种迹象表明，与立宪派的愿望相反，一场革命风暴就要来临了。

二、留日中国国民会的成立及其与使馆的冲突

留日学界一向是近代中国反帝爱国运动的重要策源。1911年2月25日，豫晋秦陇协会于中国留学生会馆集会，筹议行动办法。次日，东京中国留学生遍发传单，召开全体大会，到会者1200余人。会上同盟会员邹资州、刘揆一、陈策三人提议："对于中俄条约，俄国殊属无理，此事万一政府含糊答应，于吾国北省殊有损害。吾辈当竭力设法警告内地及各省谘议局，拒绝此约，且须运动各省谘议局成独立机关，组织国民军，以防外敌。"[6]会议决议在一星期内成立救亡机关，向内地及欧美、南洋华侨发送警告书及电报，同时成立国民军，请驻日公使汪大燮代电政府，要求拒俄。会后，河南留学生、同盟会员刘基炎提议到使馆要求赞助经费，得到热烈赞同，于是，他被推为总队长，率领全体

---

1 《直省谘议局议员联合会第二届报告书》，第101—102页。
2 《片马之争》，《民立报》，1911年8月15日。
3 《民立报》，1911年9月29日。
4 《直省谘议局议员联合会第二届报告书》，第84页。
5 《曲同丰上陆军部呈》，秘字第258号。中国社会科学院近代史研究所藏。
6 《东京留学生大会》，《时报》，1911年3月11日。

人员列队向使馆进发。

汪大燮慑于学生的浩大声势,表示赞助国民军,并认捐日币1000元。当时参加游行的自费生及官费生纷纷认捐,谈妥官费生每人认捐10元,由使署预支,以后月扣2元,并由汪大燮签字为信。

27日,留学生总会召开临时各省职员会,会后,以留东全体学生名义向上海《民立报》及21省谘议局发电:"俄侵伊犁,英占片马,法强索滇矿,若稍退步,全国沦亡。政府无望,已集全力,捐现金两万余,设立救国机关。"电报要求各省谘议局,"开临时会,组织国民军,以救灭亡。"[1]同时,又致电爪哇中国会馆,要求南洋各埠华侨"协力进行"[2]。

3月5日,留日各省同乡会约80名代表集会,在熊越山主持下达成"武力救国"的一致意见。[3]会议决定不用"国民军"名义,而称中国国民会,推举同盟会员李肇甫、傅梦豪、陈策、袁麟阁四人为章程起草员。8月,国民会全体职员集会,通过《留日中国国民会草纲》,确定该会宗旨为"以提倡国民军为主,并研究政治、教育、实业"[4]。同时决定各省于12日前推举代表二人组成演说团,共为五团,分往21省演说,宣传救亡。13日,又以留日全体学生名义公布《中国危亡警告书》,陈述俄、英、法侵略中国的严重局势,说明治标之法是"要求政府严拒俄人之请",治本之法是"联合各省速创国民军",本中之本是"革政治、励教育、兴实业"[5]。

当中国国民会组建之际,留日女学生也建立了专门的爱国组织。3月5日,同盟会员林演存、刘其超、唐群英及朱光凤四人,发起召开留日女界全体大会,到会者百余人,会议选举唐群英为会长。

驻日使馆虽然答应了学生的爱国要求,但并不准备兑现。3月13日,留日

---

1 《民立报》,1911年3月1日。
2 《日本外务省档案》:《清国留学生各省代表者会合ノ件》,1911年3月12日。
3 《留学生爱国大会补记》,《民立报》,1911年3月12日。
4 《日本外务省档案》:《清国留学生关系杂纂》。
5 《日本外务省档案》:MT16141。

学生代表赴使馆领取官费生捐款，并要求会见汪大燮，但汪大燮拒而不见。会计课长吴某称：如欲领款，非各人签名捺印不可。这实际上是一个无法办到的条件，因为留日学生分散在100多个学校里，南到长崎，北至北海道，不可能人人办理这一手续。学生代表据理力争，没有结果。15日，留学生召开评议会，报告13日交涉结果，并决定再次向使馆交涉，但汪大燮已先期避走横滨。参赞吴兆麟称：原允垫付的经费由公使做主，已不能付给。于是，48名代表即决定模仿北京国会请愿团在庆亲王门前长立一夜的例子，在公使馆静坐，直至天明。

3月16日，各校留学生闻讯赶来的已达五六百人，当即在使馆内集会，群情激愤。有人主张昼夜死守，"不得款勿归"，有人主张"自由行动"，但始终没有扰乱行为。[1] 汪大燮不得已，委托横滨总领事传言，要求学生推举少数代表次日在横滨相见。学生对此表示同意，并于晚8时撤离使馆。

国民会理事长李肇甫、干事熊越山、职员马伯援（同盟会……）上横滨领事馆见汪大燮。汪称："此次举动非尔等所应为。"……本，同此忠忱，非某等一二人私意"。汪继称："派代表回国一事，……之人及演说内容，始能决定。"他还建议将国民会改为爱国会，并再次强调，官费捐必须每人盖印，要求李肇甫等将国民会办法详细录呈，次日至使馆相见。[2]

李肇甫等向汪大燮告退后即得悉，当日下午三点，使馆指责熊越山等"挟众要求，彻夜不散，殊属无理取闹"，要求学生们"笃志劬修，确循绳尺"[3]。使馆态度的变化根源于清政府的强硬立场，当日，学部致电使馆，声称"学生干预政治，例禁綦严""倘有抗拒情事，仍应从严究办"[4]。外务部也致电汪大燮，严词指责其处理不当，声称倘再听任学生等"轻佻跋扈"，将予以革职处

1　《留日中国国民会临时哀告内外同胞意见书》，《神州日报》，见1911年4月6日—14日。
2　《留东国民会始末记》，《民立报》，1911年3月30日。
3　《留日中国国民大会近况》，《神州日报》1911年3月30日。
4　《日本外务省档案》：《清国留学生ノ行动》，明治四十四年（1911年）3月21日。

分。[1]18日，汪大燮接见李肇甫、熊越山、马伯援三人，出示外务部及学部电报，要求解散国民会。同日，留学生监督处发表禁止国民会布告，声称"此中情形，必系贪人败类，借题生事"[2]。

3月19日，中国国民会全体职员开会。有人提议开大会与使馆宣战，熊越山力主以慎重态度处理各事，李肇甫称：公使既不接受我等要求，强迫亦迥非本会宗旨，今后除依赖各人出资，讲究活动方法外，别无他法。[3]最后决议：（1）募集自由捐；（2）根据金额数量，组织演说团赴各省演讲；（3）派代表赴东三省、云南、上海三处；（4）在上海创办日报，作为总机关，联络各省谘议局及公共团体，力图救亡。散会时到会诸人重签姓名，相互勉励说："凡我中国男儿，当有决心，无论前途有如何危险障碍，吾辈必毅然行之。"[4]

4月6日，发布《留日中国国民临时哀告内外同胞意见书》，详述成立经过及与使署交涉情形，批驳对该会的种种谣诼和误解。《意见书》放弃了组织"国民军"的提法，声称国民会的宗旨在于"兴团练，办体育""人以武力来，我不可不以武力应"，要求清政府"许民间以讲武之路"[5]。同日，又发布经修订的《中国国民会章程》，宣称"以提倡尚武精神，养成军国民资格为主，并研究政治、教育、实业诸大端"[6]。18日，归国代表、同盟会员黄嘉梁（云南）、萧德明（四川）、蒋洗凡（山东）、金树汾（东三省）、王葆真（直隶）、傅梦豪（浙江）等六人由东京启程，分赴云南、东三省及上海，国内外运动开始合流。

第一批代表归国之后，留日学界只平静了几天，一个新的高潮又出现了。

4月上旬，上海《时报》《民立报》陆续刊载惊人消息，列强派大员在巴黎集会，商议瓜分中国。这则消息来源不明，很可能是革命党人为鼓舞民气而有意编造的。果然，留日学界忧心如焚，寝食不安，由拒英、拒法、拒俄发展为

1　《日本外务省档案》：《中国国民会总会ノ件》，明治四十四年（1911年）3月23日。
2　《留日中国国民大会近况》，《神州日报》，1911年3月31日。
3　《中国国民会总会ノ件》。
4　《留东国民会始末记》，《民立报》，1911年3月30日。
5　《神州日报》，1911年4月6日—14日。
6　《民立报》，1911年4月24日。

全面反对瓜分的爱国运动。23日，留日学生总会、留日学生国民会再次召开大会。在会上，云南留学生赵某指责清政府为"外人之走狗"。直隶学生王某说："有一言告满族兄弟，今日中国处此瓜分时代，满人也要亡了，汉人也要亡了，满汉皆亡，争持什么呀！"他表示，"今日要救国，第一是泯除满汉。"[1]会议做出11项决议，其主要者为：（1）清政府禁止国民会，当以不纳税相抗；（2）发动中国劳动者反抗政府；（3）不言满汉二字，以免侵犯满汉一致之权利；（4）再次派遣代表归国，联络各省谘议局，协力工作；（5）向世界各国华商团体募集国民会之基本金。[2]显然，与会者正确地认识到，在瓜分危机面前，满汉民族有着一致的利益，因而能将"满族兄弟"和清政府加以区分，对"满族兄弟"强调"一致之权利"，对清政府强调发动中国劳动者"反抗"。这是正确的决策。

会议前后，各省同乡会陆续选出归国代表约57人，他们归国后有力地推动了国内运动。

除留日学生外，留德、留美学生也表现了强烈的爱国热忱。2月21日，留德学会致电京沪各报，声称："俄以兵要约，掠地、侵权，时势危急，各国亦不直俄，望速筹救亡，并迫求政府力抗。"[3]3月3日，再电上海《神州日报》等，指责"当局昏庸误国"[4]。与此同时，欧美留学生也摆脱国会请愿运动的影响，于4月初致电上海《民立报》及各省谘议局称："俄约败，瓜分著，速鼓民气，倡民捐，练民兵，为国效死。"[5]这就从而表明，他们和留日学界以及国内运动发展相一致了。5月，由依利诺斯大学中国学生会发起，成立军国民期成会，提倡尚武。29日，十所大学的中国留学生在芝加哥召开会议，议决改名为爱国会，以"保全主权，联络友国"为主旨。[6]

---

[1]　《民立报》，1911年5月4日。
[2]　《日本外务省档案》：《清国留学生大会》，明治四十四年（1911年）4月23日。
[3]　《柏林华学生公电》，《时报》，1911年2月22日。
[4]　《留德学会电》，《神州日报》，1911年4月2日。
[5]　《留美学生公电》，《民立报》，1911年4月4日。
[6]　《美洲通信》，《民立报》，1911年8月23日、9月2日。

清末时，云南有一批学生在越南求学，当他们得悉法军陈兵滇边的消息后，立即致电清政府，要求迅速调拨北洋新军迎敌。其后，又刊发小册子，报告法国处心积虑地准备侵略云南的情况，作者沉痛地问道："行将被人宰杀，被人淫辱，被人芟荑，被人掠夺……我父老思此，其能忍乎？"建议就地征兵，编练新军，以便保卫乡邦。[1]

三大洲的中国留学生同声相应，同气相求，这是以前的反帝爱国运动中很少见过的事例。

三、民族资产阶级的奋起与国民总会的成立

继留日学生之后，上海各界奋起响应，其中，新生的民族资产阶级尤为活跃。

2月26日留日学生全体大会召开后，云南留学生、同盟会云南分会会长杨大铸及会员王九龄即束装归国。3月5日，到达上海，至《民立报》社会晤宋教仁。旋即发布《通告书》，力陈保卫片马的重要性，指出"我国人不欲为亡国民，则必预备死战""我国人欲死战，则必先练民兵"[2]。9日，马良、王河屏等人响应云南谘议局的号召，发起组织中国保界会上海分会，并称此举欲"联四百兆有用之身"，"以为政府后盾"[3]。11日，分会在张园集会，到会者约千人，会议公推豆米业资本家、沪南商会委员、同盟会员叶惠钧为临时议长，同盟会员朱少屏、王九龄、沈缦云和女医生张竹君等相继发表演说。银行家、工业资本家沈缦云称："前保矿会、保路会等都无实力，以致未能收效。此次应准备实力，庶几收获巨效。"[4]会后，马良再次发表公告，宣布改名为国界调查会。

3月12日，上海民族资产阶级头面人物沈缦云、王一亭（银行家、工业家、

1　《云南警告》，中国社会科学院近代史研究所藏。
2　《滇代表通告书》，《帝国日报》，1911年8月14日、15日。
3　《时报》，1911年3月10日。
4　《中国保界大会记事》，《时报》，1911年3月12日。

同盟会员)、虞洽卿(轮船公司创办人、银行家、工业家)、胡寄梅(钱商)、周豹元、叶惠钧、顾馨一(银行、面粉业投资者)、袁恒之(布商)等人联合发表致南北商团启事,声言"西北风云迫在眉睫,同人等现拟组织义勇队,组织全国商团联合会,俟各处商团成立,再行组织义勇队,以达'人自为兵'之目的。"宋教仁在会上阐述了片马事件及《伊犁条约》修约诸问题的由来,认为"小之关乎一地,大之关乎全国,亡灭瓜分之祸,悉系此焉"[1]。会后,即以南市毛家弄商团公会为全国商团事务所,一面分函各省商团,一面接受工商各界报名。至3月19日,工、商、学、绅各界报名者达二百余人。

商余学会是上海商界最早响应的团体。3月17日,它通告招收16岁以上青年进行兵学、徒手、器械、枪操等各种训练,培养"商战人材""建立商团基础"[2]。

与组织商团同时,上海同济大学学生朱家骅等发起组织敢死团,并于3月3日发表公启,宣称:"外患日迫,强邻胁我以兵,处此危急之秋,非有死士起而捐躯,毁家纾难,断难救祖国危亡。"[3]至4月20日前后,报名男女共150人。该团以朱家骅为团长,团址设于张静江的通义银行内,它得到了同盟会员陈其美、戴季陶、于右任、宋教仁、范光启等人的积极支持。

为资助商团,夏月珊、潘月樵等艺人在新舞台演出《国民爱国》新剧,将所得戏资均作为全国商团联合会经费。演出中,观众感泣,争先向台上掷捐。沈缦云即席发演说称:"今日并不愿来观新舞台之《国民爱国》,实愿来观诸君之爱国。"[4]4月9日,全国商团联合会在新舞台开会欢迎新会友,选举李平书为会长,沈缦云、叶惠钧为副会长,虞洽卿为名誉副会长,名誉正会长暂缺。张瑞兰在会上发表演说:"四民之中,士农工三者均无团,惟吾商团发起联合会,

---

1 《记全国商团联合会》,《神州日报》,1911年3月13日。
2 《神州日报》,1911年3月17日。
3 《全国同胞公鉴》,《神州日报》,1911年3月13日。
4 《丽丽所观剧记》,《民立报》,1911年3月21日—22日。

可知商在民中，最为热心有志者。"[1]会后公布简章，规定商团须由各省商会发起，全国凡人烟稠密、商业荟萃之区均应组织商团；上海设总事务所，各省设事务所，各府厅州县等设分事务所。[2]

商团最初只是商民维护地方治安的组织。全国商团联合会的成立标志着中国资本家阶级政治觉悟和阶级觉悟的提高，表明这个阶级已经不满足于从事一般的政治活动，正在准备以武装力量保卫阶级利益和民族利益。

受全国商团联合会成立的影响，4月23日，朱伯为等在西园开会，组织中国学界联合会。到会者七百余人。沈缦云代表全国商团联合会致词，他说："当今时代，当固结团体，一手保守自己，一手抵御外侮，则列强不能侵入。"刚刚归国的留东国民会代表傅梦豪、黄嘉梁也在会上力陈外患日亟，建议各省普遍成立民团，加速准备武装。[3]

傅梦豪等到沪后，立即展开活动。4月26日，他们举行招待会，上海知识界及商界头面人物沈敦和、王一亭、沈缦云、杨千里、陈其美、包天笑、朱少屏等二十余人出席。傅梦豪在答词中表示："愿联合各界组成一大团体，做总机关，以激发全国。"[4]

5月7日，由上海日报公会、嘉定旅沪同乡会、全国商团联合会、福建学生会、全国学界联合会、湖北旅沪同乡会、中国精武体操会、云贵旅沪同乡会、江西旅沪学会、四川旅沪同乡会等十团体发起召开欢迎国民会代表的大会。会上，傅梦豪再次提出："全国团体总机关之设，为我人不可刻缓之任务。"[5]11日，傅梦豪及山东归国代表蒋洗凡邀请上海各团体及报馆记者集会，讨论成立事务所。6月11日，上海各界四千人在张园召开大会，宣布中国国民总会成立，以沈缦云为正会长，马相伯为副会长，叶惠钧为坐办。15日发布宣言，声

---

1 《商团之风云大会》，《民立报》，1911年4月10日。
2 《全国商团联合会缘起》，《民立报》，1911年4月12日—17日。
3 《全国学界联合会事》，《民立报》，1911年4月24日。
4 《国民会代表记事》，《民立报》，1911年4月27日。
5 《欢迎国民会代表》，《民立报》，1911年5月9日。

称："以提倡尚武精神,兴办团练,实行国民应尽义务为宗旨。"[1]次日,又布告全国,要求各地迅速设立分会。为了支持国民总会,留日中国国民会派同盟会员章梓到上海工作。

自全国商团联合会成立,上海商团发展迅速。书业、参药业、豆米业、珠玉业、水果业及闸北、沪南、回教等商团纷纷成立并开始操练。根据7月26日叶惠钧在沪南商团体育研究社开幕典礼上的讲话,当时上海商团已发展到2000人之多,是一支可观的武装力量了。[2]

全国商团联合会成立后,福建、南昌、营口等地陆续建立商团,通州商团还派人到上海联络。《时报》有一篇文章说："上海为通商之大埠,上海商学界之举动,国人恒取为模范。今沪商既有义勇队之组织,全国商学界必竞相效法,将来我国民兵之基础,或因是以立,未可知也。"[3]作者也许过于乐观了,但是,如果引导得法,商团在全国范围内得到更大发展并非没有可能。

四、清政府的禁阻与运动向各省的扩展

运动首先引起了帝国主义的不安。

俄国驻华公使廓索维慈照会外务部,声称京外各报,登载中俄交涉事,"肆意诋毁,摇惑人心,请设法抑止"[4]。同时,日本驻华代理公使也照会外务部,反对中国人民普练民团。照会说："近来奉、吉各处商民,啸聚日多,日夜操练,名为防匪,实系排外,若不即时查禁,恐又肇拳匪之祸,务请设法解散,以遏乱萌。"[5]

清政府秉承帝国主义的意旨。3月1日,外务部致电各省督抚,指责外间报

---

1 《民立报》,1911年6月15日。
2 《商团体育开幕记》,《光华日报》,1911年8月19日。
3 宣(林白水):《论上海华商组织义勇队事》,《时报》,1911年3月10日。
4 《呜呼中国人之言论自由权》,《帝国日报》,1911年3月16日。
5 《国民军乎,拳匪乎》,《神州日报》,1911年3月18日。

纸关于片马、伊犁的交涉"言多失实",又指责留日学生的举动"摇惑人心,牵动全局",要求各省督抚"解释谣言,严密防范,勿任酿成事端"[1]。同时,汪大燮也密电外务部,声称东京留学生"其势汹汹,不可复遏,诚恐激成暴动,关系大局,请转致学部、陆军部设法预防。"[2]其后,清政府学部、陆军部、政务处纷纷致电各省督抚,要求"切实查禁""严加防范",甚至声色俱厉地表示:"嗣后倘有前项情事,惟各该主管是问。"[3]在清政府的严词督责下,各省督抚及有关官吏纷纷照办。

首先是控制舆论。早在2月下旬,两广总督张鸣岐就根据清政府新近公布的报律,出示禁止各报登载中英、中俄、蒙藏交涉各事,违者罚款,或将记者监禁六个月。[4]3月初,汉口某报登载留日学生来电,湖广总督瑞澂立命巡警道传谕各报馆,不准刊登有关函件,违者按律究罚。[5]

其次是禁止开会集议。瑞澂称:"边务交涉,朝廷自有主持,岂容无知学生开会干预。"[6]陆军部要求各省陆军学堂严禁学生预闻。保定陆军学堂有几个学生试图开会,竟被诬以"将据火药库作乱"[7],遭到逮捕。

清政府尤为恐惧的是人民结社。当时,清政府虽已颁布结社律,但那不过是一种装饰。保界会向清政府申请立案时,清政府即以"国家政事不准干预"为理由,通电各省禁止。[8]对于敢死团,清政府更为惶恐,密电江督,"严查团内主名,速行驱散"[9]。4月27日黄花岗起义后,驻日使馆向清政府报告,"广东革党起事,确系国民会主谋",要求拿办归国代表,于是,皇族内阁立即电令各省严防国民会员至内地"煽惑",并查禁国民军。[10]但是,这些禁令并未起多

---

1 《外务部致各督抚英人进兵片马事报传失实请解释电》,《清宣统朝外交史料》卷一九。
2 《汪大燮电告外务部》,《时报》,911年3月13日。
3 《电报中之国民军》,《民立报》,1911年4月13日。
4 《时报》,1911年2月23日。
5 《瑞督饬禁组织国民军》,《时报》,1911年3月10日。
6 《瑞督饬禁组织国民军》,《时报》,1911年3月10日。
7 《保定消息》,《神州日报》,1911年3月22日。
8 《保界会又将查禁》,《民立报》,1911年3月22日。
9 《敢死团消息》,《神州日报》,1911年3月26日。
10 《民立报》,1911年5月12日,《光华日报》,1911年7月4日。

大作用，运动还是在一些省份内得到发展。

东北 留日中国国民会派赴东三省的代表王葆真（卓山）、金树芬（鼎勋）于4月下旬抵达奉天后，即从事公开和秘密两方面的活动。公开活动有：会见东三省总督赵尔巽，联络谘议局、教育会、商会、农会各团体，组织体育会及国民会奉天总会，同时又注意团结满族、蒙古族爱国人士。他们还在旗籍人士广铁牛、关天生的积极支持下，创办《国民报》。秘密活动有：会见陈干、商震、刘艺舟等同盟会骨干，决定分头联络同志，促进革命运动。[1] 9月14日，国民会吉林分会成立，以蒙古族人士庆山、杨梦龄为会长，满族人士松毓为副会长，金树芬为干事长。[2]

福建 3月中旬，福州城乡大量出现速办团练的传单，陈述英、法、俄侵略中国的危急形势，声称"在今日欲求自保之道，莫如筹办乡团"。传单还要求"乡乡有团，人人能兵""由一乡而一县，由一县而一府，由一府而一省"，形成乡团的大联合。22日，福建商务总会召开特别大会，议决仿照上海办法，筹办福州商团公会，规定每一商号至少须出一人入会操练[3]。26日，闽县城镇自治联合会提议市区组织商团，近郊组织体操会，乡村组织农团。[4] 4月7日，上海福建学生会急电福州《建言报》，声称各国在巴黎密议瓜分中国，要求故乡父老"速办民团，图死抗"。此后，《建言报》连续发表《呜呼福建》《再告我福建同胞》等文章，号召福建人民行动起来，拯救福建。[5] 5月上旬，留日国民会代表孙容居等30人及福建旅沪同乡会、学生会代表等结伴归闽，访问谘议局议长及常驻议员。22日，谘议局、教育总会、商会、实业协会等团体集会，议决用个人名义签禀呈递闽督，请求速办民团。

在各方倡议下，厦门体育会、建宁府体育会、福州商团、霞浦团练筹备

---

[1] 王葆真：《滦州起义及北方革命运动简述》，见《辛亥革命回忆录》（五），第398—401页。
[2] 《吉林通讯》，《民立报》，1911年9月18日、29日。
[3] 以上引文，见《日本外务省档案》：《时局ニ関スル神州民间运动模样报告ノ件》，明治四十四年（1911年）3月31日。
[4] 《闽人报告之风云》，《民立报》，1911年3月31日。
[5] 《建言报》剪报，见《日本外务省档案》，MT16141，第677—688页。

会、福建团练期成会等先后成立。

浙江 6月上旬，留日学生代表俞景朗、詹麟来、吴玉、李砥、李复真及旅沪同乡代表许开甫等回浙，访问谘议局议长沈钧儒。15日，在法学协会集会，决定组织全浙国民尚武分会，推沈钧儒起草章程。该会发起人除沈钧儒外，还有同盟会员陈训正（布雷）、许炳堃、褚辅成及地方知名人士经亨颐等[1]。30日，该会召开成立大会，以徐班侯为会长，褚辅成为副会长；上海国民总会代表章梓、陈其美自沪莅会，以示支持。

全浙国民尚武分会要求各府州县普遍设立学团、商团、工团、农团。成立会后，俞景朗、李砥、吴玉、陈训正等分赴绍兴、台州、湖州、衢州、宁波、嘉兴、严州、金华、嘉善、石门等地活动，陆续建起了一部分国民尚武分会和民团。

运动发展得较为顺利的还有山东、江苏等省。留日山东国民分会所派代表丁惟汾、颜仲文于6月1日抵达济南，遍访绅学各界，先后在谘议局、教育总会等处召开谈话会，决定成立山东国民分会。江苏由于工商业、教育业较为发达，因此，无锡、南通、苏州、宜兴、江都、丹徒、丹阳等地普遍建立了国民分会、商业体操会、体育会、商团体育会一类组织。此外，运动在云南、广西、广东、湖北、直隶等省也有不同程度的反应。

海外华侨积极支持国内反帝运动的发展。3月份，秘鲁侨商何贺民等致电粤商自治会称：秘报盛传瓜分中国，侨民震悼，迄速电复，并分呈各界。[2]同月，横滨华侨致电北京资政院及各省谘议局，声称"列强无理要求，南北进兵据扰"，要求"筹策对待救亡"[3]。5月28日，横滨富商张泽广、缪菊辰、邓浩辉等人发起召开在日华侨大会，邀请李肇甫、马伯援、夏重民等参加，呼吁创设国民军，并募集经费。侨商们表示："能救中国者，吾辈愿生死供养之。"[4]同月下

---

1 《浙江国民会又盛》，《民立报》，1911年6月11日。
2 《秘鲁华侨来电》，《时报》，1911年3月6日。
3 《横滨公电》，《时报》，1911年3月5日。
4 《华侨创设国民军》，《光华日报》，1911年6月27日。

旬，泗水华侨散布传单，主张"有力者出力，有财者出财，联合各省民团，倾覆恶劣政府"。[1]6月初，泗水书报社发起筹集救亡捐，以之作为国民军的后盾。[2]不少华侨表示："区区军费，当竭力相助。"

上述事实说明，只要帝国主义的侵略存在，只要清政府坚持媚外卖国政策，那么，中国人民的反帝爱国运动就必然是不可阻遏的。在拒英、拒法、拒俄运动之后不久，保路运动又以更大的规模爆发，并且迅速演变为推翻清王朝的全国性武装起义。

五、同盟会在运动中的作用及其斗争策略

同盟会领导层在1907年春夏之后，即处于严重的分裂状态。孙中山长期对东京同盟会本部灰心失望，并一度产生过抛弃同盟会，另建新党的打算。[3]这种情况到1910年冬才有所改变。当年6月，孙中山经檀香山到日本后，陆续会见同盟会骨干。11月，又命刘揆一复兴同盟会本部。自刘揆一被推为庶务，一批新人进入本部后，同盟会本部的工作出现转机。

中国同盟会成立后，专注于发动武装起义，就其主要方面来说是正确的。但是，忽视合法斗争，忽视群众运动，也是一个重要的缺点。当1911年拒英、拒法、拒俄运动发生、发展时，孙中山正在美国，一心一意为筹备中的武装起义募集经费。他既对国内情况隔膜，又怀疑群众热情的持久性。曾经有人向他汇报上海敢死团的情况，但他却丝毫不感兴趣，声称："上海之发生团体向无能坚持长久者，料此团亦不能免蹈此弊。"[4]当然，不能认为孙中山的批评完全没有道理，但也必须指出，孙中山不懂得将群众的热情鼓舞起来，使之坚持下

1　《民族思想之发达》，《光华日报》，1911年5月26日。
2　《光华日报》，1911年6月7日、7月8日。
3　参阅拙作《同盟会的分裂与光复的重建》，杨天石著《晚清史事》，中国人民大学出版社2017年7月版。
4　《孙中山全集》第1卷，中华书局1981年版，第521页。

去，正是革命政党的任务；军事起义必须与群众运动相结合，才能波起浪涌，相互促进。和孙中山一样，黄兴也未能对运动给予应有的关注。如曾经有人建议，革命党应利用人们反对英军占领片马的爱国情绪，在云南发动起义，但黄兴由于顾虑会引起国际纠纷，决意将起义改在广州发动。[1] 起义失败后，他为复仇主义情绪所支配，力主以个人之力进行暗杀，仍然忽视对运动的领导或指导。

尽管如此，熊樾山、李肇甫、刘揆一、宋教仁、陈其美、沈缦云、叶惠钧、刘基炎、陈策、夏重民、孙竹丹、傅梦豪、黄嘉梁、杨大铸、蒋洗凡、萧德明、王葆真、袁麟阁、陈训正、褚辅成等一批同盟会员仍然积极参与并领导了运动。他们不仅在各类组织、各类活动中发挥了骨干作用，而且善于利用合法斗争，团结盟友，表现出一定的斗争艺术。

辛亥革命前夕，清政府虽然衰朽不堪，但镇压革命党人和革命活动仍然十分坚决。2月26日的留学生大会，决议成立国民军，其后改名国民会，废弃组织国民军的提法，这是一项正确的决策。因为既名之为"军"，则不仅在日本无法活动，在清政府统治下也无法活动。运动中，同盟会没有公开出面，而是通过国民会这一群众性组织进行活动。部分激进分子曾经主张抛弃国民会，"以破竹之势与满洲政府肉搏"[2]。但是，这一主张没有得到采纳。参加国民会领导的同盟会员们力争不提出激烈的口号，不超出合法斗争所许可的范围，一切都在爱国主义的旗号下进行。以"留日全体学生公启"名义发出的《中国危亡警告书》特意加上"圣上御极""两朝圣后，忧国爱民"一类的保护性字眼，参加国民会领导的同盟会员们还力图说明："国民会唯一之目的在救国，国为大家共有，则救之之道须大家努力。"[3] 此外，《哀告同胞书》声明国民会不提倡革命，归国代表的活动也规定为不得鼓吹革命。所有这些，都便于争取

1　《黄毓英传》，《南社》第10集。
2　《日本外务省档案》：《清国留学各省代表者会合ノ件》。
3　《国民会代表记事》，《民立报》，1911年4月27日。

广大的同情者，并使清政府的镇压失去有力的借口。归国代表们之所以能在国内开展某些活动，这是原因之一。

同盟会的本部设于海外，其活动方式一般为在海外策划，在边疆或沿海地区发动起义。这种"输入式"的革命便于从海外获得武器和军饷，其缺点是难于和国内群众发生紧密的联系，缺少立足生根之地。留日国民会决定将中国国民总会设于上海，在各地设立分会，这就将革命工作的重心从国外转入国内，从边疆转入腹地，从而有利于国内革命运动和群众运动的发展。后来，同盟会中部总会将本部设于上海，在各地设分会，显然也出于同一考虑。

同盟会领导的武装起义，前期着重利用会党。会党虽和社会下层联系密切，但散漫、落后，易于见利忘义，所以同盟会后期转而依靠新军。新军掌握现代武器，组织性、纪律性强，但因其处在清政府的严密控制下，发动不易。在拒英、拒法、拒俄运动中，同盟会员们号召发展商团、民团以至体育会一类组织，这就开辟了新的武装力量的源泉。商团、民团是一种早已存在的地方自保性的武装组织，既为清政府所允许，也易于为各界所接受。在筹建过程中，同盟会员们又特别说明，其目的在于"为政府之后援""为国家宣力"，努力以合法的外衣包裹不合法的内容，这就便于为起义积蓄力量。事实证明，在武昌起义后的各地光复中，上海、福建等地的商团、民团都发挥了重要作用。

谘议局的议员们一般主张君主立宪，维护清王朝，在政治路线上和革命派对立。但是，立宪派又因反对帝国主义侵略，要求挽救民族危机，和革命派有一致之处。运动中，同盟会员们没有把立宪派和谘议局看成敌对势力，而是以之为盟友，利用谘议局进行工作。2月26日的留学生全体大会的三个发起人中间，夏重民是同盟会员，胡源汇则是立宪派，会议决定发动各省谘议局参加抗争。3月3日，云南谘议局即复电赞同，声称双方的救亡办法"名异实同"[1]。其后，留日国民会和各省谘议局之间函电往来，互通声气，互相支持。归国代

---

1 《云南公电》，《时报》，1911年3月5日。

表们一般也都和谘议局联系，征求谘议局的赞同，或以谘议局的名义组织各项活动。谘议局和绅、商、学各界联系密切，又是清政府承认的机构，这就为同盟会员们的活动提供了方便条件。

运动中，同盟会员们还注意争取地方督抚如赵尔巽、增韫等人的支持，从而取得了公开活动的条件。

上海民族资产阶级在全国有较大的影响，辛亥革命前，这一阶级在各项政治活动中日益活跃。留日国民会注意联络上海民族资产阶级的头面人物和各地商界人士，这是正确的，但是中国民族资产阶级发展不足，力量微弱，仅仅依靠这一阶级决不足以成事。4月23日留学生全体大会上，同盟会员夏重民提议发动劳动者反抗清政府，会议并就此做出了相应决议，这就找到了推翻旧制度的真正强大动力。遗憾的是，革命党人始终未能贯彻这一决议，在辛亥革命的全过程中，他们始终找不到动员和组织劳动者的有效办法。

在运动中，某些同盟会员还提出了一些很好的主张。例如同盟会后期领导人刘揆一于3月上旬发表的《汉、满、蒙、回、藏民党会意见书》，主张"融和汉、满、蒙、回、藏之民党"。《意见书》克服了革命党人中长期存在的狭隘种族主义思想，强调各民族人民在反对瓜分问题上的一致性。《意见书》说："使满人而知断送满洲桑梓地者为满洲皇族也，知汉族不强，满族亦随而亡也，知非建立共和政府满汉种族之意见终不能融洽也，吾恐汉人虽不革命，满人犹当首先排去其皇族而倾倒其政府矣。"《意见书》提出了在各族人民之间"通气谊""通业学"等计划，认为这样"内可倾倒政府，而建设共和国家，外可巩固边疆而抵抗东西强权"[1]，这是革命党人在认识上的一个大飞跃。

《民立报》是革命党人在上海的重要宣传机关，宋教仁、于右任、范光启等人在该报上发表了大量文字，宣扬爱国主义，为运动推波助澜，其中，以宋教仁的作品为最突出。他先后发表《滇西之祸源篇》《二百年来之俄患》《承化

1　《日本外务省档案》，MT16141，512—513。

寺说》《现今中国外交形势论》《俄人何足畏哉》《讨俄横议》等文，从世界大势、边疆地理、对外交涉等方面立论，说明"对英划界""对俄改约"，是"近日存亡攸关"的大问题。他指责清政府"聋聩成性""冥顽不灵"，不知"国际政局推移变化之理"，号召国民"急起直追，以自为计"[1]。他和陈其美等一起，在联络上海资产阶级、推动商团建设上发挥了重要作用。

同盟会成立后，在鼓吹和实行革命方面取得了巨大成绩，但自1907年以后，它的弱点、缺点也已充分暴露，到了不能不变的地步。拒英、拒法、拒俄运动中，参加国民会领导的同盟会员的上述做法就体现了这种转变；稍后，宋教仁等建立同盟会中部总会也是为了进行这种转变。但是，形势不等人，在同盟会尚未完成这种转变的时候，武昌起义的炮声就响起来了。

原题《1911年的拒英、拒法、拒俄运动》，最初发表于《中国社会科学院研究生院学报》，1991年第5期，录自《晚清史事》，为五卷本《杨天石近代史文存》之一，中国人民大学出版社2017年7月第1版，略有改动。

---

[1] 《现今中国外交形势论》，《民立报》，1911年3月16日。按，《宋教仁集》对此文及《俄人何足畏哉》均失收。

资料选编

(一)

起自云南的
保界呼吁

《民立报》消息

滇谘议局宣布保界会公约，戒暴动，设救亡机关，要求英速退兵，交还片马。（三十日北京电）

录自《民立报》，1911年3月1日

云南谘议局致留东全体诸君电

《民立报》转各报即转留东全体学友诸君鉴：来电悉。组织军备，以救沦亡，诚属卓见，现本局建议，请拨款倡办团练，用救眉急。已三次签请，与尊议名异实同，望时示教。云南谘议局。（电南公电）

录自《民立报》，1911年3月5日

云南保界会之宣言书

滇省绅商以英人进兵片马、侵登埂，因倡立保界会，必使英兵退出而后解散，已订有规约十一条如下：

第一条　本会因英人占我片马，关系中国全局安危，特联合国民同志，分道结会，协力抵制，以能保我中国边界为宗旨，即定名曰"中国保界会"。

第二条　本会办法分为对内、对外两种。缕举如左：

甲　对内应用忠实之警告，其办法凡二：（一）联合全国各报馆、各宣讲所，分别著论、演说，倡言英人占我片马，毁我土民学塾，种种违悖公法。我国现值积弱，只宜用文明之抵制，万不可为野蛮之暴动：以此警告人民。（二）联合各省志士仁人、通材硕学，调查各国现情，研究世界大势，赓续上书外部，请与英人为严正之交涉，我国万不可让步。并以此案发交海牙和平会裁判，总期还我片马暨沿边各地，重订界址：以此警告政府。

乙　对外文明之抵制，其办法凡四：(一)在英人未还片马暨沿边各地期间，买卖货物之办法。(二)在英人未还我片马暨沿边各地期间，乘载轮船之办法。(三)在英人未退还片马暨沿边各地期间，雇做佣工之办法。(四)内地自设大工厂，添设轮船公司之补助奖励办法。

第三条　自京师迄各省、各府厅州县、各城镇乡、各华人侨寓地，均各设本会事务所。京师附设于滇学堂，云南省即设于谘议局，至各省、各处各就所在谘议局、教育、商务、农务各总会、分会及自治公所、中华会馆公议择□附设。

第四条　上开各处，凡我国民同志有不待本会通告，即先组织事务所者，本会即推为名誉赞成员。

第五条　事务所成立后，会员有能担任本会庶务、书记、会计、调查、演说各职务，常川到会办事者，本会即公推为名誉职员。

第六条　事务所办公应需经费，或由会员分别捐集，或由所在会、所提款支给，均由会员于开常会时议决。惟收支款目，按月须列表登报，以昭信实。

第七条　事务所应随时开职员会及会员总会，议决一切应办事件。职员会通常每月四次，以每届星期行之。会员总会通常每月□次，以第四星期行之。其有事机危急，不能待至通常会者，得任便召集临时会议决。

第八条　本会应刊用木质图记一颗，文曰"中国保界会某地事务所之图记"。

第九条　本会每月出报告一册，以供同志浏览。如经费充足，则改为星期报告或日刊，以布告执行事件。

第十条　本会除会内范围应行之事，其余概不干涉。

第十一条　本会系为界务而设，各界务得和平了结，英人退兵让地，还我主权，本会即行解散。

录自《帝国日报》，宣统三年二月初七、初八日（1911年3月7、8日）

云南谘议局片马交涉事上滇督呈

窃查滇、缅北段界务，自光绪廿六年英兵越界烧杀我茨竹、派赖，始亟亟有勘界之议。当时照外务部原案，此段界线自尖高山起，由石我、独木二河之间，西行至恩梅开江，缘江北行至之非河口，东折上扒拉大山，北至山脉尽处为界。于是恩梅开江以西，我所应有之瓯脱地尽失。嗣外务部与英使有以小江西（即恩梅开河）迤东之分水岭作界之说。所拟界线自尖高山起，东行至琅牙，北折至歪头山、张家坡，至九角塘河西上扒拉大山，至山尽处止。于是我江内猛爱、石路、茅贡、能欧、黄铁、骂章诸地又尽失。又有现管地方以小江为界之声明，于是我九角塘河西北，介于小江与扒拉大山之间之地又尽失。至卅一年，石革道鸿韶与英领事烈敦勘界，在革道所拟界线，除自尖高山至九角塘河，溯小江东行，折□板□山止。于是我小江以北独木、龙榜、干坤、噬戛、浪猓诸地又尽失。计十年来，我当局者步步退缩，英人不折一兵、不糜一钱，获我地方无算。乃烈领事更奇贪无伦，其所拟界线自尖高山起，东行经琅牙山搬瓦丁口、茨竹丁口，由光明河头直上高黎贡山，是举我大哑口北一十八寨及片马、岗房、大□地等地尽攘为己有矣。然烈领事任意指画，尚自知其无理，故于大哑口北甘稗地、派赖、□降、滚马、他戛、把仰、夺的、那境、沧浪、片马等地旋变易其词，拟援三角地成案，作为永租与英。石革道议租银一千五百元，又许酬我大塘□夷四千元。夫既与我议租，是烈领事虽无赖狡强，固犹明明认我之主权矣。夫两国疆界虽未确定，然外交部与英所立界线。英今乃悍然派兵据我片马，一味蛮横，比之欺诈狡黠尤为更甚，是可忍孰不可忍！且其志不在片马。自缅甸陆沈，英人刻意经营，时欲取吾滇西野人山以入蜀、藏。故前出使英国大臣薛屡向英外部要索厄勒瓦谛（即大金沙江）上游东岸之地以折其机牙。光绪十九年五月，又照会英外务部，曾有"照公平办法，以迈立开江、恩梅开江中间之地分一界线，较为公允"等语。乃我外务部不察情势，不顾旧案，一让、再让、三让。石革道又从而加甚焉。且并不能自守其勘至板厂山止之初议，竟会同烈领事直上高黎贡山向北勘去，直至丽江府属兰州土司之界。一路尾随，不敢制止，足迹所至，皆成口实。幸而外务部当时已察其所勘之界失地甚多，飞函驳诘；然不斩截立止，至有今日之事。夫今日可以据片马，何不可以据兰州？倘片马之交涉失败，彼据成案接续北进，恐困难损失更十倍、百倍于今日。观英中将大维氏所辑《云南地图》，其所拟北段界线，至高黎贡山脉尽处，即折过潞江北行，距维厅属小维西之西境，直有与我画澜沧江而守之势。将来界务愈办愈棘，永昌失地不已，又进而大理、丽江。滇、缅划界之不已，又进而蜀、缅、藏、缅。英人乘机得势，背抄卫藏，俯瞰巴蜀，长江上游操于掌握矣。语曰："涓涓不塞，终成江河。"即使撮土寸壤、关系至微，犹将全力争之，况片马不归则片马以西无量之损失皆成铁案，片马以北未来之祸患又悬眉睫。本局之愚，窃以为全日之事，若就片马论片马，终不过一隅之得失；然来日大难，不必与之争一隅，直当与之翻全案。查滇、缅前后界约系指滇与缅毗连界线而言，非指滇与缅以外之界线而言。考野人山地在北纬廿四度以北者，昔时皆非缅地，自英人据缅始逐渐附会拓展。然光绪十八年英外务部曾照复我薛大臣，有"缅甸曾经管理江东之地，直至恩梅开江及迈立开江汇荒之处"等语，竟无佐证，本不足凭。但格外迁就，亦不过如其说，以两江汇流处为缅甸北端之止境，此外既非缅地，即不得系之缅界。此理甚明。故滇、缅已定界线断自北纬二十五度三十五分之尖高山，其纬度适距恩梅开江、迈立开江汇流处不远。当时定约，实有斟酌。今虽尖高山与两汇流处中间之野人山界划已定，无可置议，而恩梅开、迈立开两江中间东北地之野人山地以东瓯脱，自立另案商办，不宜仍沿滇、缅之名义，循滇、缅之线路以进行。夫现在所谓北段界务者，皆勘而未划，不特烈领事与石革道有"虽经盖印，不过于此图之真伪不能为议定之凭"之明文，即外务部三次画线，皆属虚拟由尖高山起，经独木、石我二河之间，西行渡恩梅开江，与英人议分两江中间之瓯脱地，期不失力争上游之旨。惟宗旨之执持匪易，方法之筹备尤难，兹事体大，非仓猝应付所能了事。拟请一面与政府协力争议，设法汇总全案，送请海牙和平会议公断；一面赶速经营片马以北各地方，早占地步；又一面于腾越、思茅等处赶速编练重兵，以备不时之用。事已至此，非存必死之心，以封疆为性命，尝胆卧薪，破釜沉舟，非借一战之力，不足以振起全局也。大敌凭陵，忧愤各煎，涕泪痛哭，不知所云。理合具文呈请督部堂俯赐察核办理，批示饬遵。

录自《帝国日报》，宣统三年二月初八、初九日（1911年3月8、9日）

千钧一发之云南

滇、缅界务交涉溃裂，本报纪之不厌其详，近接到该省访员报告，其大概情形如下：

滇、缅勘界交涉之棘手，云南滇越厅边界与某属缅甸领土毗连。前以某国私钉无字木桩，侵占界址，迭经滇督暨交涉司、迤西道查明界图，照会英领，与之交涉。并将界图邮寄外部，俾与英使直接商办，照约、照图，转饬撤去所侵之界桩，以敦睦谊。兹悉外部叠以此事照会英使，迄未答复。迨事起，李督最初致外部一电云："前因腾越关外疆土英欲侵占，迭与交涉。英领事一味强硬，指为缅地。昨闻英国有派兵至滇，自由行动消息。事机急迫，请速与英使交涉。"外务部复电以"和平了结"。又经滇督再电外部，询明办法。外部乃将李督寒电转行照催，始据英使照复以"顷奉政府训条，谓界务之事前以纬线为凭，自应照前办理。若谓未划分之地即得侵占，本国不能承认。倘不照此商办，以后概难答复"云云。外部以"前此各以纬线为标准，自系从西人测度，惟未言及经线，当时彼已预留地步。今该使言词颇为绝决，实非空言无据所能辨驳，惟本省如查有确据，若庐墓、田舍、古迹之类，即可为我版图之证"，特再密电督帅查明办理。

中国保界会成立。英人据片马后，经滇中多数热心志士创设中国保界会，其简章已见本报。闻已于正月初九日在谘议局开会，议决一切进行事件，拟以云南省城事务所移设威远街，矿务调查总会前层，所有举定事务所庶务、书记、会计、调查、演说各员，业经分股任事矣。

抵制英货之风云。去岁边祸起，即由谘议局、商会通电各处，筹议抵制英货。随于正月十三日午后一钟，由商会召集各商会倡议实行抵制日期，及一面调查英货商标。已经多数议决，定期于廿五日为不卖英货日期。先于十五日乞举数人分头调察商标，刊为一表，分布各处，过期如再有买卖英货者，即公同议罚。至各省谘议局复电，大抵同声赞成，汇录一二如下：（一）贵州谘议局复电云："英据片马，先以不买英货抵制。各界协议，表同情，并电政府力拒。"（一）陕西谘议局复电云："英据片马，日又侵东省，非人自为兵，无以救亡。拟闻各省，借各缉捕巡警，实行就地办团练，请初九日同电院，奏请开办。盼复。陈。"（一）江宁谘议局复电云："事关国际，当商沪报界。凡系国民，敢不尽力。"（一）又：皖巡等复电云："边局危迫，曷胜焦灼。片马事，前接仲帅电，敬电云'奉外务部电开，已电函刘驻使向英政府直接交涉，先求根本解决，再议派勘'等语。不知英人能否受商退兵？宝当饬司关将应协滇饷从速筹办，稍尽心力于万一。承示一节，以商战为政府后盾，本以文明办法。惟英货遍行各省口岸，能否齐心，不致转使滇商亏折否？行动时不致别滋口实否？往山东、天津、上海、广东均因交涉出此中间圈，货入华商之手。又订货、应函各节，颇多葛藤，乡父老处此艰难时局，念切桑梓，尤愿筹画于先事，审慎于临时为要。南望心恻，专复，希察鉴。宝。齐叩。"（一）山西谘议局复电云："刻电各省，要求各督、抚饬地方实行。陕议已允。同日电陕。"（一）腾越致商务总会电云："云南总商会鉴：庚电敬悉。不买英货，腾已函达瓦贡，一律实行照办矣！腾商号叩。"又：保山致谘议局电云："片马事钜，民愿死争。抵货外，乞另策复。保民张绅、陈进等叩。"

录自《帝国日报》，宣统三年二月十三日（1911年3月13日）

中英争界之风云

滇中来函云：滇、缅边界有苗匪数千人，借妖术为名，肆行强掠。初本在缅界内，英人置之不理，故益行猖獗。现已侵入我界，占据马林地方，执甚凶恶。滇督调总兵夏文炳前往防勦，斩杀虽多，根株未除，尚有死灰复燃之势。附近居民惶恐异常，其徙入内地者，络绎不绝于道。且经滇人调查，英兵自密支那府出发后，迂路西北行，绕道怒夷，分兵四股，以入片马。一股进茶山五寨，一股扎蒲满，一股扎浪株，一股扎小江，以片马为中，近更转入登梗。故滇督陷于进退两难之境，焦急异常。日前电致枢府，仍坚持先令英人退兵主义，并奏参外部之敷衍误事，措词极为激烈。故外部啣之甚深，常嗾使其半官报以诋毁滇督云。

又据一访员报告：前报纪滇督奏请特派大员审查国界一节，奉旨："该部妥速议奏。"比经外部晤商英使，声明此事，英使不允，谓"前次中国所派勘界专员与敝国烈领事会勘，议有就绪，贵国中央政府不听其言，反将勘界之员革职。既不信任，何必再派？出尔反尔，令人难测。移界之事，亦出华人，敝国并无违约。如欲议结，须照所指之高黎贡山，按照前议重行商办。驻兵之举，所以守边，原非侵占，一时不能退回"云云。其强硬如此，和平了结，殊觉为难云。

录自《帝国日报》，宣统三年二月十六日（1911年3月16日）

云南警告

云南留越学生

绪言

某等南游经年矣。日覩强邻气焰，亡国惨情，北望乡关，祸在眉睫。安南恶剧，行演于吾人最亲最爱之邦。午夜焦思，且痛且骇，且愕且惧。窃忆以父老伯叔兄弟膏血，凑集巨款，遣派来兹。虽学无寸长，敢不以亲见身历者，为我父老伯叔兄弟告，共筹一救亡策乎？屡欲叙越南亡国历史，及法人治越情形，与滇对照，而为吾滇前途现一幅活影。因听讲鲜暇，迟迟不果。迩来法人谋滇日亟，其欲灭我而朝食之心，环球共见。吾国留法学生陈箓，特译《法人游滇记序》，上告政府，某等得而读之，举疾首蹙额相告曰：呜呼！法人谋滇之手段，果如是其急且迫哉！是书也，不可不使我父老伯叔兄弟各手一册，以确见法人谋滇之急，而又不可不证以某等近见，以确见法人谋滇之真。不然，陈君上政务处书，前留东同乡已寄告我父老伯叔兄弟矣，而乌用是喋喋为哉！盖某等之所以复苏是者，有三苦心。

一恐父老不信法人谋滇之急，而不急发热诚，致蹈安南亡国覆辙。

二恐父老既信法人谋滇之急，而不善用热诚，或出于野蛮暴动，以自速灭亡。

三恐父老既容纳某等之言，而知善用热诚，然有时又存苟安心，存推诿心，终不能不爱钱不惜死之志，以救危亡。

此三者，诚至急、至要之问题，我父老尤不可不触目惊心。某等用是先录陈君一书，后及某等意见，集资付印，以广流传。所愿我最亲爱最有热诚之父老伯叔兄弟，勿以某等真切之言，为轻躁喜事，而藐然视之。尤愿勿以某等区区微忱，为空谈救国，而漠然置之。如能采择实行，富者出其资，贫者竭其力，激发爱国热诚，共救桑梓危局。不数年后，吾滇其起死回生乎？是则某等所歌颂我父老伯叔兄弟之功于不朽也。爰缀数言于简端，以志缘起。

云南警告

法国留学生陈箓《上政务处王大臣书》，论法人窥伺云南事，并译法人原序。

法人经营云南，已有年所。自光绪念九年三月初十日，云南铁路合同定议后，法人之前往云南者，络绎于途。自光绪三十一年七月起，因摩洛哥之事，与德颇有龃龉。于是专派从前经营斐洲阿尔赛属地之经理人员工程师百数十人、巴黎东文学堂学生念余人，前赴云南。近巴黎新出一书，名为《云南游历记》，系法人古德尔孟 Courtellemont 所著。查光绪念七年，今法国下议院首领都墨君 Doumer 任越南巡抚时，曾派该法员密游云南全省，查察形势，详绘地图，经年返国。今年夏间，《云南游历记》始出版，生近购而读之。观其筹划一切，深知法人之用心，在必得云南而后已。生谨将原序译呈。

序曰：就日俄交战之风潮观之，令吾法人不得不留心于越南领土矣。吾人向不以东方政策为意，至此亦叹日本之勃兴，以验黄祸之不旋踵。盖其兵力，实足令人惊且骇矣。越南防守，诚为今日不可稍缓之问题。吾国之留心时事者，各贡一见。或谓当放弃东方而经营斐洲，或谓当以越南全土，与他国易一易于防守之地。然所可与易者为何国，所当易者为何地，则非鄙人所敢思议矣。政界中人，咸莫能决。其洞悉东方情形者，固已早有成见，且将来必遂其素志矣。然则将吾昔日游历云南及所调查一切，编成一书。以饷当世，今正其时矣。吾之政策，当割取云南全省，然后方足以保越南。吾以吾书付手民，盖欲读者知云南之价值及其物产地理，以备指南。

吾法人足迹履越南，迄今四十五年矣。无日不惴惴焉以扩充势力、保守长久为念。就今日之情形观之，其实有大谬不然者。

保守属地，犹之培植树木焉。灌之溉之，不惜资本，使其有盘石之安。当先使其根盘错远土，达于甘泉。其未经开化之地，而又富有蕴积者，此正吾欧人所谓为甘泉，取之以培吾树木者也。英人之得印度，亦主斯义。于是陆续经营，卒至占领印度全土而后已。越南地势，攻易守难。如以一军由云南南下，一军由海口进攻，一军由安南中断，海陆并攻，则越南首尾不能相顾。云南直据上流，形如天堑。若得云南，乃可厚积兵力，以保越南全土。

英人之经营东方，亦不肯稍有疏忽。吾法得越南时，英人亦于一千八百八十六年占据缅甸，以为吾法之抵力。今且侵及西藏一带，不转瞬间，亦将注目于云南全省矣。不仅此也，中国近年以来，亦渐自清醒。吾法于越南之政策，至于今日，实为不可稍缓之日矣。

攻守形势之外，云南之气候温和，尤似法国南境，于法人尤为相宜。其矿田之富，物产之饶，较诸越南，奚啻霄壤。借沃坏之余，以养瘠地之不足，此云南所以不独为越南之屏藩，而且为越南之仓库矣。美哉云南也。

以异常殷富之物产，以生吾法人无穷希望之心。此云南铁路之成，所以可为吾法贺也。

俄之欲得满洲也，非其土地也，非其物产也。盖欲借满洲大陆，以达于东方口岸，以为他日发达之计。德于山东也则不然。其矿产之富，早已动德人之心，然山东近于日本，而远于德国，颇难自守。中国自强之日，殆将不远矣。一旦自奋，则华人将不复为吾欧美之鱼肉。不仅此也，彼且将收回已割之地，为自养之计。此吾所敢预料也。如不幸而吾言果中，则中国政府必自山东入手，而德人之足迹，将不复存于胶州矣。

至吾之越南，又非可同日而语。盖越南民智，远不及中国内地居民，且久蒙吾和平之教养。当彼从前隶中国时，被压于苛虐政府之下，鞭扑刑戮，靡所勿至。一旦吾法加以覆翼之恩，越南之民，怀德既久，当自知所择矣。

兹当日本新役之后，财力空乏，休养为先，不能他顾。诚为吾法经营云南绝美之好机会。吾望他日火车游行云南时，吾法之权力随之而建于云南全省。吾尤望云南铁路告成之日，能在日本休养未足之先则席卷云南，如探囊取物矣。

全书共二百九十五页，并附云南地图一张。生业览毕，因课务吃紧，不能备译，且作书者不准他国重译。书中所载，于云南地理、物产最详。生细揣法人政策，将来必藉保护铁路为词，以越南之兵，移驻云南，以施权力。其患即在眉睫。生一得之愚，不敢自安缄默。伏求我政府大臣，防患未然，而先发制人，尤为今日救亡之要策。刻间铁路已在蒙自一带开工，我政府自当于铁路未成之先，先以保护铁路为亟，派南北洋洋操兵二万人，常驻滇越交界之地，并蒙自一带，以厚兵力。则法人他日即欲派兵，亦难借口。一面在云南本省，赶练新军二万人，为随时遣驻各段铁路之用。此举名正义顺，不独为预防后患之计，且可借以弹压土匪，免生事端，亦我政府应尽之义务，应有之权力。似不宜疏忽自弃，坐失机宜，以贻他日无穷之患，则中国幸甚！云南幸甚！

醒！醒！醒！我父老叔伯兄弟。起！起！起！我父老叔伯兄弟。奋！奋！奋！我父老叔伯兄弟。法人于此取甘泉培植树木之主义，已决定实行。斯时在安南，器械已备，枪炮已足，日夜训练，水陆兼举，药弹之由法运来者，络绎不绝，风潮一涌十丈，大有乘此机以席卷我云南之势。

当去岁春夏之交，某等到越未久，情形未熟，虽不能洞见其心，而游其印图所，即见其所印地图，已将我云南边界及内地之一沟一壑，俱绘为行军指掌矣。游其磁器厂，即见其将我云南之一城一乡，一山一谷，均用泥作成，以备战时之指南矣。游其军医院，则见其战阵所用救伤器具盈千累万矣。且时闻彼于铁路成后，即取云南。某等闻见之余，初未之信。以彼文明强国，其武备之充实，其考查之详悉，固其本色，岂若我云南边防废弛，一军不练，一器不备，一事不实力整顿，蠢蠢然贪眼前幕燕釜鱼之安，而束手以待人之宰割！

以云将取，或者其谣。而岂知为日未久，为彼所派来考查云南边界以为进兵地步之兵部大臣华龙氏，已到河口一带布置一切矣。某等此时，亦不甚介意。及至今春，遂有越督鲍尔将往云南消息。鲍尔者，最富于野心，彼国侵略大家之一也。其往云南，虽曰调察路矿，实则司马昭之心，路人皆见。某等一闻此信，不禁惊心动魄，发为之竖，股为之栗，相与顿足捶胸言曰：我云南遂从此成东三省矣乎？吾辈虽学成，究无家可归也。吾辈男儿，生兹末运，既无长策可以救亡，又安忍目觌我云南千二百三十余万同胞，顶香炉，竖降旗，五体投地于异族马前，而为我中国十八省开门揖盗，遂欲奋志蹈海，一瞑长逝，以勿贻我神明先祖之羞。继思某等生于滇，长于滇，不能献身为滇牺牲，虽抱恨而没，而天职终有未尽，乃暂延死期。仍婉转从事，权电请大府，严加防慎，然亦初不料彼如是之狠且毒，欲急就我云南川滇铁路未成，新军尚未萌芽时期，而为是攻其不备，一扫千里之凶恶手段也。

而兹得留法学生陈君上政务处书，阅其所载法人古德尔孟游滇记序，确见法人用心，于某等所见所闻毫无差异（陈君书中。权译其序。某等现已访获原书。拟将全文译出。俾父老知法人之毒手）。且近彼欲驻兵蒙自，又与陈君所料适合其符。则法人借保护铁路为名，以扫荡我滇全省即在目前，某等敢断言矣。

呜呼！我父老伯叔兄弟。谁无父母？谁无妻子？谁无兄弟姊妹？谁无坟墓田庐？行将被人宰杀，被人淫辱，被人芟夷，被人掠夺，举世世祖宗藏骨之区，皆变为人之殖民地，子子孙孙生息之所，皆变为人之牧马场。碧鸡金马，悉异旧观；洱海昆湖，腥膻满地。我父老思此。其能忍乎？其能受乎？

夫今日亡国，我父老亦当知非昔日之所能拟于万一也。昔之亡国，不过换一朝代，而土地依然，城郭依然，百姓依然。今之亡国，则国亡之日，即家亡之日；家亡之日，即种族灭绝之日。一亡即永堕地狱，绝无复生；一亡即沉沦苦海，终无天日。我父老独不见欧洲之芬兰、波兰，非洲之黑奴、美洲之红人乎？以地球九万里之大，而彼竟累累如丧家狗，无国可归，为人奴隶，动被烧杀者以数万计。其远近亡国，至今未及百年，而幸存者已寥若晨星。或仅供博物院之参考品。是不可惨哉？！然宁独是数国而已？我父老又不见亚洲之印度及我藩属之高丽、安南、缅甸乎？印度等国之民，今缚束于强权之下，受压制不如牛马，生齿日减一日。其所以不为美洲之红人者，亦将不远矣。然数国之远者且勿论，请即某等所亲见之安南言之。

安南亡国，迄今不过二十余年，而人口减弱其半。且前此二十年，法人之待也，尚不如今日之虐。以占领之初，人心未服，恐过激则生变，务先稍安之，使之勿动，而后制其死命也。今则稍强悍有势力者，已诛灭殆尽矣。即前为彼乡（向）导，卖国与彼，为彼之走狗者，今狡兔既死，亦已尽烹之矣（越南人陈践诚、阮文祥等，初为法人利诱，结为内应，事诚（成）即被诛灭。如此之事。我父老等谅已洞鉴其奸，我滇果有是人，当劝戒之，或同谋而锄去之可也)。自余平民愚妇,则夺其生计,使之生同蟪蛄,朝不保夕,虽有草泽英雄者出,亦无可揭之竿,以为光复计。于是法人益出其最剧烈之手段,而思有以并其根株种类而尽歼之。所以近十年来,越南税则之苛,日倍一日,罚款之重,年逾一年,禁令之严,亦日酷一日。其税则之苛也,有所谓身税焉(分为三等,上者年百余元,中者二三十元,下者亦不下八元);门牌税焉(上者四五百元,下者七八元不等);地税焉(一方丈年纳税二元);房税焉:开窗一,岁税金二;置厕一,岁税金五;蓄犬一,岁税金三。猫则半犬,鸡则半猫,等而下之。虽至细如葱韭类,亦莫不有税。其禁令之严也:居城者不得入乡,居乡者不得至城。集会有禁,越境有禁。其罚金之重也:或盈千焉,或累万焉,视其家之肥瘠。而为一网打尽之计。故越人中,有国亡时未为彼搜罗尽者,今亦靡有孑遗矣。哀鸿遍野,满地疮痍。男者为其牛,为其马;女者为其婢,为其妾。鞭挞随其喜怒,杀戮视乎从违。凌轹残踏,无所不至。某等眼帘触此,未尝不痛心蹙额,泪涔涔下。为安南人悲,为安南人惧。呜呼!岂知至今日,其所以为安南人悲且惧者,遂将转而自悲自惧,并为我父老伯叔兄弟悲且惧哉!虽然,以我最有劲骨、最有血性之父老伯叔兄弟,又岂甘下等越人,同为彼黄眦碧眼儿砧上肉乎?我父老前此之所以委靡不振,不出而谋地方公益,以为自保身家计者,盖未闻世界上有如此之奇祸,而以地方之事,有地方官居其责任,不必越俎代庖也。而讵知同为一国民,同有一分责任。地方官不过一邑代表人,而不能举全邑之事以一身独任之,无须绅民之辅助,遂能举之裕如也。且地方官吏,非生长于本省,其于本省之情形不熟,而于利害亦不甚关系。安能举事事办有成效,外焉足恃以为长城,内焉足恃以为保姆乎?我父老伯叔兄弟,自闻某等此警告后,其挺身而起,各出热诚,各愤赤血,同商救亡!其有机警、慷慨、大有力者,宜纠合同志,筹划方略,以预备所以对待法人之具,而不至如前此之出于野蛮(庚子野蛮排外之举,损失若干利权、赔偿若干款项、杀戮几许头颅,其害之大,我父老谅已知之矣。现今法人欲取我滇之心最急,其所以不遽动者,患无词耳。若我再焚教堂、戕教士以予他人口实,是自速灭亡矣。且外人非野蛮生番，我又何必拒之太过。即使父老热心桑梓，以为我卧榻之侧，不容他人酣睡，然亦当出之以文明，不可以野蛮举动行之。更不可因我地方有丧尽天良、借外人势力以压制我父老伯叔兄弟之教民，而遂迁怒于外人以至酿成无理教案。不知我酿一教案，赔款且不言，其如身首不保何！其如遗地方以莫大之患何！我父老伯叔兄弟有知，想万不出此下策也。此事《留东同乡书》中已详言之，而某等犹哓哓者，恐我父老伯叔兄弟不知外界情形，将一片爱桑梓热诚，误用于野蛮举动。以自速灭亡也）。其富有资财者，亦当乘此患难未发之先，尽出家资，以代谋地方公益，如铁路、工商业之类。既有裨于地方，于己亦有莫大之利。亦何乐而不为！如其兵端已肇，祸机已至，则供给资粮，补助军需，不吝万金之产，转输千里之途，亦我父老应尽之义务。至于我辈青年英伟，尤当身投行伍，击楫枕戈，叱咤风云，现好男儿身手，以预备后日与法人驰骋于枪林弹雨之具，发挥我古代英雄征讨外族之国魂，而不至如前此甲午役之闻炮声而云散，以遗千古羞，且陷我子孙于越人之苦境，欲求死而不得其所也。

以上数者，即日本所恃以胜俄罗斯，美利坚所恃以脱英吉利，亦即意大利之所恃以独立，我父老伯叔兄弟果能具而有之，则虽十法兰西，举我云南一省之力，亦足以抗之拒之，尽复我已失之权利，而令金马碧鸡，横飞天表，又乌在悲安南之悲，惧安南之惧也！夫安南之所以为安南者，亦安南人自为之，非法人之能安南之也。云南亦犹是矣。语云：国必自灭，而后人灭之。我不自灭，则将见人之见灭于我。更何必灰心短气？而为是杞人之忧也。我父老其起哉！我父老其起哉！我父老果不以某等之言为妄也，则某等更请以千虑一得之见，就此时所宜急举者数事，略陈大概，以备施行。

一我父老宜纠集三迤人民，乞师政府，为陈君后劲，以力拒法兵之入境也。夫法人欲驻兵蒙自，不过借保护铁路为名，其发难即在旦夕，若我无兵以为之保护。则终不能解释此问题。故某等一闻此警报，即电达政府，请速拨北洋新军二万，并选派干员以资防卫。然某等势力薄弱，安能必政府之听而达此目的？是我父老亦不得不以一电继之。若不行；则再电之，再不行，则举吾全滇人民同为申包胥。政府之视我滇，亦未必秦于楚之不若也。此我滇迫不可缓之急务。其一。

一我父老宜速集股款，实时兴工，以筑滇川铁路也。一国命脉，全在铁路。犹滇路线，南已被法人劫取，西又久为英所垂涎。此时所恃以图存者，仅此东北一路（此外如迤西缅腾之路，亦宜画归川滇项下，实时修筑，不然亦难保也）。稍有血性者，宜如何踊跃集股，以期速成，为我滇延一线生命。何至今仍徘徊观望，集股寥寥。是岂我父老竟忍坐视吾滇危亡，而不求一救亡策乎？想父老未必死心若是。抑或父老未闻铁路利益乎？则近年以来，忧时志士，哓音拮口，呼腾国中，我父老必习闻之，而无待某等之赘言。又岂我父老欲一误再误，复将此路送入外人之手乎？则滇越路线之成。其祸害已不可思议矣。若我再不筑成此路，以取四川援助，吾恐法人朝发夕至，我既无相当之自备，又无可恃之奥援，则云南亡亦亡，不亡亦亡。即四川且投其漩涡，黔桂以两面受攻，亦瓦解矣。然则滇川铁路可不实时筑成以为救药乎？此我滇迫不可缓之急务。其二。

一宜救地征兵自成一大镇也。南北洋新军，虽不可不求之，以为救命之剂。然可暂而不可常，且其兵虽略有形式，而非我云南住籍，恐无桑梓感情，不若就地征兵之为善。此时暂以北洋新军为训练，为先导，俟征兵具有成效，然后谢之，移作保护别地之用，岂不较为着实哉！不然一日不征兵，吾滇终无自强之日。无新军以为规范，则征兵终不能速成，其亦坐亡而已。此吾滇迫不可缓之急务。其三。

一宜续派出洋学生，学习陆军、警察、实业诸学也。夫此时而始续派学生，势将迫不及待。虽然，滇在一日，我滇人不得不尽一日防御之力。若既就地征兵矣，而又无将才，恐不能统驭其兵，则续派陆军学生为不可缓。既有兵矣，然无警察以助之，究不能杜渐防微，以补兵力所不及，则续派警察学生为不可缓。有兵矣，有警察矣，稍可抵制其有形之侵略，然犹不能御其无形之工商战力，而我滇终归天演淘汰，是不可不速振工商，以抵制其无形之侵略也。速振工商奈何？一面派学生学习其精深，一面购机器制造其粗浅，务使我滇一切饮食服用，皆不仰给外人，而后民得生机，不至困如涸鲋，同归劣败之例。此续派出洋学生又为今日迫不可缓之急务。其四。

一宜团结一会，互相勉励，无用法人纸币也。法人经营东方，全恃纸币之力。举其一端论，如东京铁道。初以驾红河之铁桥，长十余里，款项支绌。不能藏事，及一旦纸币发行，仅费三四金之印刷工，遂将全路齐举。而今且谋及我云南。我父老试思，纸币之害，何如其大哉。且法人以片纸而当我千百万金之用，我父老亦何为而甘之也。夫我中国龙元，本有实质，而父老且不肯广用，何乃用法人之纸，助其力以自灭乎。推父老用之之心，亦不过以其便也（若贪其利而卖我云南，则人人得而诛之，恐父老未必出此，故亦不论）。若果欲其便，我父老又何不多集股款，就川滇铁路项下而设一银行，以行使自己纸币之为得耶？自行纸币之利，昭昭在人耳目。我父老有百万之银，可作四五百万之用。何乃甘让人之握我利权，而己反为之行使也哉？我父老亦曾思法人可以纸当吾之银，则彼以十元纸本，不将吾全滇买尽乎？而更何必煞费经营、耗许多脑力也？我父老其亦休矣。自今以往，当各出天良，组织一会，相戒不用法人纸币。其有知而故用者，共出而对待之，食其肉以为同胞请命，则滇尚有一线生机可存。不然，虽练兵，虽兴学，终不免为虎狼之口头物矣。此吾滇迫不可缓之急务。其五。

以上五事，皆吾滇今日力所能及、重大不可稍缓之问题。若我父老果能齐举行之，而又有宁死不愿为安南人之魄力。则法人知必抛若干头颅，而后得我尺寸之地。所得不偿所失。亦未必不望而生畏，而稍稍退步，使我云南再得延数年残喘，以为整顿时日。我父老亦由是卧薪尝胆，骎骎进步无懈，又安在独让日本之能挞强俄也哉！呜呼！我父老叔伯兄弟，事至今日，危迫极矣。千钧一发，一失不再。我云南之生而飞跃于大舞台上也，在我父老叔伯兄弟此时之举动为之；我云南之死而永堕苦海也，亦在我父老叔伯兄弟此时之举动为之。我父老叔伯兄弟盍急起而振作精神，以与虎狼决一死哉！我父老叔伯兄弟，处此时势而不决死，恐过此以往，无死所矣。且我父老叔伯兄弟乘此时而决一死，或可以不死而幸生，亦未可知；若不乘此时决死，则必死无疑矣。某等知我父老叔伯兄弟有宁死之气慨，而恐不识法人用心之毒。不存一必死之心，犯百难，冒万险，事事思所以竭力维持之，以挽此危局。故特以陈君《上政务处》书，绍介于我父老叔伯兄弟之前，俾我滇人咸知法人谋我之急，并赘数言于末，以与我父老叔伯兄弟同商救亡之策。我父伯叔兄弟，果闻此而动于心乎？则某等此一篇警告，当为我云南重见天日之檄文。非然者，即我云南十四万六千六百八十方里之吊文也。痛哉！

某等谨顿首
留越学生同识于河内

(二)

留日学界的
危亡警告

《民立报》专电

留东学生今日为伊犁、片马事，开全体会□（议），当场集捐二万余元，议决设救亡机关，组织国民军，散后整队，全赴公使馆要求□争，汪使允即发电。(1911年2月念8日东京电)

留东全体学生电

《民立报》转廿一省谘议局鉴：俄侵伊犁，英占片马，法强索滇矿，若稍退步，全国沦亡。政府无望，已集全力，捐现金两万余，设立救国机关。请速电各省谘议局，开临时会，组织国民军，以救灭亡，留东全体学生叩。（东京电）

录自《民立报》，1911年3月1日

留学生奔走国事

东京函：云南、伊犁事急，此间留学生得此警报，群忿而起。现总会择于阳二月二十六日开全体大会于牛込区高等演艺馆，协商对抗方法，闻豫晋秦陇协会，于总会开会前一日（即念五日）开临时特别大会于中国留学生总会馆内，亦筹议反抗，无理国之□举云。

录自《民立报》，1911年3月2日

《民立报》新闻

惊心动魄之大会议□列强对中国之阴谋……去冬各国在法京巴黎开秘密会议……

录自《民立报》，1911年3月3日

留东学生会议，建议组织国民军[1]

留东学生会议，拒驳俄国要求，并电国内组织国民军，到数达一万二千人。每日集议，日本警官颇为注意，时有警察干涉诘问。全体忿极。（东京电）

录自《民立报》，1911年3月4日

留学生奔走国事

东京正月廿九日发

俄迫伊犁，英占片马，法强索云南矿产，边境垂危，祸及腹省，瓜分实祸，已在目前。昨日（即阳历二月二十六日）此间留学界，已召集全体大会，到者千余人，当由公众议决，电达内地各省谘议局开临时大会，质问政府外交失败，并组织国民军，一面电达欧美中国学生并华侨，联为一气。业由总会分别电告，并函电内地各日报提倡一切。昨日散会时，一千余人即排成国民军队，同至驻日我国公使署，由队中代表与公使面商一切，担任国民军经费，公使认捐现洋一千元，并当场自费生之自由捐与官费生所捐现洋两万元，合计二万有余元。官费生每人认捐十元，由使署预支，以便由每官费生学费项下□月扣二元填补。尔时各人肃列在门，俨然队伍。公使并谓诸君热心爱国，日后有可协助之处，自当竭力维持，于是大众欢呼，循序而散。今日复开临时各省职员大会，筹商组织国民军事，并派代表回国，联络一切，一面另刊警告书鼓吹民气，以图后援云。闻云南代表已于今日六时起程回国矣。

录自《民立报》，1911年3月5日

1　标题为本书编者所拟。

东京留学界大集议

东京电云：有中国留学生一千二百人，于西历二月二十六号在东京开大会集议，因恐北京政府，对于俄国交涉，过事退让，经众议决，组织一救国会与各省志士联合，以便扶持中国为完全独立国。连日均开会集议，故日本巡警已严为戒备。

录自《神州日报》，1911年3月5日

东京留学大会 组织国民军 公使捐款

东京留学生因中俄条约事，于阳历二月二十六日开全体大会于牛込高等演艺馆，演说国事，并商议办法。是日到会者共计约千余人。先由总会馆长熊君述开会辞，并报告详细情形之后，邹君资州、刘君揆一、刘君基炎、李君著强、陈君策、何君畏、夏君重民、傅君润芳、曾君有兰等皆陆续登台演说。各人意见，有主张激烈者，有主张平和者，议论纷纷，为时颇久。会场异常扰乱，至下午四时，会长始命停止演说，会员亦均要求商议办法。邹君、刘君、陈君等提议对于中俄条约，俄国殊属无理，此事万一政府含糊答应，于吾国北省殊有损害，吾辈当竭力设法，警告内地及各省谘议局，拒绝此约。且须运动各省谘议局成独立机关，组织国民军，以防外敌。至于云南一方面，已由留东同乡会选举代表二名，回国运动，闻不日即将起程矣。此间留学生复组织一机关，专办此事（命名曰救亡机关），限一礼拜成立，讲求对外政策，做警告书发送内地，模范的设立国民军，以防万一。又请汪公使代电，要求政府拒俄，再由各省同乡会担任经费，发电警告内地等事。全体皆大赞成，拍手欢呼不已。

议事既毕，刘君基炎（河南人）又登台宣布，谓今日吾辈所议诸事，既已决定，以后即当实行，然经济问题最为困难，现拟至使署要求公使赞助，诸公以为如何？会场全体又大赞成。刘君又曰：既如此，此事关系于全体，吾辈何不全体排队而往？一则使日人见之，可知吾国学生尚有团结之力，人心未死；一则即吾辈今日成立国民军之示威的运动，较派代表至使署为体面也。会场全体大赞成，皆说好好好，甚至有呼万岁者，声振户外。日本警察十数名惊至，再三劝止，亦竟不已。各人热狂意气，颇有万夫不可冲当之势。

至下午五时半，全体乃公举刘君基炎为总队长，振武学生诸君为小队长，排队徒步而往。既至使署，众会员先举代表数人入见公使，先述来意之后，遂提及款事。汪公使一一允许，当时即先出日币千两，交与代表，并曰：俟诸生议定妥当办法之后，本公使再当代为设法。诸代表遂领诸会员退署，各自散队归寓，时正下午八时也。

当日开会，曾有直省王君某等反对留学生在此间组织国民军之议，几为全体所攻打。会场中临场监督之日本警察，约有二十余人之多。盖因留学生屡次开会，必至喧哗而已，深恐人多闹事，妨碍治安故也。会场临时捐款，得日币八十余两。又是日当全体排队至使署时，公使夫人正在晚饭，闻大队入署，大为狼狈云。

开会之第二日，诸人又复集议于总会馆，发电警告内地及西洋留学生。然其中已有反对党矣。当刘君报告时，即有人起立反对。议论之下，大起冲突，终无结果而散。此留学生此次开大会之事实也。

录自《时报》，辛亥年二月十一日（1911年3月11日）

东京留学生大集会

东京函：此间留学界湖北学生熊某等，为英俄进兵，大局危急，遍发传单于留学界，特于阳历二月二十六日开临时大会于神乐坂之演艺馆。一时官私费留学生，到会者有千二百余人，日本警察恐肇事端，厉行身体检查后，始准一一入场。其会议之结果，系公举刘基炎为总队长，振武学生为小队长，排队徒步往公使署，举出代表数人，入见汪使，请拨款赞助。汪使许之，当先给以日币千元，并云俟诸君议定办法后，再当代为设法。代表与诸会员乃散队，归寓，现已纷纷打电致欧美留学界及内地各谘议局，筹议抵抗之方法矣。

录自《神州日报》，1911年3月12日

留学生爱国大会补记

东京函：阳历三月初五日，我国留学日本各省同乡会各选举代表五人，群集中国留日总会馆。当日会场秩序，井井有条。各省代表轮流演说，对于国民会之意见，如何进行方法。于是有主张国民军先从边省办起者，有主张国民分举代表归国，分南北两途演说现在列强欲瓜分中国之情形者。有主张代表团巡游各处，兼劝国民捐，协赞政府，速设炮兵弹药，各工组织日报及杂志，鼓吹民气，提倡尚武精神。有主张代表归国，联合各省谘议局，推倒外务部者。议论虽互有出入，而主张用武力救国则一也。演说讨论毕，于是选举国民会章程起草员四人，李肇甫、傅梦豪、陈策、袁麟四人当选。至国民会之如何进行，及举代表归国之如何办法，闻于三月初八日再为开会方能议决云。

录自《民立报》，1911年3月12日

留学生爱国大会记（二）女子也知亡国恨

自我国留东男学界，为俄、英、法交涉，开大会，讨论挽救，未几，即有林女士演存、刘女士其超、唐女士群英、朱女士光凤四人发起，开留日女界全体大会于总会馆内。当日（即初五日）到会者约百余人，兹将其开会大概情形略述于下：

先登台演说者为林女士演存，谓值此俄侵伊犁，英占片马，法进兵蒙满之时，瓜分中国之祸，即在目前，我辈女界，亦不可不结一团体，合谋救挽此危局云云。继之演说者为唐女士群英，大意谓此会为第三次之成立。第一次是日本文部省取缔我国留学生时，秋瑾女士之发起。第二次是李元女士之发起，然均系一阕的，非长久的，此回若大家赞成，当热心维持久远，协力进行，于社会自不无小补云云。大家均拍手赞成。遂选举唐女士为会长，林女士为庶务干事，共计选举职员十余名。选举毕，又提议创刊一份杂志，提警内地女同胞，尚未议决而时已不早，遂宣告散会矣。至未议决之件，拟下一礼拜再开会议云。

录自《民立报》，1911年3月月14日

散发印刷物事件

明治四十四年（1911）3月27日接受

乙秘第1024号，3月25日

清国革命党员刘揆一，住神田区今川小路二段三号龙涛馆，正在以清国对英、法、俄三国问题，煽动在京留学生。此次命同街一号吉田喜平印刷别另纸意见书一千张，其中约三百张已在留学生间散发。

录自《日本外务省档案》，MT16141，第510页

提倡汉、满、蒙、回、藏民党会意见书

刘揆一

吾人欲挽救今日中国瓜分之局，非改革今日之君主立宪未获奏功。欲改革今日之君主立宪，非融合汉、满、蒙、回、藏之民党亦有缺憾。夫列强前之不实行瓜分吾国也，诚有鉴于义和团一役，知中国野蛮民气，未可遽撄其锋，而列强所得种种之权利亦未能平均耳。是故日、俄对于吾国东北之进行，以战争仇怨而多牵制，英、法对于吾国西南之进取，亦以累世积仇而多猜嫌，吾国生机得延旦夕。乃自美国有满洲铁道中立之提议，遂使日俄迫而协约，德国日难英法不已，遂使英法迫而协商，四国既各以同盟而得四国协约，所得吾国种

种之权利，又已平均，而且后顾则欺美国对外政策之无能，乘德、奥、意同盟之不固，前进则知清政府自来媚外成性，计惟请和，吾国民自顾实力未充，气亦渐馁，于是不问德、美诸国赞成瓜分中国与否，而同时以兵占我伊犁、片马及云南路矿矣。而德、美今后之未遑计较利益平均，不能不加入四国协约以谋瓜分我，又在意计中矣。

当此国家危急之时，老成忧国者，方谓当如何朝野一心，速立宪政，以安内攘外也，不知现今之政府不足与言君主立宪。若强而行之，则十年二十年之内必犹是无知孺子为之君，现今军机与各部之昏庸王大臣为内阁行政长官。虽有国会以监督内政，彼亦以威权在己，利禄陷人而纯取压制国民主义也，难有兵力以援助外交。彼亦以偷安禄位惧祸身家而纯取割让土地主义也，穷恐循是以往，倾倒政府者非吾国人，而为东西列强之入也。波斯之以君主立宪而自速灭亡，葡萄牙之革君主立宪而民主立宪者，职是故耳！

寝假吾人而能倾倒政府建立共和国家，则新中国之民气实足震慑全球，而彼时之德美诸国必可与之联盟，英法俄日之野心亦必因而退步。吾故曰，欲挽救今日中国之局，非改革今日之君主立宪未获奏功也。虽吾人之主张改革君主立宪者亦久矣，何以卒未一见效果也？盖一由于吾党只思起一事之隅，未有统筹全局之实力；二由于老成者流，思以君主立宪利用冥顽不灵之政府；三由于满汉民党种族之见存，未能举国一致耳。使汉人、满人而各知爱国家、爱种族也，则是现今之君主政治，无论其为专制为立宪，皆不足以救危亡。即无论其为满人，为汉人，皆当排去之者也。且使满人而知断送满洲桑梓地者为满洲皇族也，知汉族不强，满族亦随而亡也，知非建立共和政府，满汉种族之意见终不能融洽也，吾恐汉人虽不革命，满人犹当首先排去其皇族而倾倒其政府矣，而况乎汉人不达革命之目的不休耶！

乃或者曰：政府之腐败、倾倒宜矣，其奈未有组织共和政府之人才何！然予以为此不足虑也。试以袁世凯、孙文、黄兴、汪精卫、杨度、梁起（启）超、良弼辈组织一共和政府，即可优胜今日之清廷，而况乎无名之真英雄正崛起未艾耶！

或者又曰：强邻四逼之时，恐其乘我革命以谋瓜分我。然予以为此亦不足虑也。不观土耳其、葡萄牙二国乎？当未革命以前，其国势不与我正同乎？迨至全国革命，不过数十日间，大功即已告成。外人安有机会可乘以瓜分其国乎？是革命所虑者不在外人乘机瓜分，而在国人不能全体一致，此予所以望满人与吾汉人表同情也。至蒙、回、藏者，与满洲同为吾国之屏藩也。满、蒙失，则东北各省不易保全；回、藏失，则西北各省亦难揩拄。是吾人欲保守汉人土地，尤当以保守满、蒙、回、藏之土地为先务，而且蒙、回、藏之种族、宗教、风俗与我绝异，使非先与以国家之观念，晓以种族之关系，则中国此后虽以君主立宪制度统制之，恐满、蒙、回、藏人，或日受外人之愚弄，而终贰于我矣。况欲为民主国者，当人人稍有平等之权利、义务乎，故曰：欲改革今日之君主立宪，非融合汉、满、蒙、回、藏之民党，亦有缺憾也。

为今之计，刻不容缓，先择蒙、回、藏人之有知识者，与吾汉人、满人通其气谊，通其学业，然后多殖汉人、满人于蒙、回、藏地，以改良其政俗，多移蒙、回、藏人于腹地，以联络其声援，庶内可倾倒政府，而建设共和国家，外可巩固边疆，而抵抗东西强敌，此予提倡汉、满、蒙、回、藏民党会之大意也。吾国人或许以此举为然也。

录自《日本外务省档案》，MT16141，第510—512页。

国民会代表回国之件

明治四十四年5月8日接受

秘受第1495号

国民会福建省代表孙容居、朱胜芳二名，昨五日出发，踏上归国之途。

《日本外务省档案》，MT 1614-1，第660页

《中国危亡警告书》相关之件

明治四十四年3月14日接受 秘受第816号
乙秘第907号，3月13日（另附附属文件）

这次，在清国留学生会馆编制了别册《中国危亡警告书》，由该馆干事长熊越山将其交付各省留学生代表。

中国危亡警告书

今我中华开国之四千六百有九年，圣上御极之三年，春王正月，国民宴乐，衎衎如也。迨有羽电横驰，氛雾晦蒙，俄迫伊犁，英据片马，法亦挟其偏师丑旅，逼处蒙自，举国上下，四顾战慄，皇皇然若天命之将至。呜乎！辛亥辛亥，其吾国媏呰鹩火之岁乎？请述俄英法三国之祸机，与政府昏庸之罪状，以及今后挽救之法，愿吾父老昆弟一垂听焉。

俄自与吾缔《尼布楚约》以来，每遇条约改订一次，俄之利权即遽扩一次，盖承大彼得东略之遗策也。即以伊犁而论，咸丰元年，始许俄通商伊犁，保护至渥，而我不得一利为偿。至十年订定界约，我乃失斋桑湖以西之地。同治之季，回匪煽乱，俄假讨伐之名，入据伊犁。光绪元年，乱既平，始遗崇厚约令通兵，丧地数千里，朝野哗然。更遣曾纪泽往俄都，许以九百万卢布为赂。至光绪七年，约乃告竣。俄此次所要挟者即此约也。然威尔泥附近之地，终不肯还，领事通商之区域，复大扩张，并新得宅地、牧场之所有权；而俄在新疆基础，即定于是矣。甲午之后，更转而北进，横夺满洲，垂五六载。曾以日俄之役，尽杀其锋，乃他谋出于新疆蒙古，战事方罢，其参谋本部，即纷纷派探险队。一由伊尔库次克，越戈壁，出蒙古东南，一由七河省至伊犁，一由哈密东出甘肃。复移其兵器弹药厂于伊尔库次克。由恰克图至张家口，由西伯利亚至亚洲境之东南，则有建设铁道之计划。平日于蒙古诸王公喇嘛，非赂即债，怀柔无所不至。何不惮劳不惜费如此，其国民之力，亦克与政府之策相应。蒙回亘数千里，俄人营工商畜牧者不下四五十万人，其屯兵、商队、探险队，络绎往来者，岁辄五六万人，盖骎骎乎由甘肃以出秦汉，由青海以出四川，由张家口以出北京，与群雄角逐中原。惜吾国方梦梦也，然尤扶殖实力是务，守屈蠖匿鸷之志，无剑拔弩张之态。顷者与日英法协约俱成，复与德缔旧好，于是专心肆志于吾国矣。彼既挟其祖宗世承之策，上下交孚之力，积年之孤苦，四邻之奥援以来，此其志岂止区区条约之改订哉！不过借以欺饰列国一时耳目耳。今彼所要挟者，吾政府甘自降辱，唯唯复命，亦既旬日，而近两日，犹电传俄兵在浦盐斯德振旅出发，张家口亦有俄兵驰向北京，此何为者耶？夫不能战则已矣，和且不能，则吾国今日其生也不如其死，其存也不如其亡，尚何乐有国哉！此俄迫切伊犁之由来也。

英既得长江之势力范围，欲自缅、印、越、滇、藏，出四川与长江合，以成长山之势。印藏之间自与俄协商，无复他人掣曳，惟云南有法人在焉。是则英之大敌，所欲亟亟先登者也，故其对云南之策有二：

一在勘界。滇缅勘界，自光绪十三年始，非勘界也，实我失地伤心之史也。第一次勘界而失孟良诸土司之边界，野人山虎踞关之要区。第二次勘界而失腾越边壤之隙地。太平江南奔江之相会处。第三次勘界而失木邦密之十余司，太平江尖高山之三四千里。去缅亡才三十年耳，所失已不下数千里之地。今英复欲溯尖高山而上，以高良公山脉为界，则六户土司所辖之地尽失，而英犹不以此而止也。即据英初意，惟北方以高良山脉为界，东则不然，今英复欲沿此山脉，顺折而东，则永昌腾越之地且不保，得步进步，一反复间，辄千百里，古人云：以地事秦尤抱薪救火，薪不尽，火不灭，此之谓矣。

一在铁道。英缅甸铁道之枝路，南已至入募，北已至密之那府，欲更由入募延至大理，由大理分两枝路，一至云南省城，一至四川入叙州。此滇缅之线也，由密之那府经片马取西藏，此滇藏之线也。而英视滇缅线尤急，测路定线，与吾要约者屡次，迄未尽遂。适法人之滇越铁道，去年已达云南省城，而英不能一朝坐视矣。以英素持重自负，此次竟效俄德虎狼之所为，假平乱为名，入据片马，亦可知世态之变迁，而吾国之亡无日也。片马虽一僻邑，东北近四川，西北近西藏，英人据之，既可复攘勘界之利，又可迫成滇缅之路。而自云南入西藏东南隅咽喉之径，亦为所扼，此英据片马之由来也。

法之进兵蒙自，其名出于保护铁道，其意注于云南矿产，其势迫于英占片马，而乘机观变，或遂借此为参预瓜分之局，或遂借此为扶植兵权之计，未可知也。数年前蒙等尝言路权所到，即兵权所到。当滇越铁道达云南省城，滇人士尤呼之甚疾，人固或无信，今不幸验矣。先是去年，云南有不肖法教士，强夺民地，民拒弗纳，则轰枪乱击，死伤十余人。众怒与之格，竟毙教士，以及于乱。法人遂借此声言进兵保铁路，而其实意在矿产也。云南矿产，光绪三十四年，为政府断送于英法隆兴公司。初利犹五府，至李经羲抚滇，又加送七府。云南通省十四府，此七府外，产余皆至硗薄，是不啻举全省矿产为隆兴公司攫尽也。顷滇人士自悟，倡言收赎甚力，而法欲震耀兵威以遏之。适英据片马，彼法人者，不与英两立于云南者也，宁又能一朝而坐视哉！此法人入蒙自之由来也。

吾国衰危亦既极矣！无时无事，不可以召外患，何今日之始为是汹汹也？然以广土众民之国，虽承衰危，犹可以风声树天下，今且励精图治，预备立宪，人方拭目不敢藐视。外则日俄之役，侵略者敛迹，宇内诸雄长务，矜饰平和，而于吾国亦以保全相系。外交稍得人，容与而因应之亦足御祸，纵不能御，犹无令三大强国，旬望之间，环驰而至。盖此次被难之殷，召衅之迫，为庚子以来所未见者也。是谁之罪欤？嗟乎！是谁之罪欤？且夫政府数十年中，种种丧邦辱国之罪，未可以南山之竹数也。即就此次之祸论之，其祸不始于今日，而其原远在三四年前，首为英日俄法诸国之协约，壬癸以前，有俄德法为侵略派，英美日为保全派。二者交构，势成连鸡，吾国赖以免祸者不鲜。及英日俄法协约既成，保全侵略，道合志同，协以谋我。识者皆知吾国从此无幸矣，而政府不审也。其次为日本之自由行动，前此吾国除战败媾和外，所丧利权，非由政府断送则由外国诈取，未有假兵力胁夺者。及日本以安奉铁道出于自由行动，为国际增一新语，为列强导一先例，谁不乐而效尤者！识者又知吾国从此多事矣，而政府不审也。其次为去岁日俄协约。日俄战后，视听一注于满洲，列国与日俄争，日与俄亦两相争。及日俄协约既成，垄断之局一定，转而他谋者，不出于日，必出于俄，不出于日俄，必出于他国。识者又知吾国从此近危矣，而政府不审也。

外势之所以悱发我者一而再再而三，使政府稍有人心者，必瞬息不遑求所以消弭而预防之，何遂有今日之祸？然犹可诿曰：忧之迫于无形者不易见，而祸之根于间接者每易忽。若俄此次伊犁之约，英此次勘界之请，则政府屡受其创而迫于目前者也。试观政府则如何？伊犁之约，于我多不利。前之两次既失挽救之机矣，今系第三次改订，俄人要挟之无理，与其贻祸之深远，当详论之于后。政府于此，既不能先事预防，俾俄人勿出于今日之举，复不能与火迎距善示其威，以裁抑于敏微之间。彼虽振兵若将出，犹未占伊犁也，犹未由伊犁再进也，犹未至北京城下也。吾苟稍忍旬时，彼或以声以形而实不至，即万不得已，吾犹将详审利害轻重，择一二塞其口，要者务其过而应者务不及，此契约者之恒例也。乃政府之于俄，若奉天诏祖训，片言只字，靡或有违，亦可谓恭顺之至矣，卒未得解俄怒，长其骄心，又有第二次之要挟。尚未知政府屈辱，何所底止焉矣！

至于英勘界之请，当其始来也，可许则许之，不可许则拒之。两言而决，何濡滞为也？乃去年滇督以此耗电告外部，而外部不报，及英据片马，复电告外部，而外部又不报，且谓滇督徒张皇多事。呜乎！此为励精图治之政府，此为预备立宪之政府，吾国民于政府真无望矣！国事败坏至此，孰不首归祸于外交！虽政府亦自知之，而泄沓玩靡之习，仍无以异于畴昔。其他更何望哉！此政府昏庸之罪状也。

事至今日，不暇问政府之罪，亦不徒效楚囚之泣，唯与诸父老昆弟谋所以挽救而急切可行者：一在要求政府严拒俄人之请，以为治标之法；一在联合各省速创国民军，以为治本之法；至于本中之本，仍不外革政治、励教育、兴实业诸端。此则同人等不揣绵薄，已创立留日国民会，将以次讨论，贡其所得，刊之报章，布诸国内，兹无详焉。

治标之法，今日外人之要挟于我者不止一俄也，然不拒俄，则其他诸要挟者皆不能拒，且将继起而不绝，可立致中国于危亡，何则？政府今日不能不屈于俄之要挟者，以俄且以兵力相响，吾回疆数千里将不保，中国之祸无宁日也。嗟夫，苟一屈而俄兵可以退，数千里之地，可以保，中国之祸可以息，虽甚污鄙之言，吾亦无责焉矣。然而事有大谬不然者，往岁日本之倡自由行动也，何尝不以为一屈而自由行动之祸可以免。而日本之兵亦不至，及今日观之，辽沈数千里，铁轨纵横，鬼魅跋扈，奴我人民，逼我帝京，何莫非自由行动？无事则巡警屯兵，千百为群，有事则可出其朝鲜下关之师团，不五日而撼幽燕，又何啻日本百万之兵，得满洲为其门户，由是而启俄、英、法今日之祸端。若更屈于俄，则德也，美也，日本也，其他意、奥诸国，畴不攘臂而起？近已传某国公使电告其政府，欲举我积年交涉，一收功于此时。吾恐受屈之墨未干，而自由行动之声总至。即如俄此次所要挟者，有土地所有权、无税输入权二端，此最足制吾国他日之死命，而列强皆殷然以乐观厥成者。地虽大，物虽博，何足当眈眈者之一饱哉？

此远足招列国之祸者也，又不啻列国也，即在英法，方穷兵费财以来，苟吾能夺先声于俄，示人以青鲠不易咽，或可稍纾其无厌之祸，否则其耗既必求所偿，其情更不能输于俄，势必举高良公山脉以外数千里之地，滇越、滇缅两线之主权，云南七府之矿产，尽夺于英、法掌握之中，而无肤寸完也。

此近足以益英法之祸者也，又不啻英法也，即在俄国，其所要挟者皆俄之利而我之失也。若我退让一步，即我失利一步，此无待论者，而俄更有大欲存焉。俄之要挟我也，在占领伊犁。伊犁自俄退还已三十年，我政府漫无一布置，而俄之根株已牢乎不可拔。以殖产言，我之氓多小农谪囚，以垦拓尺寸自活；俄之民多工商畜牧，高躅四布不下三四十万人。以军备言，我军惟持旧枪废炮者二三千人；俄军之近在西伯利亚者号数万人，其新疆境内领事馆五处，亦驻护队甚多。以形势言，新疆去我万余里，沙漠重阻，遄行亦须四阅月始达；俄则逾天山即是，自西伯利亚铁道增兵，至迟两月亦达。主客相较，无往非俄囊中之物，又何亟于今日占领也？

且据近日《泰晤士》电报，俄方各分一队，至科布多、乌里雅苏台、库伦等处，恰克图、伊尔库次克方面，亦大增兵力。既声言占领伊犁，又何必增兵于外蒙古方面也？察此次俄志盖不在伊犁，而在蒙古。我与俄未了之交涉，其关于满蒙者较伊犁为多，若矿山问题，若国境问题，若张恰铁路问题，若诸盟藩债务问题，若哈尔滨行政问题，若松花江关税问题，若设定蒙境贸易道路问题，若驻兵蒙境各处、保护商务问题，皆重大非一时可解决者。盖俄之蓄志蒙古，以窥北京也久矣。徒虑轻率出兵，易招列国之忌，幸此时适当《伊犁条约》改订之期，遂以空虚夸诬之辞诪搆吾国，若曰吾之出兵为保持我既得之权利也，为不忍支那之迁延玩弄也，冀各国一谅其猖狂之举，何其狡也！吾若为彼屈，则此后满蒙诸问题奏刃而来，是则中国之祸真无宁日矣。即观彼此次所要挟者，吾政府前日已贸然许之矣，犹不足，以不得要领为辞，迫我确认。若政府又贸然许之，犹不足，迫我实行。外交隐密之事，堂署高远之地，且不知满蒙诸问题已提出而迫于吾外部焉否也。呜呼！政府退让之外交，其结果固如是焉耳，此俄之祸亦终不能免者也。

夫欲免祸而终不能免，且以重祸，孰与不屈而严拒之？俄之以占领伊犁要挟我也，在俄固欲欺饰列国之耳目，而列国亦未易陷之。观海外诸报章，自《泰晤士》以下，大都谓俄所要挟者，可以理争，不可以兵胁。天下方颂言和平，而俄出于此举，是首乱也。其有称俄此举足以惩支那利权收回之舆论者，出于自私，不得为由衷之言；至我政府既屈，而俄犹托辞不休，列国必更恶其已甚。若我于此能毅然拒俄，揭俄阴险横暴之状，以诉天下，列国必有愤而出为吾国转圜者。不问其为公理，为市恩，而俄国暴靡而退矣。弱国之外交，其兵力既不足以相盾，其智术亦无所展施，所赖以御强侮者，同情耳，时机耳。且报章所传，俄之骤出此举也，盖恐吾提议以供海牙平和会，始为先发制人之计，是彼固有所怯也。近俄、德协商，亦为英、法龃龉未成，怯将愈甚。乘彼之怯，刺彼之腑，舍是更何有外交之术耶？苟当一新败之俄，海无巨舰，内膺多难（俄乱机四伏，人所共知。据近报猖獗日甚，学生多和之，甚至各校授课亦有警兵临室，为万国绝无之事），犹令得偿其志，则英、法诸强挟其积败余勇，并力觎向，政府之膝，不将若断柴耶？故今日外人中之要挟于我者，惟俄之为祸也最深，所欲也最大，而其势又至可乘。欲振吾外交而免后患，非俄其谁属？今就其所要求六件与原约参照，逐驳如下：

（一）俄国于中国定国境输出入税率，绝不加制限，且议定在国境五十里内，限俄国制品，准其输出入无税。

《伊犁原约》第十六条：将来俄国陆路通商兴旺，如出入中国货物，必须别定税则，较现在更为合宜者，应由两国商定。（下略）

《陆路通商改订章程》第一条：两国边界百里之内，准中俄两国人民任便贸易，均不纳税。其如何稽察贸易之处，任便两国各按本国边界限制办理。

按：原约既言如出入货物，必须别定税则，较现在更为合宜者，应由两国商定。则吾国以国境五十里内，全须征税，或减缩免税里数，较现在更为合宜者，亦应有商定之权。又按《陆路通商改定章程》第一条原文，系言中俄两国人民均得免税，而俄此次谓限于俄国制品，独遗中国。亦望政府诸老勿被朦涅过去。

（二）中国国内之俄国人民有治外法权，其行政及裁判上，概用俄国法律。中俄两国间民事案件，两国会审判决。

《伊犁原约》第十一条：（上略）两国人民在中国贸易等事，致生事端，应由领事官与地方官公同查办。（下略）

按：俄要求中国国内之俄国人民有治外法权，原约毫未及此，直可据约抗争。或谓各国在中国皆有治外法权，惟俄尚无，故不能不曲许，以示与各国均等。不知我国立宪在即，收回治外法权为第一要务，乃已失者惟恐其不及早收回，而谓未失者可弁髦弃之乎？既欲收之，复故失之，各国既有所借口，而俄人必大肆要求，是吾国终无有收回治外法权之一日也。

（三）俄国人在蒙古及天山南北路者，得自由旅行居住，不问何等货物，有无税输出入之特权，决不受课税之制限。

《陆路通商改定章程》第二条：俄国商民前往蒙古及天山南北路贸易者，只能由章程所附清单内指明卡伦过界，该商应有本国官所发中俄两国文字，并译出蒙古文或回文执照，汉文照内可用蒙古字或回回字，注明商人姓名并货色包件、牲畜数目若干。此照应于入中国地界时，在附近边界中国卡伦呈验，该处查明后，卡伦官盖用戳记为凭。其无执照商民过界者，任凭中国官扣留，交附近俄国边界官或领事官从严罚办。（中略）其运到天山南北路各处之货，有未经销售者，准其运往天津及肃州，或在该关口销售，或运往内地，其征收税饷，发给运货执照，查验放行等事，均照以下章程办理

按：此件所要求亦然全出于原约范围。原约谓俄国贸易商民往蒙古、天山南北路贸易者，应有本国执照，且云此照应于入中国地界时，在附近边界中国卡伦呈验。如无执照者，任凭中国官扣留云云，是其不能自由旅行也明矣，况居住乎？原约又有其征收税饷、发给运货执照、查验放行等事，均照以下章程办理云云，则其无无税输出入之特权也明矣，谁谓不受课税之制限乎？若果允其要求，则吾国数万里之地，任其横行，不稍有租税之权。而吾本国人民货物，反外国之不若，以无税与重税者竞，全无制限者与多所制限者竞，虽本国货物绝迹可也。俄所得利益何限，而列国均沾之议起矣。故以原约言，以道理言，以利害言，此条皆万不得承诺。

（四）俄国现开设之领事馆外，科布多、古城两地，亦有设置领事馆之权利。

《伊犁条约》第十条：俄国照旧约在伊犁、塔尔巴哈台、喀什噶尔、库伦设立领事官外，亦准有肃州、吐鲁番两城设立领事。其余如科布多、乌里雅苏

台、哈密、乌鲁木齐、古城五处，俟商务兴旺，始由两国陆续商议添设。（下略）

按：原约本言俟该处商务兴旺，始由两国陆续商议添设，是即使科布多、古城已属商务兴旺之地，而领事馆之应设与否，尚应两国商议，俄人何得强逼？况在俄认为商务兴旺者，在我未必即认为兴旺也。

（五）俄国领事馆管辖地内，两国人民间诉讼案件，中国官府不能拒绝俄国领事会审。

此件驳略同第二件。

（六）蒙古及天山以北一带，俄国有设置领事权之城府，如古里雅、楚古察克、库伦、乌里雅苏台、喀什噶尔、乌鲁木齐、科布多、哈密、古城、松花江等地，俄国人民有土地所有及建筑家屋权。

按：原约第十条，但言应给予可盖房屋、牧放牲畜、设立坟茔等地，今且进而要求土地所有权，是何异举蒙古及天山以北之地，可入俄国版图也？

又按：《伊犁条约》订于一八八一年二月十二日，十年为限，屡经修订沿用，迄今第三次期限又满矣。凡条约在限内为有效期间，限外为无效期间。如在有效期间，固应承认其要求，或协议续订，然亦必在条约范围内也。今《伊犁条约》既届满期，而俄人要求又无件不出于范围之外，曲在彼矣，直可置之不认，而诉其不法行为于列国，况以兵胁我乎？即使期限未满，俄欲继续此约，亦应于数月前以相当手续，与我国磋商。其承认与否，我国自有主权，不能强以相从也。乃俄于期限既满之后，不自责放弃权利，反诬我蔑弃条文，胁以兵威，限以数日，此实国际改订条约未曾有之恶例，虽往岁日本自由行动犹不如是之甚也。

由此观之，俄所要求者无一合理。惟在吾国民奋袂而起，联合各界，要求政府绝不承认。外交之后援，端在舆论。往者吾国一省一地路矿诸权，政府失之而国民收之者不为鲜矣。即近日粤汉借款，两湖死争，而四强国至今逡巡不敢进。今俄之要求，与吾全国危亡攸关，则非吾全国民死争不为功。虽以政府之罪，遽复牒自屈，原迫于胁吓行为，可就援前次崇厚渎命之例，罢当局大臣，另简贤能，收回更议。设政府不听，既是其甘鬻国而不自知责任，尚何望其立宪哉？亡羊补牢，此其时矣，呜呼国民！

治本之法：虽然，无兵力而言外交，不济者十常八九。幸而济适以长国民苟偷之心，谓外交之事，无过纵横捭阖，斯乃速亡为天下笑，此子产之润色辞令，终无以救郑弱；而俾士麦仰为外交魁杓，犹有铁血之训也。吾国兵力与外人较，何啻髫龀之于壮夫，其百被辱何怪？及今虽急图之，岂旦暮之所能俟？必幡然求一简近易举、而又可恃为兵力之用者，其惟国民军乎，其惟国民军乎！

国民军者，虽其名若甚夸奇，要在使全国民皆有人自为战之心，作其敌忾同仇之气，相与捍外患于焦眉。古者六乡之内，六军寓焉，即比、闾、族、党、州、乡而作伍、两、卒、旅、师、军之名，是军即国民也。管仲变古司马法，已渐失先王寓兵于农之意，及后世变为招募，而军与民始分。汉有谪发过更之兵，而军始为刑囚；唐诸方镇各置牙兵，而军始为市人；明时之兵，有为将帅执溺器侍寝食者，而军始为仆役。及近世盗就募则为兵，兵遣散则为盗，而军始为咨贼。今者强邻四遍，不绝若缕，有言尚武者矣，有言征兵者矣。然尚武岂徒以空言相标？而征兵亦猝难见于事实，宜合四万万人实心实力，习戎知备，老弱妇幼亦薰效其风，九渊之沉庶几可拯。此同人等思以国民军之义，一新天下耳目，不令复为刑囚、市人、仆役、盗贼云尔。

试征之欧美，最强者莫若英、德。而英之国民军声被寰宇；德全国有体育讲习会，名虽近于学校，而其实无异军制。美与一菲律宾战，其国民犹组成铁骑队制胜，前大统领罗斯福为其将率焉。他若各国商民居海外者，皆立团自卫，上海租界之外国商团，国人所亲见者也，观于此而知欧美之所以强矣。

更征之吾国，古邱甸八百家，才出甲士三人，步卒七十二人，余皆三时务农，一时讲武。是国家所养之兵有限，而国民自练之兵遍于国中，后之保甲，犹不失相保相爱之遗。惟王安石推行不善，致乱天下，自余皆无弊而滋食其利。宋有乡兵，而韩、范卒赖以得河东、河北土著；本朝有乡勇，而湘、蜀卒赖以平发逆、教匪。盖乡民为兵，皆勇敢诚朴，其里闬足以相系，其恩爱足以相结，胜于官兵远矣。故欲致国强，救外患，皆莫若速创国民军。

抑国民军之设，与政府新练之陆军两不相悖，而足以辅其短。顷年吾国始试创征兵，人皆踊跃，然日久玩生，岁逃亡者以数百闻，甚者以抢劫斗殴为事。盖吾国勇武之陵靡也数千年矣，非创国民军则无以倡勇武之风，非倡勇武之风则无以望征兵之效，一也。凡兵以观摩而强。吾国新军虽岁有大操，然不过旬日间耳。若常有国民军以相形，彼间隙所习者犹精迅若是，而久膺扞卫者之观摩以起矣，二也；各国财政莫不苦于军费一端，况我方立宪，百需孔殷，欲多练军帑力不任；今创国民军，也有于国家养兵之费百倍，而其效不甚相远，三也。吾国新军虽豫筹有三十六镇，然全成者不过八镇，半成者四镇。今创国民军，不必甚耸列国之耳目，而隐然有百万之师，四也。故欲辅兵力，亦莫若速创国民军。

至其实行之法，虽匆卒之间，规摹未审，要不外仿英国国民军，或德国体育传习会，或即仿吾国旧有团练而已。国民军及团练，皆有成法可稽，毋待遽陈。惟体育传习会，似不必尽仿德国，宜立一中央体育传习所于北京或上海，以资模范。各省分设一体育传习所于省城，视各县大小，均派五人就学，六月毕业，大中队教练，造诣略娴。每省均计八十州县，可得四百人，复各归其县，设县传习所。县传业所毕业者，复各归其乡，设乡传习所。以次递降，务普易不务专精，或三月半年毕业俱可。复以农隙大阅，校功论赏。如日本，日俄战役之临时补充兵，及其平时之在乡军人，亦不过此耳：如是一人学战，教成五十人；四百人学战，教成二万人。此外学商各界，或团或会，不三年而吾国不啻有数百师团矣。其教习即由各省新军军校数人兼任，或民间素习兵事者暂充，而人不乏矣。其经费计每县平均可筹四五百金，八十州县可筹三四万金。或更由他项筹助数万金，而省传习所之规模大张。至县乡亲悉，筹措亦简，或汰冗糜，或增税赋，无不立致而财不匮矣。至枪械则宜求政府速增制造局筹用，或即发旧存余械，力胜者自购之外国。省传习所初设不过需枪四百，弹四万，一二万金已足。况乡里壮校，不必精甲利兵，要以齐步伐作勇敢为归，而器不绌矣。庞然空国，以一县千百之费，而忽有蛟龙猛兽数百万伏乎其中，谁无令原急难之痛，而忍言阻？涉笔催迫，兴言及此，尚望邦人诸友详审而善图之。

或谓以数大强国器械之精，训练之熟，吾惟召合羸弱，朞月之功，便欲陵犯，不惟书生谈兵之见，是驱民于虎豹也。不知国民军之设，非遂欲与列国战也，盖聊藉以为外交之后援耳。外交之道常以声不以实，吾苟一朝发愤自雄，彼列国固已出于计量之外，却回百步，莫敢遽撄，即犹怙恶尝试，断不至如今日要挟之甚，则可必者矣。若不幸而实出于战，我惟以静制动，以逸待劳，出全力以抗之。彼虽有疾轮飞渡，绝不至倾国百万以来，劳师糜饷，疲奔数万里。要知国民军皆华夏男子，非复往日刑囚、市人、仆役、盗贼之兵，两军相接，哀者必胜。彼小有败挫，非其国内自诟，即为他人窥挠，而我之祸或以解矣。杜兰斯哇之于英，菲律宾之于美，往例昭然。安忍以中国之大，而不得与小弱并侪哉？且国民军之为道，不专为对外计，固将为子孙万世树勇武之风，又宁仰震他人之强，而自终于猥贱耶？或谓外祸之亟，间不容发，国民军告成，无问胜与不胜，其何能及？不知揣度未然，圣哲所谢，要在尽人事以听天命。吾国危亡之机，不始于今日，然皆祸至则举国皆噪，仓皇不知所为；祸去则举国皆息，嬉傲不知所备。不及此时立一思患预防之策，则吾国真亡于危亡之声也已。若赖炎黄之灵，国民军成于未亡，其风声已足以动四方，即亡也而强魂犹劲，不远而复，患不为耳，不患其不及也。

或谓政府暗愚而多猜狠，各省团练、各校兵式体操，至近岁且尽罢之，今国民军使通国皆攘兵甲，下乱之源也，政府其肯许乎？不知以今日外祸之亟，虽至不仁者，亦将一破其束湿肩使之习，而与民共患难。我两朝圣后，忧国爱民，方召国会，予民以参政权；设地方议会，予民以自治权，政府亦当善体恩德，何独于此唯一救亡之良策而故靳之？而吾国民若怵政府之威而不敢为者，亦非可予参政权、自治权之国民也。且夫自来乱之起于下者，或出于寇亡，或出于教匪，或出于饥民，时或出于政府自养之骄兵僭帅，若以乡邑之兵而召乱者，穷尽史册未之或有。盖皆在井里坟庐之地，有父母妻子之身，虽欲乱不可得也。况国民军多仰材于政府，方可简营中一二精勤将尉，代柄训练，严其纪律，正其坐作进退之节，以备外患内乱，而国家且多择干城之士，何乱之与有？政府虽至暗愚，至精狠，断无有情理浅显如此而不通者。

要之，国民军既为今日唯一救亡之良策，吾国民直可速起而自谋。苟政府宁以坐亡于外人，而必不使吾国民稍有凭借以图救，则是彼弃民而甘为外人效忠，当与天下共谋之。夫国民军之致国强、救外患、辅兵力也既如彼，而不疑其成也又如此，诚治本之法也。敢告我山东豪杰、河北义勇、关中健儿、江东子弟、越国君子、燕赵侠士、巴渝锐师、湘淮旧卒、满洲索伦之骑卫、摩罕默德之宗裔、成吉思汗之子孙，修乃戈，砺乃刃，歌乃戎衣，三月成军，一年大搜，三年告强，十年沼敌。我汪锜以下迄于黄思伯诸先烈之风，昭宣乎洲洋。

留日全体学生公启

清国革命党员相关之件

明治四十四年5月31日接受
乙秘第1448号，5月30日，秘受第1805号

关于夏威夷火奴鲁鲁《自由新报》主编清国革命党员卢信，已有报告（本月28日乙秘第1441号）。之后，依据□□该人于大前天28日下午自相州箱根前往江之岛，预定不日入京。入京后，将与住在本乡正菊坂六十六番地菊富士楼的中国国民会理事长李肇甫、夏重民等斡旋，□□□……继续秘密侦查中。

清国留学生代表归国之件

明治四十四年4月21日接受
乙秘第1213号，4月20日，秘受第1306号

本月16日，在清国留学生会馆召开云南、四川、浙江、山东、直隶、东三省同乡会，进行了归国代表选举，以下六人当选：

云南省　东亚铁道学校学生　黄嘉梁

四川省　日本大学学生　萧德明

山东省　明治大学学生　蒋洗凡

东三省　早稻田大学学生　金树汾

直隶省　早稻田大学学生　王卓山

浙江省　同　傅梦豪

然后上述六人，前天18日前从当地出发，到神户集合，然后乘当地开出的班轮回国。回国后，将同各省谘议局合作调查各种政务，并将其结果报告会馆。此外，据说上述代表还将清国国内利害关系最深的上述各省，选定为联络组合区域。

附记

留学生不久前在母国对三国问题上的过激运动的目的，不只是为了自己国家的启蒙，还在于抵制汪公使。不过他们也担忧代理公使吴振麟把他们留日国人当作陪衬，这样的话，公务将被私情左右，听说他们还想继续抵制吴振麟。

清国留学生集会相关之件

明治四十四年4月24日接受

乙秘第1227号，4月□□日，秘受第1329号

针对在法国巴黎召开的有关商定在华势力范围的各国秘密会议，清国留学生国民会热议不断，要在明天，也即23日上午8点开始在牛込区神乐坂高等演艺馆召开留学生大会，已经在留学生中间发放附页上的印刷物。

清国留学生大会

明治四十四年4月24日接受 主管 政务局 第一课

乙秘第1233号，4月23日，秘受第1331号

今天上午9时开始，清国留学生临时总会在牛込区袋町高等演艺馆召开，参会者约700人，下午1时散会。其情形如下：

一、发起人、直隶省人天葆均致开幕词，称今年3月间成立的中国国民会干事等人借正义之名，逞一己之私欲，据说当时代表该会派往清国的人完全没有履行其目的，因此为重组国民会，召开此次临时总会。

一、安徽省人、陆军士官学校骑兵科学生、军曹刘文明特地为本会做了即兴演说。其主要内容是：不断的满汉冲突已是人尽皆知，这是从现在的大势来看可以判定的，无论如何都没办法维持和平，这是一目了然的。对清国来说，这是最值得忧虑的事情。尽管也一直有对满朝政府外交的软弱喋喋不休的人，但假如还有忧国之心，就应该把促进满汉相互融合，统一步伐，作为当务之急。

一、广东人苏女士（约70岁的女性）在同行的清国女学生的搀扶下走上讲

台，通过随行翻译，发表了大概如下的演讲：

我们清国有四千年的历史，是世界上有数的文明国家。但从五十年前开始，遭到列强的迫害，南方的领土被不断蚕食。特别是中法战争，当时法国士兵强奸、掠夺、肆意妄为，我丈夫不幸被法国士兵绞杀。如今回想当时，着实愤懑难忍。

说着就忍不住痛哭起来，甚至将自己的头撞向讲台上的柱子，做出自杀的样子。参加会议的人颇为感动，哭泣者有之，愤怒者有之，一时间全场沉默。苏女士难堪今昔之感，在悲伤中中止了演讲，在数名会众的搀扶下回到座位。

一、除此之外，数名讲演者依次登台，批评第一次组织的中国国民会，同时高声呼吁，列国事实上要不断分割我清国，无非是欺负我清国实力薄弱。过去挑起外交争端的列国的惯用手段，无非是借租借、担保、保证等名义，行逐渐吞并之实。作为我清国国民，必须奋起探讨应对之策。目前的外交问题，如果满清政府不能向我等国民保证圆满解决，在东京留学生（除幼童以外），除了全部回国，牺牲自己之外，别无他策。

一、作为紧急动议，河南省人时讷朗读了有关最近我清国外交问题的十二三条办法。会众中有人呼吁将其作为本次会议的决议事项。时讷将其交由干事裁决，干事就此征求会众意见，多数会众表示赞成。于是以此为参照，作为决议事项。具体如下：

决议事项

一、政府如果阻止国民会，那就拒绝纳税，以此作为抵抗。

二、国民会经常费的募集金向会员征收，每人每月金20钱。

三、组织国民会之际，要向清国陆军学生通报，以便进行军事方面的研究。

四、设置业京留学生同乡会，作为国民会的分会。

五、推动清国劳动者反抗政府。

六、在美国组织局部国民会，以便与本会东西呼应、联络。

七、不再提满汉二字。原因恐怕是为了避免侵犯满汉一致的权利。

八、向各省派遣代表，同各谘议局合作，加强双方联络，以上代表的旅费等由各自的出资额充当。

九、对国民会有意见者，本会欢迎随时通报。

十、时讷提出的其他办法，在国民会成立后再做详细研究。

十一、国民会的基本金，通过向世界各地的清国商人团体商议、募集来筹集。

一、在会场张贴了如下的警告文：
《警告》，录三月十九日《天铎报》

法竟为瓜分我首耶

各国瓜分中国之计划，现已规定完全，以租借土地为入门手续。本月初三日，外务部已接到法国公使通牒，要求租借云南全部。外务部对于此事甚形进退维谷，连日会议大幅办法，异常秘密。闻各国俟我答复法国后，再为接续要求云。

一、向会众发放了附纸上的印刷品。

此外，虽然还有要同会众商议的事项，但由于散会迫在眉睫，遂在未做商议的情况下散会。

(终)

有关云南及伊犁事件的清国留学生大会情况

明治四十四年2月27日

乙秘第738号，2月26日，秘受第618号

第一　会议

会议本日下午1时开始，在牛込区高等演艺馆召开，出席者约1200人。会长熊越山宣布会议开幕并做演讲，说明了召开这次会议的主旨是为了紧急通知云南及伊犁事件。接下来，发起人邹义州、夏重民、胡源汇以及赞成者刘揆一、何畏、傅润□、刘基炎、熊钟麟、孙负沈（上述会长及发起人等已定）等陆续就该事件发表演讲。另外在决议上，虽然议论纷纷，但会议还是在5时20分按计划结束。演讲的要旨以及决议事项如下：

（一）演讲的总旨

此次在清国利权方面，引发俄国对伊犁和英国对云南事件，虽然是因为清国政府无能，但也有条约不完全的因素。如今乘政府外交政策的脆弱，才敢实施强迫性的占领。因此清国国民不应该无视政府的任意决断，仍然依靠丧失信用的政府的力量已经是没有意义的行为。此时，除依靠各省谘议局、相互联合等发挥地方自治力谋图恢复之策外，别无他法。如今的清国，恰如朝鲜最近的状态，不日战乱将起，列国将趁机提出分割土地的要求。果真如此的话，则共同一致，拯救此等危急将是急务中的急务。

（二）决议事项

一、组织国民救亡（拯救）机关。

二、组织各省国民军。

三、宣传地方自治。

四、实行征兵制度

五、养成国民的外交观念。

六、为保护蒙古、西藏的利权，内外呼应，向国民告警。

七、各省选出两名代表，设立体育传习所。

八、一周内向上海派遣总代表一名，将本会的决议事项报告各谘议局。同时总代表留驻上海，就决议事项征求各省谘议局的意见，相互合作，探讨善后之策。

九、依据前项，二周以内筹集有志之士的捐款，充作其经费（会场上已筹得金90元）。

作为以上决议的补充，又追加了如下事项：

一、将本日决议事项电告清国各省谘议局。

二、由公费留学生向公使提出要求，电告本国政府。

三、发电呼吁留驻欧美及南洋的清国官民联合起来，共同推动决议事项的实行。

四、将清国政府的无能翻译成外文，向各国公告，掌握攻击清国政府的手段。

五、将伊犁及云南片马事件……

六、向各省谘议局提出要求，应力争收回俄国对伊犁、英国对云南片马的利权。

七、电案定稿：

关于伊犁及片马事件，假如让步一步，那就是清国招致灭亡之时，是列国瓜分我领土时机成熟之时。非用尽全力力争不可。（致各省谘议局）

八、上述电文的追加定稿：

清国政府已辜负我等期望，各省谘议局应相互联合，组织国民军，筹划各省自治的独立。

(三) 针对会众的气势、手段

当天，为激励会众的气势，在会场正门上有如下告示：

俄人无理要求六大件

一、俄国□定清国国境输入税率，不如以何等之限制，但议定在国境五十里内限于露国制品，许其无税得输出入。

二、在清国，俄国人民有治外法权。凡行政及裁判上统用俄国法律，于俄清两国间民事事件，两国联合裁判，次决之。

三、于蒙古、天山南北路处俄国人有自由旅行、居住及不问何种商品无税输入之特权，决不受课税制限等事。

四、俄国现在除开设领事馆外，于科布多、古城两地亦有领事馆设置。

五、俄国领事管辖区域内有两国人民向诉讼事件，清国官宪不能拒绝俄国政治之协同裁判。

六、蒙古及天山一带以北，凡俄国有领事设置权，如克里难、禁古察克、库伦、乌里雅苏台、喀什葛尔、乌鲁木齐、科布多、哈密、古城、松花江等，俄国人民并有土地所有及建筑家屋权。

第二 向清国公使之所请

散会后，用会场的电话向公使馆申请面见清国公使，得到允诺后，各自退场。

约600人在7点左右，前往公使馆玄关前集合，各省发迹者中各选一人，选出委员六七人面见公使，要求对于上述伊犁及云南事件政府应极力抗议，同时报告了本日集会的情况，另外请求向本国政府通告这一主旨。公使稍解其意后离去，众人一起在玄关前三呼万岁，然后在八点左右离去。

此外，不日将就本件的实行再次召开大会，以商定具体方法。

(终)

清国留学生各省代表集会之件

明治四十四年3月6日接受

乙秘第827号，3月5日，秘受第703号

本日下午3点开始，在牛込区西五轩町清国留学生会馆，各省留学生代表约80人召开集会。会馆干事长熊越山做如下报告：

前些天的大会上决定向本国发电报一事，已经实行（参照附纸），其费用需2000日元，其中一半由汪公使支出，另一半由大会之际收取以及向缺席者征收的部分支出。

此外将来的活动经费预计需要2万日元左右，计划由在东京留学生3000人每人出2日元，存入可靠的银行。另外各省5名代表已于昨日选定，但难免存在无法参加今天会议的人，但今天集会的目的是就今后的活动方针征求各代表的意见，既然坐到了一起，那就请各位不要有什么顾虑，畅所欲言。

之后各代表相互交换了意见，综合来看，存在温和派（渐进）、激进派（革命）两种分歧。

温和派的意见：

一、与革命派意见相左，断然分立，并确定今后的方针。

二、根据和平主义，即渐进的方法，组织国民会，研究地方自治相关问题。

三、关于今后的活动方式，革命派与国民会之间是否有共同活动的必要，交由多数人裁决。

四、各省代表在不违反大会决议事项的前提下，可以采取适应各地方的方法。

五、对俄、英、法问题在于条约颇为久远，难免会有缺点，因此应警告满洲政府，即便不能让我们满意，也应在双方让步的前提下，予以圆满解决。同时，转向组织国民大联合会，专门培养实力，以不损害清国的立场。

激进派的意见：

一、我们应该在国民的支援下，以破竹之势，同清政府斗争。但国民会派不予认可，反对者甚多。革命派应与国民会派分立以达成本件之目的，还是共同前进，仍需要进一步研究，推迟到下次会议（再做决定）。

二、派云南代表何畏、刘基炎二人首先回国，尽快展开该方面的联络。

大概如上所述，最终没有做出什么决定，在6点30分散会。

附记：

一、激进派方面所谓的国民会派，是指这次提议组织国民大会的人，其会则草案如附纸。

二、本日在会馆有以下意味的告示：

发起人

青山南町353本田别邸内《日华新报》记者夏重民及另外四人。

主旨：

关于英对片马，俄对伊犁，法对云南及日本对清经营问题，同业者应在此之际统一国论，唤醒祖国。赞同者请至发起人住所，告知住址、姓名，发起人将通告开会日期及场所。

(终)

清国留学生的活动

明治四十四年3月18日接受
乙秘第944号，3月17日，秘受第854号

清国留学生等在上个月大会后，访问了该国公使，要求其在对俄对英问题上对本国政府极力抗议一事，已经报告。但公使不仅没有按照要求去做，据说在北京及上海查扣了根据大会决议发往本国谘议局及南洋的电报一事也是公使所为。因此，（留学生）借口要求增加官费留学生费，从15日下午开始，三三五五约50人前往公使馆，要求面见公使，公使借口外出不予会见。留学生们于是就在原地等候公使回来，最后或许在公使馆里等了通宵。昨天16日上午11点左右开始到下午4点左右，留学生会馆干事长熊越山及另外三百五六十人又在公使馆集合，但公使及参赞吴振麟、许士熊、翻译郭太汉等一直在楼上公使办公室躲到下午2点左右，对谁都称不在，力避会面。因担忧学生们继续聚集，遂对下级官员等宣称前往横滨，实际上秘密从便门前往筑地精养轩躲避。

之后，学生们认为公使躲在馆内，开始逐屋搜查，从佣人那里听闻公使前往横滨，有人主张追踪而去，一时间人群骚动。到下午8点左右，在董之清的提议下，决定留下总代表30人，其他人暂时离去。就在陆续退散之际，8点30分左右，吴总领事自横滨而来，对留下的人诚恳劝阻，最后一起在9点有序离开。

（终）

清国留学生的行动

明治四十四年3月21日接受
乙秘第967号，3月20日，秘受第901号

本日十八日清国留学生……派往驻横滨清国领事馆，要求同公使会面。最后国民会因其总代马伯援以及另外三人出差，最后有4名代表在第二天17日前往横滨同公使会面，然后于当日返京。代表者的报告如下：

敬启者

奉诸君之命，今日午前十一时往横滨，午后二时半谒见公使于领事馆。谨将公使所说大意报告如下：

一、诸君爱国热诚吾当赞成，但办法不可不慎。

二、派代表回国须俟查明所派之人及演说之意，其间有无假公济私并其他不当情形。

三、出杂志可以赞成。

四、筹款不宜激烈。

五、国民会可否改名爱国会。

六、代表□□□面会人数不必过多，四五人即可。

七、约定十八日午前可以面会，但自九点起。

（弟等归来见一传单，言由使馆发出，但弟等本日在横滨面见绝非虚言，此传单是否属实不敢确定）

弟 马伯援　李肇甫　熊岳山　颜振兹　同叩

阳历三月十七日晚十时半

清国留学生的行动

明治四十四年3月23日接受
乙秘第979号，3月21日，秘受第723号

针对英、法、俄三国问题，清国留学生等正在持续活动中。通晓一般情形的人称，无论怎样活动，其目的终究无法达成，更不要说反倒会有害。背地里已经有反对运动，特别是关于活动经费指出，反对者不尠，最后该运动可能要龙头蛇尾。

附记

清国政府对此次留学生鲁莽的行动，有下记第一号的训斥。汪公使也就学生们威胁公使馆的行为，在留学生监督所内张贴了下记第二号的告示。

（一号）

为公布事 宣统三年二月十八日

准学部电开，近闻学生借口国交，肆行开会，甚至预将学费勒捐滥用。区区学款，岂足以言抵制，且于学业前途大有妨碍。应由贵大臣剀切晓学生，干预政治，例禁綦严，嗣渡该生等务须专心向学，力图远大。如有不遵定章，开会勒费者，应即照章开除，倘有抗拒情事，仍应从严究办。学部。篠。等因。特此公布。

（二号）

顷奉钦宪谕：昨日回署，见前两日诸生在使馆前情形，实属不成事体，并闻昨有百人左右，偕代表同至横滨，此中情形，必系贪人败类，借题生事。该代表为其所胁，是无疑义。似此举动，实于学生界全体名誉大有妨害，万难任其所为。该代表等如果真出爱国热诚，不当诞妄至此。所有前议各端，自应取消，毋为奸人所惑，将此通谕诸生知悉。等因奉此，特行公布。

宣统三年二月十八日，监督处

中国国民会总会之件

明治四十四年3月24日接受
乙秘第1000号，3月23日，秘受第950号

本月19日下午1点开始，中国国民会的总会在清国留学生会馆召开，有82人参会。会馆干事长熊越山就之前留学生多人到公使馆之事，称由于自己的疏忽，招致如此事态，被公使严厉训斥，国民会员，特别是职员在将来的行事中要采取慎重态度。接下来，国民会干事长李肇南称，在公使不容我等要求时，采取强硬手段逼迫并非本会的宗旨。因此，只探讨了今后依靠各自出资的活动方法。本日总会虽然得以召开，但议论纷纷。有人提议应该在云南及伊犁设立作为国民会的机关的报社，也有人主张应该立即派遣活动人员。最后因为没有经费来源，于是商定印刷意见书向本国要人分发是个不错的办法，随后散会。

附记

汪公使18日再次接见了国民会代表马伯援、李肇南、熊越山三人，出示了外务部及学部的训电，诚恳要求解散国民会。上述学部的训电已经上报，外务部训电的内容听闻如下：

先前留日中国留学生等无视本国政府的外交，抱着一知半解的幼稚政治思想，狂暴地以组团、制造过激决议，并向全世界驻留的中国人唐突地煽动、鼓吹。

贵大臣处理不当，尽显私情，其罪颇重，酌情予以谴责。若今后再有使中国留学生等轻佻跋扈之举，立即革职，决不宽贷。贵大臣应奉行此意，劝导中国留学生严守本分，一心向学，毋在政府外交上给列强制造障碍，不要让中国

陷入险境。希望自重，毋悔之晚矣。

清国留学生的行动相关之件

明治四十四年3月27日接受

乙秘第1040号，3月26日，秘受第969号

针对清国福建省同乡会会员给国民会的捐款，公费生中有反对者。同乡会会员群情激昂，一面调查反对者的姓名，一面调查反对意见。之后反对者的姓名被查明，是杨谨谋，之前一直寓居在本乡区森川町一番地本乡馆，因为被上门威胁，杨在之后心有余悸，在刚刚过去的24日外出游走、潜伏，至今未归，任凭他人斥责其不德。另外，有人提议对其他反对者严加制裁。

中国国民会意见书印刷之件

明治四十四年3月28日接受

乙秘第1042号，3月27日，秘受第1001号

如之前所报，留日中国国民会在本月19日召开的总会上决定印刷意见书，并将其分发给本国要人。如今印刷了8000份，如附纸所示。

快看！快看！！
□□破坏国民军之败类
著名牛皮大王
宪政妖党之走狗
公使馆之侦探
某参赞之小使

留学界组织国民军以来,义声直振,海内欢呼,凡有热血者,无不共表同情。乃竟有不肖狗党,暗中破坏,是可忍孰不可忍。同人乃调查其丑史,亟为宣布,以寒一般卖国之胆。

□□败类到东之丑史

败类何人,曰广东兼江苏省籍,自称某大学生,著名牛王岌(爱)骨(国)会首领、督办、使馆侦探,兼理宪政妖党走狗蓝功污是也。功污幼入苏州位育善堂义班,落第被革,拐骗候补府张某弟资金到东,所入东洋大学高等商业,均被斥退,乃哭求某参赞保送某大学旁听生。

□□败类之家谱

败类父在苏业鸦片灯吃,母沈氏,家奴曾强奸幼妹,常以贾宝玉自命,人面兽心,□异已。

□□破坏国民军之罪状

败类与某参赞善,此次某参赞之反对国民军,皆败类怂恿之者。败类又语国民会痛骂某参赞之败坏种种罪状,以欺学界,奸智有如是!呜呼!诸君皆知汤某之破坏国民军,而不知破坏者,汤其附,蓝其魁也,谨录此以告学界。

学界锄奸子白

敬启者,英兵未解,俄祸方长,□政监督之局已成,满蒙风云之态日急。近驻英法两使忽电告政府,各国在巴黎大开密议,商定瓜分范围。呜呼,我可敬可爱之海外同胞,人非木石,畴不□山河而惊心,即有老成,亦当闻风雷而变色。爰订二十三日(日曜)自午前八时至十二时开全体大会于神乐坂高等演艺馆,凡我留东同学、邦人、诸交,同舟大难,勿吝举趾之劳,半日春阴,借图挥戈之计,特此警布,务希一贲临,不胜公盼。

留日学生总会、留日学生国民会公布

中国留学生的演说会[1]

明治四十四年5月30日接受

神高秘□第2027号　秘受第1796号

昨日28日下午1点开始，在市内山下町百四十番地清国中华会馆，有东京市牛込区西五轩町五拾二番地中国留学生的演说会。主办者是同清国人夏重民，参会者约200人，主要是在横滨居住的清国中下层青年人士，以及外国商店的书记、雇员等。下午5点散会。演讲人及演说要点记录如下：

演讲人　东京市中国留学生总会员　清国广东人

李肇甫、谢永井、李汉、朱章□

卢舜椿、天育英、马伯援、吴桂常

演说要点：

如今我国当局者只顾仰列国的鼻息，毫无作为，优柔寡断，吾人无法安心信赖之。因此，此时吾人青年不得不同心协力，为国家着想，给当局以强烈刺激，以免受列国侮辱。特别是先前缔结的借款问题一样，当局者的无能尽显，难免有日后遭到列国瓜分之虞，实在是让人寒心。

参会者是否被感动：

因为是志操不够坚固的青年人的集会，所以演讲总是博得一片掌声，倾听的话多少会被感动。而且演讲人是东京留学生中的无赖之徒，有一些革命思想，分明是以此为手段，筹集了不少捐款供自己衣食之用。因此，中华会馆里中层以上的有志之士对上述演说视为儿戏，完全不放在心上。

如上所述，特此禀报。

1　本资料失题，现标题为本书编者所拟。

清国留学生归国代表者之件

明治四十四年5月29日
神奈川县知事 男爵 周布公平
外务大臣 侯爵 小村寿太郎殿下
报送至内相、外相、总监
明治四十四年6月17日接受
乙秘第1467号，6月16日，秘受第2054号

在京清国留学生等就本国借款问题，再次派各省代表归国，参与反对运动。上述代表者预定在之后的20日左右从当地出发，24日左右搭乘从神户出发的邮轮出发。其名单如下：

（但不知是否在归国前已全部解决旅费及学业方面的问题）
湖南：马伯援 廖宋伯 杨炽昌
山东：颜振苏 丁维芳
四川：薰鸿诗 张懋隆 高尚志 吴理权 吴哲 李肇甫
直隶：王葆 陈树棠
广东：张群 叶廷勋 卢受椿
广西：李□ 罗佩珩
江苏：章梓（赴）
福建：陈景松 林昭燕 刘映岩 肃敏 邱仁光
云南：李泽 曾愚生 李暎 王济 李星 魏再晟 杨瑾 陈廷楷 刘继豪 陈宗华
陕西：赵世钰 徐应庚 张靖 谭焕章
浙江：吴润如 李祇 陈某 李复真
河内：王印川 李载膺 俞景明 朱隐青 姜孚 童蒙求 丁昌龄 詹麟来
吉林：（若干名）

（终）

清国留学生大会相关之件

明治四十四年10月2日接受
乙秘第1689号，10月1日，秘受第3086号

本日上午8点开始，在牛込区袋□高等演艺馆，召开了清国留学生大会，参会者约400余名，革命党人章炳麟及□仲□二人，作为客人参会，章进行了一场演说。

9点30分，干事长任鸿年起身致开幕词，概要如下：

鉴于讨论、研究清国南方最具利害关系的云南片马及四川铁路问题是吾人之要务，为交换相互意见，商定办法，特召开此次会议。吾人希望诸位能够明了本会存在的意义，在于通过与本国同志的相互联络，进而达成目的。请诸君敞开胸襟，畅所欲言。

接下来章炳麟以及另外9人，相继围绕下述要点做了演讲，在充分讨论下述两个问题的基础上，形成了下述决议，并向参会者发放了附纸中的印刷品。下午1点散会。

一、川路问题（川路指四川铁路）研究

二、片马问题　论

决议：

一、基本上决定，以国民会总会的名义，向本国同志发送电报及宣言书等通信。

二、本国各省选举两名代表成立保路部，附设于国民总会中。

演说要点：

清国政府财政困惫……如四川筑路，不顾民众反对，私下借款，由此引发四川省的暴动。此外，政府设立谘议局，本意在培养地方自治制度的代表，但却无视这点，逮捕四川谘议局的正副议长……哪里还有宪政之实……清政府软弱无能，不仅租借云南要地片马，还就四川铁路借款，实在让人咬牙切齿。若政府不能证明铁路国有的必要性，就应该停止向外国政府借款，转而向外国个人资本家借入低息贷款使用，如此才是上策，否则必成他日清国权利上的隐患。

敬启：

此数日以来，革命军军声大振，政府张皇失措，接内地来函，谓政府竟有□借日兵平靖内乱，□饮鸩自（愉）之计。且综观数日来日报所发论说，日本野心家鼓动我政府借用日兵，口吻显然，又闻驻日公使汪大燮屡向日人摇尾乞怜，大有引狼入室之势。此种速止政策，令人闻之发指，言之心裂。我等同人寄居海外，宜如何□□天良，急加筹议外，对日本国民陈说利害……前已由同人函告总会，速开大会，集议□期，为我留东商学各界务必□见□临，以收广益之效，挽□狂澜不□，盼切，谨布。

警告 看！看！！看！！！

清国留学生相关之件

明治四十四年10月9日
乙秘第1699号，10月8日，秘受第3146号

在神田今川小路一丁目一番地木村□□方投宿的清国四川省江津县人任鸿年，22岁，本年3月之际来日，邦语未熟，目前在同文书院上学。此次在神田今川小路吉田印刷所预定了5000份印刷品，同所又将其委托给本乡汤岛天神町川口印刷所。据称其中300份已于昨天6日夜分装为50份，寄往清国四川省、江西省、湖南省地方，据称剩余部分目前仍保存在其手中。

明治三十八年4月5日接受
发普61号 受第4458号

本省通知，允许清国留学生入学的下记学校校长，要求按照附纸记载的主旨，注意监控。

明治三十八年4月4日

文部次官法学博士本场贞长

外务次官珍田舍己大人

记

早稻田大学　成城学校

法政大学　经纬学堂

法学院大学　弘文学院

清华学校　东京同文书院

正则英语学校　正则预备校

工手学校　振武学校

庆应义塾　铁道学校

另外，也请向本省所辖的官立学校中有清国人就读的学校，发放附纸第一、第二的注意事项。

记

一、如有学生发表超出其本分的政治言论，以及从事政治活动，应力行劝诫。近来清国人在本国留学者日渐增加，而其中难免会有议论本国政治，或有不应有之举动者。因此，担当清国留学生教养工作的人，必须对此点严加注意，要特别留意，不要让他们丧失了作为学生的本分。

二、本国学生中难免有挑动清国留学生发表政治言论，或者从事政治活动的，容易引发复杂事态。因此应特别留意本国学生与清国学生之间的关系，以防上述问题发生。

三、清国留学生中，志向不够坚定，一时冲动来日的人不少。这些人中有人一旦入学，很快就会退学，既无法达成最初的目的，学费等又告缺乏，遂化为无赖之徒。这些人的数量如果增加，也有在国交上造成影响的可能。因此，从现在开始，在让清国留学生入学之际要特别注意，仅限有相当保证且志向坚定、有望成功的人入学。

甲密第91号

清国公使与该国留学生

昨天28日下午1点左右，自称清国自费留学生的吴敬恒、孙揆均以及另外25名青年，造访永田町的清国公使馆，请求面见公使，但遭到公使拒绝。他们不断强求，于是公使让馆员传话，可以同其中二三人面谈，但他们不肯，非要全员参加，再三解释也没有用。正好来游览的清雅之士吴徐纶和外务省翻译官小林辛太朗等人前来，碰到此事，于是极力抚慰、解释，但还是没用。吵闹了几个小时后，他们干脆在玄关前跪坐，表明了不退去的决心。此时，麹町警察署长接到报告，带领若干名警员到达公使馆，警戒内外。公使也最终不得不屈服，在下午7点把他们带到会客厅，与馆员一起接见了他们。他们让一行人的首领吴敬恒陈述了要求，称公使要为我们处理入学成城学校的问题。如果日本当局不答应，应该力争让他们接受我们的志愿，如果不让我们来，公使就应该负责，就此辞职等语，尽是嘲骂。公使非常生气，大声斥责，推门而去。他们为了达成目的，纷纷在会客厅内坐卧。无礼之举，不可名状。公使遂向派出的警察官请求，让警察赶走他们。于是将上述两人带到麹町警察署，其他人都回到了牛込区指容町的住所。被带到警察署的两人，经过一夜的调查，被认为没有处理的必要，警告之后，让他们返回住处。公使馆方面，暂时派了三名巡查负责警戒。

特此汇报

明治三十五年7月29日　警视总监大浦□武

小村外务大臣大人

留学生奔走国事

东京函：我国留日全体学生，因时局危迫，组织国民会为救亡机关，已屡纪本报。阳历三月初八日，开全体职员会，兹将其当日决议事件，报告如下：

（一）国民会章程已经全体决定，容后日即行发布。

（二）官费生捐款，由国民会会同总会执行部干事往使署全部领出，存放银行。

（三）每省举二人组成演说团，归国分为五团。其经费概由国民会担任，如各省能于二人之外，多举归国代表，尤能欣望，惟经费由该省自筹。

（四）归国代表略附条件：(1)不能到北应考；(2)不能自行回家；(3)不能鼓吹革命；(4)不能要求国会荒弃职务。此外尚有细则，及明细经费表，由理事部拟定，交评议部决议实行。

（五）演说团至各省游说已毕，解团后，即归本省办事。

（六）各省归国代表，限于本星期日（即十二日）上午举齐，通告国民会，午后一时起，即开归国代表及全职员会总会馆。

右六条外，尚有数件，因关于国民会之一部分之选举事，故略之。俟有后会，再为报告。

录自《民立报》，1911年3月20日

留学生大闹公使馆

东京函：留日学生，关于中俄交涉，为欲确知本国政府对俄之态度，于阳历三月十五日午后四时，齐集团体数十人，前往公使馆，求见汪公使。适公使往横滨，不在馆内，代理参赞官吴振麟、留学生监督许士熊两人，出而接见。学生等疑公使确在馆内，故意避匿不见，宣言不见公使，决不回去。继即直入使馆内之各室，谓必见公使后，方可回寓。当经书记官、通译官等劝慰至再，迄未允从。遂不得已，一同住宿馆内，静侯公使归馆。外人评为留学生占领公使馆之奇观，馆员人等狼狈不知所措。及至翌晨，留学生数骤增数百，吴振麟参赞知难劝回，遂急告横滨旅行之汪公使。午后二时，公使先委横滨总领事偕书记，代公使到馆，对众学生云，如许多人，公使碍难一一接见，可举总代表数人，约定时日，再行面会公使云云，学生等许之。乃于是晚八时，各自归寓。东京报界，对于此辈学生之举动，赞成者少，即留学生中，亦多有不以此举为然者。盖以其徒尚虚声无实效故也。

录自《神州日报》，1911年3月24日

留东国民会始末记　　呜呼吴振麟

呜呼！入春以来，警报频传，时局日非，俄之用兵恐吓要求条约也，日则借口防疫，而添遣其丑师于南满，英之强占片马进窥蜀藏也，我政府苟对付不善，小之有丧地失权之惧，大之且有瓜分灭亡之祸，洵为今日中国存亡攸关之一大问题。我国民安能坐以待亡乎？此东京中国留学生界之所以奔走相告，大声急呼，开会讨论，群谋挽此危局也。

不意自开大会迄今十余日，除分电告急内地各谘议局，与西洋华侨及留学界外，终日聚议，他未见为若何之举动。仆养病于某医院中，忽于西历三月十七日见此间各新闻载有中国留学生占领使署，公使窃逃之骇闻，于是勉强外出，四方访问，乃知日本新闻所载者，皆诋毁我、訾笑我，语不值辩也。兹将留学界之近日情形，与当日赴使署交涉之颠末，详述于下：

东京留学生自月前以三国告警，开全体大会，特设临时救亡机关，定名曰：留日中国国民会，由各省同乡会分选五人担任职务，更由各同乡会会长、各校代表及省代表五人中互选一人，组织评议部、会计检查部，监查预算决算。一面派代表团归国，每省选二人，每团八人。共为五团，分往廿一省游说各省绅衿，与官界联络，提倡征兵团练及自治交通，与场（倡）军国民教育诸要端。每到一省，即留该省通报。二人中一人在本省办事，一人随团省进，以为治标之策。一面设调查部，分科研究刊布杂志，以图远大之计。淬厉不遗，缓急有序，不惟留学界所未尝有，即内地人士亦罕闻议及此者，故东京以外各学校我国留学生均纷纷驰函赞助。于前大会决定官费生各捐十元，计有万余元，请先由公使馆垫出，俟后月扣二元，五个月扣完，自费生则量力自认。

十三日午后，国民会理事会、会计偕总会干事、各校代表、各同乡会长赴使馆领官费捐款。据云，非本人署名盖印不允垫出，国民会即于十五日开评议会，报告此事，佥谓官费生除二三官立学校外，余皆散处东京内外，不下百余校，若尽人盖印，非数旬未易了事，现归国代表临发，内地属望甚殷，何能久滞？且近日官费折多半作为抵押物，预向人借数月学费，照使馆办法，窒碍必多，此捐款在前日大会排队至使署，已由公使当众签印允垫，何得至今故作难题推卸？闻使署日来嗾人四出，窃欲破坏国民会，若不速领款到手，恐有他变，遂公决由评议会，仍偕总会干事及理事，即刻再往使署交涉。

至则谓公使已出，须至晚始归，其实托辞不见，闻公使次晨方伺隙潜出者也。众待至晚，公使仍未归，询之署中人，则谓已去横滨。又当日忽有横滨领事某同一书记官来使馆，传公使命于次日午后三时在横滨领事署接见。总会干事及国民会理事、庶务、书记四人如约往，则公使偕总副领事及随员七八人均出，环坐一室，俨临大敌。公使开口即言，尔等欲救国，不可不知历史。伊犁、片马曾由我国人民自相扰乱，赖外人代为戡定，以归于我者。干事等答以此等历史，末学寡识，实所未谙，惟知寸地尺土，皆吾中国自有，不得以还珠合浦，视之不甚惜（闻当时笑话甚多，如问专门部是否大学预科，法政大学是否由第一高等学校毕业考入）。且某等请谒，所欲言者多端，不暇受公使考验。继乃以盛气相憾，谓此次举动非尔等所应为。干事等以留东全体，同此忠忱，非某等一二人私意。总领事吴某在侧，则侈谈英语，巧言如簧。干事等答以此为中国官署，相见为中国官长，不宜作外人语，敷衍抵塞。如是数十分钟，仅得略通来意，公使谓国民会所办调查、杂志两事，绝对赞成；惟派代表团一层，查明办法及归国者何人，始定赞否。至官费捐，固持本人盖印之说，并命将国民会办法，详细录呈。次日午前，再至使馆接见而别，此十七日干事代表等往横滨与公使交涉大略情形也。

是日突有安心向学勿预外事之谕，次日复有前议诸端概行取消之谕。既允垫款，而复反汗；既言赞成，而忽取消，至是而公使之威信扫地矣。

闻其主动者皆由吴参赞振麟一人，汪往岁以浙路事不齿乡里，颇自抑悔，驻日以来，意在结纳学生，为赎谤计，惟偏信吴，因吴振麟新娶之妇，系日之贵族院议院伊泽修二之女公子也。在日势力甚大，昨年吴与伊泽院女公子行结构式时也，东京各新闻艳称之。闻伊泽修二娴支那语，熟悉中国情形，亦系吞并支那派之一人也。而以其女公子嫁吴，人咸谓日之美人计（其信然矣），甚者加以讪辞。留学生欲开会诉诸外部，坐以外交官纳他国女为妇之罪。会此次祸迫不暇给，吴欲先发制人，遂有此摧折之举。然此乃远因也。而其近因，闻吴之岳翁曰某氏，因此次留学生举动，为英俄交涉派代表团归国，巡游廿一省，演说外患亡国情形，必推祸首于日本。前年日本之安奉铁路自由行动，为列强开一先例，为国际增一新语。此次英俄之自由行动，皆日本阶之厉也。而排日之风潮，必随之而复起，如是而中日国民之感情，终难望其有圆满之一日。吴受乃翁意，故不畏人言，擅行设法阻止，见好于岳翁，吴之肉岂足食哉！

然吴之罪尚不止此，闻当日留学生方集使馆，吴欲用电话招日本宪兵来，解散驱逐之。适有邮传部考察员二人在侧，极力反对，谓彼等为国事热心而来，并无暴动，何必令外人干涉，而伤我国体，请待至晚。及晚六时，吴又欲出前举。其时学生已渐散归，幸免辱焉。又闻十七日之谕，亦系吴假公使名，于午后三时半发出。当日干事等至横滨谒公使，四时十五分始别，公使并无一语及此，其出于吴手可知。十八日之谕，亦因公使归后，吴进谗言而发此谕。发后，国民会即于十九日开全体职员会，商决善后办法，众志激昂，无一人唱解散者。先由理事长报告详情，引咎辞职，咸以重任责之，坚不听许，公决于数日内由各省各校代表，分头募捐，仍派人至上海、云南、东三省等处。如经济充裕，拟在上海设一大日报，即作为总机关，联络各省谘议局及公共团体，力图救亡。生气勃勃，入夜愈厉。及闭会后，群相呼曰：值此列强进兵瓜分，实祸将现之时，凡我中国男儿，当有决心，无论前途有如何危险障碍，吾辈必毅然行之。然与其殉命于既亡之后，何如捐躯报国于未亡之先，而冀挽救于万一也云云。

录自《民立报》，1911年3月30日

留日中国国民会临时哀告内外同胞意见书

呜呼国事亟矣！自伊犁、片马事件发现以来，东亚风云，一日十变，吾国危急存亡，陷在旦夕，噩电交驰，报章腾布，亦既彰彰著明矣。留东同人，目击耳聒，恸念赤县神皋，行将沦为台隶，呼号奔走，以组成中国国民会，期与内外同胞，勠力同心，共御外侮。方惧事未卒成，而宗国沦亡，已不可复挽，神明交责，迫以驱驰，虽志未发疏，然焦神极能，心力瘁矣。不谓旬日以来，谣诼频兴，摧陷本会者不一而足，同人等内伤绵薄，外痛倾危。窃谓今日时势，即予吾人以肝胆胡越之机，而人心离涣，尚未足尽同舟共济之谊，毋亦中情未能共喻，故行事不免猜忌耶？谨就迩来办事情形，与夫他人所致疑、使馆所传布者，一解释之，并及后此办法，与此事关系之利害，冀以祛先入之惑，而集众思之益，惟我叔伯昆弟，邦人诸友，幸垂鉴焉！

夫谗慝之口，论辩所据者，一曰惧会内诸人，将假机关以鼓吹革命也。夫两端运会，不能同时并进，一事之起也，有因必有果，甲之兴也，而乙承之，乙之起也，而随以丙，此自然之机也。今有谓国民会可以言革命者，吾将问言者，国民会之起，起于内治之不良乎？起于外患之渐迫乎？则人将曰：起于外患之渐迫，此不待言也。革命之兴，起于内治之不良乎？起于外患之渐迫乎？则人必将曰：起于内治之不良，此不待言也。如是则两端并驰，已不能相容，革命者应乎内治之腐败。或有一二躁进之士，志不获伸，出于破坏，文明之国皆有之，此不足为讳者也。然今何时乎？俄迫伊犁，英据片马，法入蒙自。国势岌岌，不可终日，有内乱则命且旋尽。《诗》不云乎"兄弟阋于墙，外御其侮"？然则今日固非言革命之时，亦非速要国会可以救亡之时。人以武力来，我不可不以武力应。同人等主张兴团练、办体育者，此物此志，政府而念及外交之后援，亦不能不垂念及此，许民间以讲武之路也。且欲问假以图革命与否，必先观本会办事之性质，与其效能之所及。本会着始开办者：一曰派代表。代表者，原拟每省选二人，分往二十一行省，提创团练、征兵及自治、交通、教育、实业诸要政。今以巨款见欺，空成画饼。暂减派人数，分为三路：一至上海，一至东三省，一至云南。代表者，公使可以检查，地方官可以监督，舟车所至，则王章束缚之地。提倡诸端，又非秘密运动者比。以此而言革命，则言出乎口，而身已遭显戮，人虽至愚，亦不出此。其次则设调查部，分科研究，间月一会，研究所得，以出杂志。其有余力，或移之内地，以兴日报。报章之作，因乎外侮，宗旨既定，则莠言不兴。且日报者，生息乎报律之中，而东京近日出报，亦无有倡言革命，以扞当世之文网者也。他日会内规模扩张，当推之内国，为各省通统一之邮，为国民促自治之风（其方法甚多，兹不具陈）。今虽未遑及此，然我国民会成立以来，不过半月，其所献替，公使先赞成之，滇、陕谘议局，上海南北商团援助之，政府建议于奉天、山东、云南六省试办之（具见沪上各报）。即异日代表回国，亦须公使认定其人，给以护照，本会同人，订有专约。代表诸人，不得妄煽革命，亦不得夸逐国会，则此项问题，固不必过虑者也。惟望破除成见，互相拥持，朝鲜东学之争，幸勿复以祸我神州也。一曰鉴于往事，惧代表诸人将假公以济私也。夫假公以济私与否，此属后起之事，此时固不必为之辩。然此次代表诸人，雅为众所推举，同人等苦心孤志，既矢公忠皎白之心，期与留学诸君子共励前修，则方寸之地，自不能妄以疑人，虽然道德之域，可与共守，而防范之法，亦不能不求完密，则管理之法尚矣。此次国民会组织，凡百经营，皆期踏实地步，先求无过，即一钱之出入，而监督者不知若干人。此如评议部也，会计检查部也，非一人之职务也。会计检查部职员，为各省同乡会干事、各校代表所组成，评议部职员，更由每省代表五人中互选一人，与会计检查部合组而成。月有预算，必经评议部之认可；月有决算，必经会计检查部之查核。且取钱者有折，有印章。折存于收支者，章存于评议者，如是则收支者即欲滥用而无评议部之印章，则狼跋其胡，亦必踬而难行。评议者出于全体代表所组织，则决议之款，亦必足以昭大信。夫法之足以防弊，其周且备也如此，疑者即不见信，而可信之法，更不知何以逾此？且留学界者，中国国民一小社会耳。社会之大者，即国家，今云往时之代表不可信，则因以不信今之留学界。然则推而大之，亦将谓中国之往事不可信，因以不信今之中国乎？反复推之，当亦哑然失笑。敢告议者，苟恫悯时艰，匡其不逮，方将董沐而拜受之，若假未然疵微之事以铄人，而己为圣贤，同人等亦清白男子，外顾公义之所迫，内审天职之所归，不屑与营营者校己。

一监督公布，谓此类系贪人败类借题生事也。夫此次留学同人，诚有数次集聚使馆，要求公使，然未有出于丝毫暴动，差可自幸。其与公使有交涉也，由于中历正月廿九日，留东学生开全体大会，决定官费生人捐十元，先由使馆垫发，后于官费折内每月扣还二元，自费生则量力投捐，以做本会底金。是日留学同人，群聚使署，陈诉意见，公使面许之，钤字为信，且自捐十元，补助本会。及本会成立，本月十三日午后，国民会理事偕各省会长、各校代表与夫留学生总会干事，至公使馆领费。使署中人则云，非由官费生每人自行留印不能领取。爰于十五日开评议会报告此事，佥谓官费生散在各校，各校又散在市外，若一一盖印，则旬日不能毕事，而国事危急，代表回国之不可一日已，安能待以悠久之时间，以重本会迁延腾空之罪！且前日公使已对同人签印承诺矣，既许之而故为推托，是有意翻悔前议也。

日来使馆嗾使四出，窃图破坏本会，不谒公使面质其理，恐无当也。议既定，遂由评议部全体复偕理事及总会馆干事往谒公使。至则云公使他出，晚方归，众待至落暮，公使仍不归。询之使馆中人，则云公使至横滨矣（其实公使于次日潜往横滨，此时特托辞耳）。同人请以电话交接，则以不知住所为辞。不得已，乃求见参赞，临时举代表五人，向许参赞陈说国民会之关系与办法。余皆屏息勿哗。末因问及公使许垫之款。许参赞云：此由公使做主，己不能与也。竟去。众复静候至夜，更深矣，使馆内已悄无人声，问之阍人，则云某参赞归寝卧，某参赞入西餐料理馆而已。同人等请款未得，既无面目以对同学，因思北京国会请愿团谒庆邸不见，代表欲长立门外一夜不去，此事固非国会比，然不得已亦效其事，冀公使哀其愚诚，或当见容。于是同往四十八人，当夜不归，跌坐地板上，不食不寝，以待天曙。

十六日诘朝，事闻于外，未往诸君复络绎而来，许参赞意图转圜，同允垫数千元或万元，然托故去，不肯复出。天已响午，来者愈众，达五六百人。同人复惧有暴动，乃就使馆跳舞室内，临时大会，以研究办法。而众人忿懑激昂，有谓不得款勿归者，有主张出于自由行动者，顾人力维秩序，誓不遗人口实，故始终亦未涉丝毫暴动。然公使既潜去，而学生复株守，非善计也。于是有倡言三方面办法者：一、每日仍轮十人，候谒公使；一、派人速募自费生捐款；一、暂依使馆意，由官费生盖印。先是十三日理事部闻使馆领款须先为盖印之说，当即驰函官费生多者数校，请其自行盖印。是日，第一高等学校代表在场报告，该校学生已遵函盖印，同人等持向使署会计科领取。会计科长言，贮藏无金，出具期票一张，限次日以前发给。理事反示同人，时同人中有不信者。然以堂堂使署，何遽狙诈如奸侩。众意稍解，旋散归。少顷横滨总副领事乘车来使馆，传公使命，于次日午后三时在横滨领事署接见，惟不许多去。

十七日，本会会计持票至，则公使偕总副领事及馆员七八人同出，此求谒公使之第三日也。初有怒色，疑数日事为二三人播惑，同人再四婉陈。公使即谓调查、杂志二事，吾可绝对赞成。惟代表回国，俟后日查明办法及代表诸人行径，始可定夺。至云领款，仍持前议，并谓据会计科长陈称，昨夕印据，仍作无效，须就折上五个月内，每月盖印，注明扣捐二元等字，同人亦勉允之。但昨夕印据，当作别论，盖不惟同学将谓代表等朋比欺众，亦使馆信用所关也。惟（公）使颇谓然，且嘱代表于明日午前，将国民会办事节略，详细理出，持至使馆相见。此岂有意于取消哉？及干事等归东京，则是日午后三时顷，已有钦差出使日本国大臣邮传部左堂传谕自使馆出，本会亦有驳文。并录于下。（已录前报）

按此谕发布为午后三时顷，固干事等与公使横滨相见时也。乃公使之身犹在彼，而公使之谕已见此，何竟不为干事等一言？其非公使之意甚明。此中必有专播假命者，惟同人等抱痛鹡原，雅不欲暴人过，令得感奋相效，亦国民会之幸也。

十八日为各官费生领款期，本会职员往使署丐诸人盖印，从前日公使之许也，乃易以监督名义，高揭公布如左（已录前报）。

本会职员见此，惊疑参半，以为昨日公使之言历历在耳，不应反复若是之速。夫此次学生代表行迹，一举一动，环视者不知凡几，代表至横滨者，为四人，为百人，行旅所至，道路所知，不能掩人耳目，即质之公使，问之馆员，亦不能谓四人为百人。然公布竟谓四人为百人左右，莠言腾谤，其谓之何？至爱国者而谓之为奸人，哀诉公使而谓之为作贱，世有明者，原其心迹，证以事实，勿待同人等深辩已。是日理事等至公使馆，往践昨日之约，并以诘问今日反汗之谕，又不获见。乃见许参赞询之，但云学部有电，谓君辈勒捐滥用，且例禁学生，不得干预政治，公使亦承学部之意而出此者也。在公使一人之意，未尝不体恤学生爱国苦衷，惟视进行之法，筹款之方，董理之人，三者而已，理事等复再三诘辩，迭陈利害，冀挽回于万一，而终不可得。

乃于次日开全体职员会，众志卓越，无一人言解散者，且各重签姓氏，以矢弗挠。其决定善后方法：议由各同乡会长及各省各校代表，募集自由捐，不复倚赖使馆。以捐金之多寡，定进行之方法，先派代表往东三省、云南、上海。

上海为风气转枢之地，东三省、云南为危急重茧之乡。且睽距较近，资斧易举，由是发轫，或以推之全国。次创办日报于上海。代表团既猝不得行，将以是辅喉舌之阙。其在东京者，仍分科研究，随时刊布，如旧议，以上本会近日向使署领款之交涉情形也。

　　自本会成立以来，阅时二旬，集会十余次，除致内地各电外，尚无一事见诸实行，以使署不垫款为之梗也。同人等办理失当，致生此变，大辜热心诸君之望，负罪引责，百喙奚辞！唯是使署中人，不乐国民会之成立，不惜食言自肥，反复阴诈，以达其破坏之目的。彼肆情诬诞之谕，岂必有所借口哉！当同人初以设会之意谒公使，公使极表赞成，复捐金以为之助，中复翻悔，此必中有所受于政府，不然则外为金人所蒙无疑也。夫国民会之发生，为救亡也，政府诸公欲消灭此会，必先消灭发生此会之事实。消灭事实云何？必将曰中国不亡，无须乎救；必将曰政府自能救亡，无庸尔等干预！第一说者，虽冥顽不灵如政府诸公，恐亦不敢自誓。第二说者，固诸公所矜夸乐道，以自欺而御人者。特不知吾人能倚此言为长城，相与高枕否也？政府岂不曰：此外交事，尔勿预知。不知今日之事，不仅一外交之失败，而为列强瓜分之见端。伦敦之密议，四国之协约，证以近事，当不吾欺。一外交失败，政府能补救之，瓜分之祸迫，政府不能消弭之也。政府岂不曰：此政治事，尔勿与知。不知作民气，养武风，固毫不与政治相涉。诸公有政治，诸公自为之；吾侪有生命，吾侪自卫之也。呜呼已矣！政府居尊处优，久与吾民异其旨趣，同人诚不必向之喋喋。今所不能已于言者，愿以兹事利害，为吾同胞一商榷之也。

　　自吾人旅居异国以来，所见不幸之事，足为吾国存亡之兆者非一矣。一事之起，必有一会，一会之卒，必有一电或一书，至于派代表能事矣，卒之未收尺寸之效，则以不能持久，无后继以为之盾故也。苟使不为一阕之聚，抱持一旨，以蕲其成，安知其于大局，遂无小补，或不至今日之糜烂。吾人对于今日之事，电已发矣，书已刊矣，例以往事，责已尽矣，而不以是为足，立会研究，派人演说，孜孜而不馁，东西觇国者，相顾失色，非敢言进步也。盖事势之来，为从来所未有，则吾人对待之道，亦当为从来所未有。理之自然，无足怪者。设复幻影昙花，倏然一现，则前之瞿然惊者，皆将色然喜，谓震旦民性，轻脆易驯，其反抗不足惧，他日欲有所作，姑徐徐待其气既尽，而一举振落之。观近日四国借款之事，纯用此术，犹得曰：其事之利害不足重也，若于所谓救亡机关者而蹈其辙，是不啻吾人自证其无能于当世诸国之前也。以政府之力不足，而欲抗以民气，民气不可用则无以继矣，彼亦何惮而不为所为哉！是国民会本救亡，而反以速亡，其咎则坐视国民会之亡者尸之。吾人纵不能有造于祖国，敢益之疾乎！此国民会对于外患不可不维持者一也。自国民会之电达内地也，远近响应，上下交孚，既如上述，鼓舞两相导之，正吾人之责。若同声方应，而元响已绝，不惟未尽吾人之责，且恐以短居者之气，使吾人遗诮轻率者事尤小，使中疑救亡之策无所施者害甚大也，此国民会对于祖国不可不维持者二也。

吾国将亡将亡之声，既十稔以还矣，留学界救亡之声，亦十年以还矣。乃再衰三竭，终于不振，同人等不敢谓一国民会朝亡，中国即夕丧，然十余年之精诚，数千百青年之良知，皆将摧折已尽。试溯留学界往事，每有警至，必开大会，会事既败，必增无数醇酒妇人龌龊鄙厌之流。彼归国者，匪汙则荡，为小人女子之所不为。岂其性习然哉，皆可钦可爱宏济艰巨之国民，不知为吾官司、吾社会断送几许矣。吾人今日只有两途，不自立则自灭，方将与铁血争强，与天演争命，困阨之来，固早磨砺以须。霜露既降，大寒既至，然后知松柏之后凋也。又况今日所遇妖魔么罔，尚不足语于困阨之数耶！所惧者，吾同胞人人存一悲心，谓中国之亡已无可救；存一玩心，谓中国之亡无须乎救；存一偷心，谓中国之亡非我所能救。是则人心已死，大命将倾，俞附为之伤心，扁鹊见而却走者也，此国民会对于人心不可不维持者三也。

职是之故，同人等亦既失心匪石，与国民会共生死，惟文纲秋荼，沙箭阴飞，或遣代表归国，长与伯父昆弟、邦人诸友，不得一面，区区之忱，恐终未达，乃为一言以告众曰：皮之不存，毛将安附。国家兴亡，匹夫有责。贵者勿谓民气不可长，而忘不竞亦陵之言。富者勿谓财货可私，而忘寇兵盗粮之祸。智者勿徒高远是骛，而忘弃民不教之戒。勇者勿徒血气是尚，而忘聚箭不折之训。一财一力，投于自卫、自救之地，用于可用、得用之时，庶几"其亡其亡，系于苞桑"。大厦将倾，未尝不可借众木以支也。更有一言以告吾同学曰：吾人负笈异国，学以为国，国亡不救，则所学皆无意味。诸君身处异域，目睹祖国之陆沉，而不为之所，必非人情。以诸君自由之身，先觉之明，不自服从其良心，而为小利害所束缚，尤为诸君不取也。诸君即赞成此事，有何碍诸君之学修？诸君而反对此事，将影响于中国之存亡。诸君将何出者？乌乎已矣！言止此矣！爱国之念，布在众心，感而遂通，宜若婴鸣而呼其类也。至同人不文，言语失次，窃自附于介者不拜之义，吾同胞谅之而已。

录自《神州日报》，1911年4月6日—14日

中国国民会章程

第一章 总则

第一条 本会定名曰留日中国国民会。

第二条 本会以提倡尚武精神，养成军国民资格为主，并研究政治、教育、实业诸大端。

第三条 凡留日学生总会会员即作为本会会员。

第四条 本会事务所即附设总会馆内。

第二章 机关

第一节 理事部

第五条 理事部以理事长、副理事长一人，庶务四人，会计二人，书记四人组成之。

第六条　理事长有代表本会及综理一切事务之权。

第七条　副事理长有襄理本会一切事务之权。

第八条　庶务以二人司本部中一切事务，以二人司编辑部一切事务。

第九条　会计司本会出入经费及编制预算决算表。

第十条　书记以二人司本会一切书记事务，以二人司编辑部一切书记事务。

第二节　评议部

第十一条　评议部以部长、副部长各一人，书记二人，评议员若干人组成之。

第十二条　评议部有监督本会财政及评议一切重要事项之权。

第三节　调查部

第十三条　调查部以军事、政治、教育、实业四科正副科长各一人、各科科员若干人组成之。

第十四条　调查部调查国内外军事、政治、教育、实业各项，并理事及编辑两部长所嘱托之特别事件。

第十五条　各科科长有总理该科一切事务及嘱托科员调查各特别事件之权。

第四节　编辑部

第十六条　编辑部以部长、副部长各一人，编辑员若干人组成之。

第十七条　编辑部编辑本会书报及一切重要文件。

第十八条　编辑部长于本部编辑事务有总理采择之权，并得嘱托编辑员编辑特别文件。

第五节　会计检查部

第十九条　会计检查部以部长、副部长各一人，会计检查员若干人组成之。

第二十条　会计检查部有检查本会出入经费之权。

第三章　选任

第二十一条　本会职员由各省会选出五人及各同乡会长、各校代表任之。

第二十二条　本会理事部职员及调查部各科长、编辑部部长由全体职员会互选举之。

第二十三条　本会调查部科员、编辑部部员，由各省所选出之五人内互选任之。

第二十四条　本会评议部部员由各省所选出之五人内各互选一人，及各同乡会长各校代表任之。其部长书记即由该部部员互选任之。

第二十五条　本会会计检查部员由各同乡会长、各校代表任之。其部长即由该部部员互选任之。

第二十六条　本会选举期间与总会一律举行，惟各同乡会长、各校代表任为评议部员及会计检查部员者，仍从该省、该校章程办理。

第二十七条　本会职员有不称职者得临时改选，热心任事者亦得连举连任。

第四章　集会

第二十八条　本会全体职员会由理事长召集。

第二十九条　本会如有特别大事，由理事长召集，或各省会五省以上要求，得开全体大会。

第五章　会计

第三十条　本会出入经费，须由会计每月编制预算决算表。预算表交评议部议决后，照表支用，决算表交会计检查后揭示公众。

第三十一条　本会出入经费，得由会计检查部长随时要求检查。

第三十二条　本会款项须存储银行，以会计一人管簿册，评议部中人管印章，并负连带责任。

第六章 附则

第三十三条 本章程须由全体职员三分之二决议，方得修改。

第三十四条 各部得自订专章，但不得与本章程歧牾。

录自《民立报》，1911年4月24日

中国国民会议案：留日中国国民会评议部决议案
（代表归国事项）

第一项 代表经费

一、云南、东三省代表：每人旅费各百五十元，计四人，共需六百元。

二、上海代表二人：每人旅费五十元，共需百元。

三、以上三处代表旅费，尚恐不敷，拟俟后筹款拨济，交评议部决议汇寄。

第二项 代表应办事件

一、提议各省分设国民会为救亡机关。由云南、东三省两处议局发电，联络各省谘议局，并在上海设一总机关。其在本省者，即由该省谘议局，及其他公共团体发起。

二、联络该处地方长官。

三、联络该处报馆。

四、随后国民会尚当续刊报告书寄内地，代表须就地代为散布、演说。

五、归国代表须随时报告进行情况、经费及其他要事于东京，至少每十日一次，编号署印。

第三项　代表提倡事件

一、以提倡尚武精神，养成国民实力为主。其方法如下：

（一）兴办团练、体育传习所、国技保存会、军事研究会及商团等事。

（二）各校须注重兵式体操。

（三）要求政府速实行征兵制度。

（四）提拨筹还国债会、国民捐，协助政府添设枪弹制造局，以期军器独立，并续募国民捐，或筹拨他项的款□应。

（五）创办军事书报及军事游览馆、军事图书馆，振兴尚武精神。

二、各省国民会应随时随地切实筹划救亡事业，暂举数例如下：

（一）筹划前条所举事业。

（二）分派宣讲员游说各处，相机启迪，俾人人皆知自强。

（三）设调查队，调查地方急切应办各项，其在边省者尤须注重边务。

（四）设研究会，研究地方自治、交通、教育、实业等项，尤注重外交方针。

（五）其他社会改良事业，如贮蓄、卫生、慈善、言语、宗教等项。

三、力劝国民不可暴动排外，惟当奋发自强。

（一）由资政院及谘议局实行监督政府外交，所有外交文件，须随时公布。

（二）提倡办一日报于上海，发扬国民会主义，各省能分设日报尤善。

第四项　代表制限事件

一、各代表归国，凡在本会宗旨以内，皆可便宜行动。惟①不得到北京应试；②不得自行归家；③不得煽动革命；④不得再请国会。但第一二条件，俟代表职务终了即行解除。其职务应何时终了，俟后由本会斟酌情形决议通告。

留日中国国民会公布

录自《民立报》，1911年4月24日

留东爱国儿之风云

东京函：西四月十六日午前八时，留东国民会归国代表六人，由新桥动身，两人至云南，两人至东三省，两人至上海。当时至车站躬送者，除美国人两名外，皆为各省代表（每省五人），各学校代表并国民会执事诸员。及代表动身后，广东留东同乡之国民分会成立，浙江、江西各省，亦日夜分别开会，商议进行方法。福建又专派代表十二人回省，联络官绅商学各界，组织民团。其经费已由该省自行筹定，甚至有将书籍、衣物，典卖一空而出捐者。是皆十七八两日以内之事。十九日午前一时半起至六时，国民会又开全体职员会，筹办一切进行方法，决议于廿二日再开全体商学各界大会，于东京神东阪高等演艺馆，商议重要问题。后事当再续报。

录自《民立报》，1911年4月29日

破坏国民军之败类，著名牛皮大王，宪政妖党之走狗，公使馆之侦探

留学界组织国民军以来，义风直振，海内欢呼，凡有热血者无不共表同情。乃竟有不肖狗党暗中破坏，是可忍孰不可忍！同人乃调查其丑史，亟为宣布，以寒一般卖国奴之胆。

败类之丑史：败类何人？曰广东兼江苏省籍，自称某大学生，著名牛王爱骨（国）会首领、督办、使馆侦探，兼理宪政妖党走狗兰功污（公武）是也。功污幼入苏州位育善堂义班，落第被革，拐骗候补府张某弟资金到东。所入东洋大学、高等商业，均被斥退，乃哭求某参赞保送某大学旁听生。

败类之家谱：败类父在苏业鸦片灯吃，母沈氏，家奴曾强奸幼妹，常以贾宝玉自命，人面兽心。噫异已！

破坏之罪状：败类与吴参赞善。此次吴赞之反对国民军，皆败类怂恿之

者。败类又语国民会痛骂吴参赞之败坏种种罪状，以欺学界。奸智有如是！呜呼！诸君皆知汤增璧之破坏国民军，而不知破坏者，汤其附，兰其魁也。谨录此以告学界。

录自《民立报》，1911年4月30日

无题缺文

（上缺）

请以电话，则谓不知所往。

不知所往。乃求见许参赞。公举五人接谈，余相诫勿哗，备陈国民会之发生关系及办法，并诘公使所允垫之官费捐款。参赞漠然无可否而入。迄夜半，渺无消息，乃议效北京请愿团晋谒庆邸之法，冀公使谅其诚恳，或肯见容。四十八人聚在客室，兀待达旦。

翌日风传外间，争往使馆，自晨至午，络绎不绝。其亦数与吴、徐二参赞交涉，俟参赞颇允垫数千元或万元，然诿稍候，入避终不复出。但见大清国使署中，学生则瞻望咨嗟，馆员则深锁密议而已。午后来者愈众，集有五六百人，遂就署中跳舞室开会，咸谓公使既食约于昔日，复诡随于一再，国家如此危急，学生如此诚恳，乃深居貌处，远于君门，惟有昼夜死守，不得款勿归。其中愤激者，欲出自由行动，为国民会张气。幸多顾全大局，恪守秩序，恐一涉暴动，致伤国体，于国民会亦无利益。又相持至晚，汹汹益忿。久聚终非善策，乃有倡三方面办法：一面仍轮派十人候谒公使，一面速募自费生捐，一面暂依使馆意，由官费生盖印。适第一高等学校已盖齐印，因持往会计科交涉，得其签诺，限次日平前发给。众乃息怒，毕归，时闻已二更矣。

留日中国国民会近况，汪大燮无赖，吴振麟之可杀

东京公函云：留学界设立国民会，谋救危亡等情，已志各报。近议定，每省派选二人，凡二十一省，组成五团，归国分路演说，以鼓吹民气，提倡民兵为宗旨。月之初六日，各省归国代表，多半选出，且欲刻期出发矣。十三日下午，各省会长暨各学校代表、国民会理事长、会计，赴使馆领取官费生每人所捐之十金，为国民会代表旅费，及国民会一切费用，并欲谒见公使，参商一切进行办法。乃公使拒不见，各代表伫立门外，哀恳再三，始有会计课长吴某者出。各代表叙述来情，吴某言：公使请客（全无心肝），未便与诸生接见。各官费生所捐款项亦未便率付，以官费生中不无反对者。诸生欲领此款，非各官费生签名捺印不可。各代表答言：此款为各官费生之寄附金，又何有反对者？即间或有一二败类，而今日所到之各省会长及各学校代表等，皆负有团体之责任。脱有不谐，唯予辈是问。倘欲人人捺印，则决难办到。盖官费生有远在长崎、北海道者，有将费折押当者，焉得尽人而行此手续？是不但法理上说不去，抑亦事实上做不到者也。讵吴某一味强词诡辩，殆欲以口给御人者。直至傍晚，公使竟不出，各代表亦归。后闻馆员中有云，此事皆头等参赞吴振麟所嗾使者也。先是廿六夜，千余人振队赴使署，凡诸要求，公使满口赞成，并谕各代表诸生爱国热诚，殊堪钦佩，此后如果属正当行为，自应资助云云。翌日吴振麟谓公使曰：夜来事殊不谓然，对付留学生，非强硬手段不可，惜不遇吾手，为若辈幸，然必有以破坏之云云。公使倾听之下，嗒然若丧，自谓勿如也。

十五日下午开评议会，咸谓各官费生捐金捺印事，碍难实行，且有误时日，此特使馆难吾之计，遂决议仍由各省会长及各学校代表、国民会理事长等，续赴使署领取。始则报公使他出，薄暮可归，继则谓公使不归矣。各代表耐待至五时，哀求三四次，参赞始许出见。言未终，无可否而入。终则闻馆员云，公使实未外出，诸君稍待，许参赞且复至，乃鹄待至十时，不见有人出，

叩之馆仆，则曰：许参赞就寝，吴参赞往西洋料理店去矣（全无心肝）。当时各代表进不得见公使，退无以报大众，无已，株守馆室，危坐达旦。

明日上午九时，仍不得报，各代表忍饥倦，公推四人排闼入，见诸馆员，方狼餐虎嚼，各代表复侍立门外，候膳毕，见许参赞言领费事急。许似有转圜之意，嗣以代表归国演说范围及费用为问，经理事长提出预算表及演说意见书，亦复蒙许参赞首可。并言公使实外出，诸生无妨改日进见。兹姑给诸生以归国代表川资可乎？言未既，吴振麟突自外入，数目许参赞，阴阻之。许固仰吴之鼻息者也。吴出，许亦去，而诸代表不审其为鬼为魆也。久之，许果不返，吴振麟亦匿不复见。午后在京各学生闻此事，咸愆汪大燮之无赖，然不知吴振麟实主持之也。五时顷，各校排队陆续至者可五六百人，然井井有条，曾未丝毫暴举也。人既众，难免有激急之议。理事长李君恐众怒之下，酿成巨患，有伤国体。于是多方劝慰，众愆始平。旋议使馆既如此为难，是欲领取此款，舍各官费生签名捺印末由。时第一高等学校代表黄育才君报告，该校已全体捺印。理事长李君及代表数人，持其名簿至会计课支取，该课长某诈言使馆贮无现金，而以期票出，为明日相欺张本也。理事长持以示大众，人固有不之信者。然终以学生身份攸关，不敢为苟求之举。时夜十时矣，众渐散。后闻是日，吴振麟再三欲借日本宪兵捕缚各代表，而解散国民会，幸有其乡人娄君诰极力争持，不至国权旁落，腾笑万方，然吴之心迹可概见矣。

十六日上午国民会会计某君，持期票赴使馆领款，讵闭关不见，某君抱空而返。夫使馆之期票且不足信，又孰可信者？但会计课长司出纳而已，不足责也。公使既外出，主持此策者非吴振麟而谁？无怪乎汪大燮之信任不遑也。同日下午，国民会理事长李肇甫君、总会干事熊君越山暨职员马君伯援、颜君振兹四人，赴横滨见公使。缘十五夜，横滨总领事曾言公使在渠处，诸生可派数人往，多则勿愿见也。抵横滨领事馆，谒公使，先经理事长李君述求见之诚，仰教之切，及国民会种种办法，并求公使赞助一切。公使亦怡声下气，谓诸生如果办得法，我必提倡云云，且言国民会何妨改作爱国会，以免误解，并嘱诸代表，将国民会办法及演说范围一一理出，明日上午九时，可来使署相见。代表唯唯相率而退，时四下半钟也。讵料三时顷。已有传谕自使馆出，录之如下：

钦差出使日本大臣邮传部左堂汪为传谕事：昨总会馆干事熊越山率领学生数十人，自称国民会代表，到署求见，适本大臣外出，经馆员再三开导，仍复挟众要求，彻夜不散，殊属无理取闹。查该生等集会多次，所有原举代表未尽同心，各校官费诸生来函多不赞成此举，可见该干事等，前陈各节大半虚伪，其举动又毫无秩序，似此浮诞情形，有玷学界全体名誉。凡在校勤学诸生，务当笃志劬修，确循绳尺，毋为所惑。当此国步艰难，诸生求学，尤宜兼程并进，力图致用，方不乖负笈初心，万勿徒事血气，纯盗虚声，转于学业有妨。诸生勉之！切切特谕。

公使既在横滨，此传谕谁实为之？吴振麟之僭横阴狠，于兹愈显。国民会有驳文如下：

（昨总会馆干事熊越山率领学生数十人云云）

请问国民会是否熊越山一人之物？抑系熊越山所发起之事？此会原以三国告警，祸在眉睫，开全体大会组织一救亡机关，曰国民会。其名系来会者提出，当众决定。且国民会与总会，系分立机关，会馆干事，非国民会代表，何得以熊越山为首魁？当日往使馆，系国民会评议部决议，至使馆后，复公议就中选五人接谈，何得谓熊越山率领？推其用意，直欲假熊越山一人，将全体救亡苦衷，概行抹煞，一可欺矇国内，一可解涣同人。诸君济济！岂尽愚顽，而为熊越山一人玩弄至此者乎？

（适本大臣外出，经馆员再四开导云云）

当日公使果否外出，至今为绝大疑问。忽言已出，忽言尚在，忽言五时即归，忽言由电话通报，忽言不知所往。同人待至晚，而公使不归；复待至夜午，而公使不归；最后乃公决彻夜以待。一则冀公使鉴诚恳之心，一则冀诸君原怠缓之罪，亦可谓至诚尽理审慎而后出者，何谓无理取闹？

（查该生等集会多次云云）

所谓原举代表，自国民会成立以至今日，皆系原举代表，并未另选举。虽所见偶有殊异，而其希望国民会成立之心，则无不同。观四十八人彻夜不散，可知人尽同心。至各校官费生，固有徇私败群者，然就馆员所交阅官费生反对之函，亦不过数十人，何谓多不赞成？

（可见各干事等前陈各节云云）

各代表所云，皆依大会或评议会决议，耳目昭彰，记录可考。何谓大半虚伪？当夜既举五人接谈，复相诫屏息勿哗。何谓毫无秩序？以数十人不寝不食，求一见公使而不可得，乃被以浮诞二字。然则北京请愿团之苦谒王公，亦谓其无关立宪前途、有玷全国名誉可乎？

十七日为各官费生领款之期，国民会派职员往使馆扣收各官费生所捐之十金，是遵使署之命令者也。乃言犹在耳，变卦复生，而解散国民会之露布，竟高揭如左：

缅奉钦宪谕，昨日回署，见前两日诸生在使馆作践情形，实属不成事体。并闻昨日有百人左右，偕代表同至横滨。此中情形，必系贪人败类，借题生事。该代表为其所胁，是无疑义。似此举动，实于学界全体名誉，大有障碍，万难任其所为。该代表如果真出爱国热诚，不当谬妄至此。所有前议各节，自应取消，毋为奸人所惑，将此通谕诸生知悉。等因奉此，特行公布。

国民会职员见此，咸惊疑参半，以为一口两歧，实非堂堂钦使所当出此。而会计课遂有所借口，抗不扣发官费生之捐金矣。而官费生中，亦遂有引以为戒而莫敢出头捐助矣。而前之所谓捐集二万余金，亦遂归于不可必之地矣。理事长李君闻此噩耗，急赴使署求见公使，一以践昨日之约，一以诘今日之谕也，乃复被拒。叩之急，许参赞出见。李君问何以出此，许亦无正当理由以答，但言钦差终不欲你们有此国民会，诸生其解散罢！李君再三诘辩，迭陈利害，冀其挽回于万一。许乃微露真意，似非个中人，不能为力者。

呜呼！吴振麟之罪恶极矣！自己不顾大局，偏欲人亦不顾大局，自己损失国民资格，偏恨人之组织国民会，以私仇坏公事，置家国于脑后，可杀孰甚！试举其劣迹最大最著者，为我国人陈之：

吴本无赖，十年前已滥尸留学之林。曾在日华学校骗获普通文凭，学识毫无，为盗窃虚名计，入东京大学学选科，亦未毕业。然颇谙日语，美丰姿，而服著尤都丽，因是得与日本某子爵之女狎，某固日本贵族院之议员也。吴喜有所凭借，卒为停妻娶妻之举。其居心不可问矣！况显干国律，甘背人道，其品格如是，亦岂宜备列于朝员者！自汪大燮驻日以来，吴得头等参赞，益复骄淫无度。汪之丧权辱国，吴颇有力焉。留学界闻此消息，以为李完用第二也，咸思有以去之，此吴所以极力反对国民会之原因也。

十八日集全体职员开会，商议进行方法。有提议开大会与使馆宣战者，有议对付吴振麟者，人心汹汹，愈压愈炽。其结果决议如下：

由各学校代表各同乡会干事，募集自由捐。

（一）以捐金之钜细，定进行之方法如下：

(1) 组织演说团，遍说各省；

(2) 先派代表往东三省、云南、上海三处；

(3) 专派代表赴上海联络诸同志，然后组织演说团，遍说各省，并创日报于上海。

（二）本日到会诸职员，重签姓名，以示坚持不挠。

六时散会

录自《神州日报》，1911年3月30日—31日

滇代表通告书

留日云南同乡特派代表王九龄、杨大铸稿

前月之中，英人乘俄之有事于北方，突进兵据我片马，同时法人亦有派兵蒙自之说。我滇旅东人士接此恶音，知亡祸之旋踵也，相与奔走呼号，集会议决，先派某等回滇赴急，后则陆续措装就道，期以一腔贫血，洒送崇仓，以终亡国民之局。乃某等身未出东，而俄人所要挟之条文，已一一允诺，而俄人之意犹未满也。某等登舟六日至沪上，则英人并有侵入登梗之信。未五日而北边亡，甫六日而南边又继之。外人之协以谋我也，石火电光，某等方赴急急不及，恐身履滇之日，已不得复为滇之民矣！倚装海上，急痛哭迫诉于我全国父老、伯叔、兄弟之前曰：

呜呼！片马之失，非仅片马也，非仅云南也，乃川、藏、楚、吴、赣、粤、闽、浙全中国南部将亡之导引也！何也？云南者，南方各省之门户；而片马者，又云南之门户也。片马失而云南不可保，云南亡而南方数省即因之。若谓英人只图云南也，则瓦城、新街乃由缅入滇之孔道，由腾越至永昌、至大理一带乃西迤繁盛之区，英人何以舍之而不取，而独占一地图上素无声色之片马乎？盖片马者，滇属而川、藏之要路也。由片马过怒江即丽江境，由此入中甸、维西至藏地，较之由腾越至大理之路尤捷，由片马过怒江至云龙入四川会理州一带，较之由云南省至四川叙府一带路又捷。彼未据片马之前，其地尚荒僻无人知之；彼既据片马之后，始知此地之关于南部诸省也，较之六国之屏于韩、魏，南京之限以大江，尤为重要。彼英人之所以处心积虑、蓄志潜谋于片马者，岂一朝一夕而已哉？特我政府不知也，我国人不知也。各国在中国之势力，以英人为最；英人在中国之势力，又以扬子江为最。近年以来，日、俄骤进于北，其势将及于南，而德人则更日思伸一手以攫英之权利，英欲自保，则必由滇至蜀，顺长江而包举，其固有也必矣！然滇省东南一带势力之范围，早为法所享有，英人不能过而攘取之。又，四川一省法人亦日在垂涎中，英人若不急着先鞭，则鹿死谁手，未可知也。夫使四川入于法，则英人不独失四川一省而已，长江上下旧有之权利且岌岌不可保。若占片马，则窥藏、窥川，两得其便，法既不能先之入蜀，俄且不敢后之窥藏。边僻之片马，其于世界竞争大势上占重要之位置竟若此，而我滇省首当其冲，南部各省踵受其害。片马一日不收回，则云南一日非中国土；云南一日不安，则南方诸省之相继沦没，可立而待矣！虽然，收回片马岂空言可塞责乎？今英人且渐侵入登梗，兵队已扎至怒江边矣！苟让片马是直让南方诸省，其割地讲和之不可得也必矣！某等今以残生待死之人，谨迫切呼号于我国人曰：吾滇今者仅有预备与侵略吾土之人决一死战而矣！战而胜，则吾滇之福，亦即南方诸省之福也；若战而败，则云南亡，而南方诸省随之。吾国人若欲自亡也，则必自不问云南始；吾国人若欲自保也，则必自救云南始。救云南之法如何乎？曰：速练民兵，预备战斗是已。练民兵之法与夫效，载在吾国历史彰彰可考，不俟某等言之矣。今略述吾滇，则咸丰间与回逆二十余年之恶战；甲申一役战胜谅山；光绪二十五年土司左□臣与英战，未几为滇吏所阻；皆历著胜迹。以今方古，际此危亡，若不幸而出一战。若云败乎？则滇人惟有先率父母、兄弟、妻子、儿女，先自溅血于崇山、洱水之下。否则败将何往？某等言至此，泪竭声澌矣！请正告我中国全国人曰：南方之危于片马与北方之危于蒙古等也。我国人不欲为亡国民，则必预备死战也，请自滇始。又正告我滇人曰：西迤之战云未销，谅山之捷鼓在耳。雄风不远，步武宜先。生当男儿，死作鬼雄，请自某等始。如不以某等之哀鸣为妄言而俯赐采择，则他日做马前之走卒，为王师之前趋，亦请自某等始。

录自《帝国日报》，宣统三年二月十四、十五日（1911年3月14、15日）

云南代表由沪致滇谘议局电
（为滇边交涉事）

云南谘议局暨保界会公鉴：沪国界调查会成立，已电苏谘议局力争，需片马详图，急。乞速寄天顺祥转。此次交涉，外部恶滇督强硬，欲调运动自行敷衍了结，乞力挽。东代表叩。

录自《民立报》，1911年3月15日

吉林留日学生泣告乡人书

胡天不吊，降此闵凶。哀我东三省伯叔兄弟姑嫂姐妹，数千万无告之生命，今已将断送于俄人难端之下，而为最终之结局。呜呼！尚能甘之乎？尚能甘之乎？我东三省甘受于人者久矣，中俄一约，夺我全境，如拾草莱，调印之日，□景皇帝犹涕泣留连，不忍遽弃，而我乃能甘之！庚子之变，杀我同胞，如割鸡豚，犹记北境侨民，被俄人趋入黑河死者，水皆为之涨咽，而我乃能甘之！日俄之战，我本局外，乃遇我丁壮则埋以土坑，曰此奸细也；得我妇女则任意奸辱，曰此亡国之民，何耻可言也；而我乃能甘之！安奉铁路，本有成约，而人乃自由行动，延吉五款，毫无依据，而人皆威迫立约。此外如抚顺之矿、吉长之路、满洲里之边务、松花江之航权，其余一切可哭、可恨、可愧、可怜之惨剧，之死征，之血迹泪痕，禹不能计，契不能书，刺骨椎心，莫铭痛苦，而乃无不能甘之！呜呼！此待苍苍者故生此寡廉鲜耻、无血无气之民族，为文明国供弋猎欢娱之具乎？吾以为我东三省人之甘受之者，必将谓迟我数年之后，羽毛稍丰，然后作冲天之翮也。呜呼！而今已矣！而今已矣！一国发难于前，列强踵起于后，凡从前所垂之钓，所张之网，所铡之刀锯，所约会之旧契新交，今胥将于此一役，捆之、载之、割之、划之，某也得蹄，某也得肘，作渔猎最后之牧场，而为我最终之结局矣！呜呼！呜呼！父母生我，胡俾我瘉？何罪于天，何辜于人，而荼毒凌辱之祸，何尝竟至于此极耶？虽然，吾言及此，吾忽有不可思议之感觉，触吾脑际，想父老此时，于未闻吾言之以前，已有一牢不可破之成见，横于衷寸，谓伊犁、云南，去我尚远，何庸如此张皇也？列国瓜分，未见实迹，何庸如此悚惧也？政府今日方且借外款，结外援，调陆军，实边境，些须风浪，转眼皆□，凡学界之鼓吹，非少年喜事，即俗士沽名，又何庸深信不疑也？然欤？然欤？若果成见及此，则吾虽呕心和血以言之，曾不足博父老兄弟之一噱，则吾可以无言矣。然而吾尤有不得不言，不忍不言，不敢不言者在也。夫俄人此次之难，其最初之要求，不过为求一八八一年之条约有效耳。该约之外，无他求也。试一披览光绪七年曾纪泽与伊原定之约，与此次所提之六款，较其果同焉否耶？在原约之丧权失利已属多多，而此次之所要求者，并土地所有各权，无不包括在内。此直野蛮之举动，不法之行为，本不容出现于今日文明世界之上，乃恃蛮蔑理，勒限回答，一而再，再而三，公然率兵据我疆土，其最后通牒，则又胁之以自由行动。呜呼！此等灭德新名词，乃倡自我同种同文日本之口！有日人倡之而争安奉，即有俄人和之而谋蒙古，然则如彼高掌远蹠之英、美、德、法各大国，又谁不知援此成例，利此时机，争思攫其梦想神驰之目的物乎？此理势之无可移者。往年俄土之役，俄人无理之要求，各国干涉之。中俄密约以后，俄人谋吞满洲，日反对之，英怂恿之。即在美、德各国，亦皆抱不平之气。而此次之难，独非俄人耶？乃昔之干涉之、反对之、而怂恿之者，今则或据片马，或入蒙自，或增其师团军队，谋夺我租界、关税、路矿各权，四面环攻，协力图我，阴狠之计划，路人皆见之。此近事也，去年日并亡韩时，我省深思远见之士，莫不知有今日，故尝有倡联络美、德，以为牵制之计，乃者我欲联美而美不我联，我欲结德而德不我结，且我所欲联之美，而今则日、美协约，我所欲结之俄，则俄、德同盟矣。我欲交一美、德而不可得，人则联美之□，继之以英，结德之外，合之以法。昔也四国和约，今则六强并力，其穷数年之擘划，数年之精神，数十内阁外交家之手腕脑力，一旦猝发，岂仅如昔日以区区一租界，一航权、一矿务、路线，所即能餍足而去乎？此远事也。此又事实之不容讳者。至云四国借款，固闻将有成约，然此款不成于列国协约以前，而成而徒博虚荣者，亦无不有款，而用之于出生入死千钧一发之途，独云无款乎？昔明季之乱，集款募军，人无肯与，闯兵一至，敲扑炮烙之下，席卷而空之，身命且与俱尽。读史者争唾骂之，我东三省固不乏慷慨男儿，或不至甘愿与亡国臣民，同为冤鬼于地下也。此款当易筹也。

将谓惜死欤？死固可惜也，防日之胜俄也，死者虽多，亦不过十余万人，我三省自庚子以来之兵燹，以迄于今年之鼠疫，死者之数，盖超过之。然人之死也，若何光荣，使我同胞，亦早拼此死，死于是举，殊功显绩，虽不敢期，而今日之祸，或尚可缓。乃人死于荣而我死于辱，人死于忠义而我死于沉冤，人之死也如神圣，我之死也如鸡豚，人虽死而幸福得获，我愈死而阽危转甚。呜呼！死等耳，奈何不惜于彼而惜此乎？若谓不惜于辱而惜于荣，不惜于沉冤而惜于忠义，不惜于为鸡为豚而阽危其国家，而惜于如圣如神以幸福其社会，此等人，不惜其不死，而深惜其既生，其身未死，其心死久矣。走肉行尸，何足语者！第虑其养此最好头颅，终不免死于异日奴隶鞭捶之下，恐再求如今日之慷慨就义犹不可得，且死中或可得求生之路乎？此死又何足惜也。

将谓功难期而事难举欤？事与功固不易言也。然论其事，在我政府，昔虽专擅遗误，不知民气为后援，而今已毅于列国协约以后，以之坚其团体则有余，以之分其势力则不足。为虎储食，还而自危，而况四国之款未成，而日本之款已于无声无色之间与我调印也乎？所谓外援乎何有？至云增兵江省，亦曾闻派往数镇，以防俄人，然今此之变，仅一俄人也乎？藉曰，仅防一俄，统我全国陆军成镇者八，半成者四，分驻各省，尚难尽移，而人则常备之兵数千万矣（就日报调查）。沿我之境，各省陆地千里，交通不灵，人则西伯利亚一线，包我东北西三面矣。夫众寡之数既不能敌，主客之势又相悬绝，千钧累卵，已难幸全，而况眈眈者环而伺之，伺而乘之者，又不知几多俄人也！所谓边防乎何有？呜呼！理势如此，事实如此，所仰之外援，所恃之军队，又无不如此。已矣！已矣！神州沦没，即在眼前，海内外官绅士民，稍有人心者，已无不舍命忘身，力图补救，而我九死一生之东三省，尚何所待？尤不思亟为之所耶？为今之计，求人不如求己，坐死不如争存，悔既往之已失，不如图将来之有补。其策维何？凡自治、实业诸大端，固均不可不激发人心，兼程并进，而其间最急、最要、最迅速之策，则莫如速办所倡之国民军若也。

将谓无款欤？款固不易筹也。然窃见我乡中之朝酒肆而夕妓楼者有款，夏绮罗而冬狐貂者有款，拥万金而甘为钱房，怀五夜而徒博虚荣者，亦无不有款，而用之于出生入死、千钧一发之途，独云无款乎？昔明季之乱，集款募军，人无肯与。闯兵一至，敲扑炮烙之下，席卷而空之，身命且与俱尽，读史者争唾骂之。我东三省，固不乏慷慨男儿，或不至甘愿与亡国臣民同为冤鬼于地下也。此款当易筹也。

将谓功难期而事难举欤？事与功固不易言也。然论其事，在我政府，昔虽专擅遗误，不知民气为后援，而今已毅然纳驻日汪使之议，允行此事矣（见沪上各报）。至我人民昔虽隐忍敷衍，不知惨祸之将至，而今已郁极思奋，群起排外之决心矣（日本各报）。政府猛省，则自无掣肘之虞；人民同心，则可收成城之效。虽有智慧，不如乘时，一线生机，舍此奚望？论其功，我省之民勇敢素称，可用丁壮，无虑百万，联村结堡，则到处皆营，井水仓食，则饷糈可继。至于器械，民间旧有可用尚多，其余不足，亦易添置。以主制客，以逸待劳，彼兵虽多，断不至举国皆至。而况已成之军，皆能为我后援，招降马杰，亦可用为死士。幸而天不绝我，胜其一族，则奴籍脱，死命逃，万世绵延，无穷幸福。不幸而功不克成，则生为义士，死为忠魂，九泉有知，尚亦瞑目。且证以往事，菲律宾尚能拒美，杜兰斯哇且可敌英，我东三省之民族，亦何遽不可负荷折薪，支撑堂构也哉！此又事功之不可预计也。

呜呼！事急矣！事急矣！在各省今日为保存，我省今日为恢复，在各省同胞，今日为生中之救死，我省同胞，今日为死中之求生。同生此丽日光天之下，我独成垂死之民族，同遭此国破家亡之时，我独受最先之烹割。呜呼！呜呼！已往之痛苦，其忘也未？现在之摧残，其觉也未？我三省前此十年即早应激发天良，以成此举，乃以甘忍之故，误我大局，已至今日。事已至此，若再如秦人视越人之肥瘠，漠然无所动于中，则吾即可直认之为甘舍其父母子孙以试敌刃，甘出其妻女姑嫂以供人欢也，则又尚有何言乎？

今吾将为我省之官绅告：公等或膺世冑，或受国恩，祖宗之创造何艰？朝廷之倚畀何重？国家无事，公等坐享安乐，不务远图，事变方殷，公等又粉饰太平，以误君国。迨至今日，九重震动，四面危急，大势岌岌，不可终日。而公等犹出入于娼馆、梨园之地以博淫私，装点些热心、义务名词以苟富贵。呜呼！忠作何解？义作何说？膺国家重，当报何恩？读圣贤书，所学何事？而况富可敌国，终能否买脱奴籍？贵为上卿，究能否逃人刀锯？公等明哲，当自知之。吾恐今日之贵倨豪富，至异日亡国之后，虽求如平民之结局，或亦不可得也。夫往者不可谏，来者犹可追。公等不为国家计，宁不少怜君父之隐忧，不为人民计，宁不少顾自己之生命！及今不图，后悔何及！夜阑人静，愿稍思之！

吾又将为我省之士民告：国于世界，首重国民，民于国内，各负义务。法败于普也，朝野悲忿，立集偿金。日战于俄也，全国如狂，共祝早胜。盖胜敌始足以强国，强国始足以保身，衡以义务，然质诸天理良心，与自己之生命祸福，亦无不然也。诸君生息于专制政体之下，奴隶之性，如自天生。故为士者，只知工试帖，入学堂，以求举人、进士、知县、司务之虚名，而不知公义。为民者，只知出而作，入而息，以求食丰衣足，子享孙继之私利，而不顾公益。闻国将亡，则委诸朝廷，曰何关吾事。闻敌已至，则听诸天命，曰岂在人谋。家家制顺民之旗，人人怀由命之念，如妇人女子之待嫁，或张或王，无不宜也。如牛马犬羊之将售，或打或杀，无不可也。呜呼！人有贵贱，而死生则一，人有富贫，而祖宗庐墓之系念，父母妻子之牵心则一。诸君委朝廷，而朝廷能独当此难否？诸君听天命，而彼苍能独厚于诸君否？诸君降外人，而外人灭种、灭族之手段，于黑奴南越之成例外，又能别有优容否？夫哀莫哀于亡国，而病莫病于丧心。心苟不丧，国虽亡心尚可施；国虽未亡，心一丧，国终难举。此则哀之不可胜哀，而病之终于此病也。今日者，重围环逼，非合力猛进，无以求生机；烈火燎原，非急起直追，无以出显祸。贵者不可惜其势，富者不可惜其财，智者不可惜其能，贫贱者不可惜其筋力。勿以事已稍缓而遂懈初心，勿以束可成而遽堕勇气，勿以异己者反对而影响不前，勿以不肖者破坏而逡巡中止。呜呼！呜呼！我东三省之伯叔、父兄、姑嫂、姊妹，苟诚不甘往日所受之痛苦，思有以湔雪而报复之，其机在今日。苟诚不甘日后亡国之惨祸，思有以预防而营脱之，其机亦在今日。言尽于此矣，同人等不尽泣涕、跪祷、眼穿、心跃之至！学生等公叩。

录自《民立报》，1911年4月28日—29日

(三)

上海民族资产阶级的奋争

风云中之烈士魂，顾君之蹈河自沉

顾君时俊，字西垣，太仓浮桥镇人。初游学海上健行中学，旋入复旦公学，现肄业邮部高等实业学校。为人谦谨辞让，中怀不凡，不与世俗较纤微。历年来外患频乘，国运式微，君盖心焉忧之。而当世士大夫浮夸卑污，置国事人道于不顾，君益举目无人，不得泄其抱负，是以居恒抑抑。人见其态度之沉默，而不知君心血之忿惋也。

自前年有瓜分警告后，君益忧忿，其后三韩见并，葡属现惨。君益慨然向奋，而不意列强密约已缔，内举请愿无效，衡连之势成，豆割之形兆。君受非常刺激，曾于去年发狂晕绝，经众苦劝，幸获无恙。近日俄警英逼，危在眉睫，政府束手，敷衍推诿，国民复醉兴梦乐，泄泄逐逐，只附时俗，以庆新春，而不知观大势以事警备，号称志士者，亦唯电驰函告，空文相尚，一犹数年前卑劣之手段、失败之旧辙。君怒焉大忧，郁郁不可状，遂至颠狂复发，忿不可止。有以世俗之言相劝慰者，君尤伤之，于念五日遂潜身独出，蹈河以死。家人闻知，施救无及。君竟与水同逝。

君工词藻，唯非其志，故其稿多不检藏，且鲜示人者。君家浮桥镇，交通阻梗，故惊耗至沪，迟迟至此。现其同学等闻之不胜悲哀，正拟开会志悼云云。

录自《民立报》，1911年3月2日

商余学会之紧要通告，提倡尚武，卫国保家

全体同志注意：世局之风云日急，吾人之担负益重，际此危急存亡之秋，吾同志尚忍忘公害而不知早为予备乎？诸君诸君，其思之！其重思之！究竟心中作如何念？脑中作如何想？英雄乎？亡奴乎？二者必有一于此。诸君诸君！其善自为计，勿作长夜梦。无已，其勤尔操练，无日不

到，每到必勤。今日虽受小辛苦，他日却有大利益，保国保家在乎此矣。诸君诸君！从此可以醒矣！

全体同志注意：社会之发达非一二人所能为力，本会自开办迄今，已数易寒暑，以外观论，似乎日见进步，不知外则有进步之名，内须有进步之实，伏望吾同志每日到操，勿贪一时之安逸，而忘日后之大患为要。

全体同志注意：社会人物最忌招摇，一人之行为，动关全体之名誉。伏望诸君束身自好，尊敬人格，万勿自欺欺人，谓可掩人耳目也。

录自《民立报》，1911年3月4日

少年军出现

邮部高等实业学校学生，慨蒙、滇祸急，痛顾君忿死，必为天下事非自我成，断无人为我成之理。遂合全校同志联为一队，请教员魏旭东君于正课之外，操演战斗、打靶等术，俾人人有军学上智能，为末一日之预备。校中监督及各职员闻之，无不欢然嘉喜，已允竭力提倡，现经编选成军，将从事操演矣。

录自《时报》，辛亥年二月八日（1911年3月8日）

附：以血洗血之准备

靖康耻，犹未雪。

臣子恨，何时灭？

自蒙、滇边患告急，留东学生通告海内外，建议组织国民军以救危亡。上海各界首先响应。刻又有邮传部高等实业学校学生，联合全校组织一队，请教习魏旭东君于正课之外教演战斗、打靶等术，俾人人富有军事上智识，庶一旦祖国有事，不难以血洗血，与敌军决一死战。校中监督及各职员闻之，无不表示赞成，允为提倡云。

录自《帝国日报》，宣统三年二月十七日（1911年3月17日）

中国保界会上海分会事务所谨告

敬启者：滇、藏、伊犁、满、蒙同胞，同时电告危迫，倘政府不振，全国沦亡，云南谘议局创立中国保界会，遍告全国，设立分会，共筹保守之策，鄙人等感切肤之痛，亟拟实行军国民之政策，联四百兆有用之身，未死之心，以为政府后盾，免为亡国奴。愿各界同志诸君，自初九日起，至后开南北市二处签名，十一日午后二钟，借张园安垲第开会，集议保界进行方策。不胜盼祷之至！

南市签名处借西门外谘议局事务调查会事务所。

北市签名处借小花园西宝安里方公馆。

签名入会禁止例：

一、有不正当意思者；二、有野蛮暴动意思者。

通信处：《启民爱国报》事务所。

发起人：马良　王河屏　潘真受　张照南　相守同启　仁济里1743号

录自《时报》，1911年3月10日

保界会事务所谨告

本会今日张园开会，适值体育会赛马之期，本欲改期，惟此事火逼眉睫，不可一日缓，请同志诸君先莅本会，再往观赛，国民幸甚！本会幸甚！

录自《时报》，辛亥年二月十一日（1911年3月11日）

中国保界大会纪事

日昨为中国保界分会假座张园安垲第第一次开会之期，至午后二时，发起人及男女来宾先后到者不下千人。是日秩序：（一）摇铃开会；（二）宣布开会宗旨；（三）推举临时议长；（四）议长演说；（五）来宾演说。

是日马君相伯因故未到，由王君永卿代为宣布宗旨，略谓吾人欲成于世，须以土地为根据，现在风云日紧，非群策群力不可云云。既而公推叶君惠钧为临时议长，当由叶君、周君葆元、朱少屏演说。次云南代表王君九龄（云龙人）报告滇边情形，沈君缦云、陈女士衡吉等先后演说，沈谓前保矿会、保路会等都无实力，以致未能收效。此次应准备实力，庶几收获巨效云云。陈女士词极痛切。次由嘉定相君衡玉演说：略谓我嘉定国初以来，受有较他处为惨之祸；现在边警频来，宁死不愿受第二次之惨祸。因此对保界一事，极为注意，愿各省同胞共具此心，以图进行云云。次由杨君千里演说，首言中国保界分会之名，首四字未妥，以既无中国保界总会，安有中国保界分会，或者电因云南保界会章程第十条而起，则亦应定名云南保界分会，方为合适。现当着手者有二事：一先从云南做起，如文明抵制一层，当各具热心，勿蹈旧时有始无终之复辙，至界之一字，有有形之界，有无形之界。无形之界为主权，保之谈何容易！吾兹姑述有形之界，即疆界是也。云南划界，初于光绪二十年，次二十五年，次二十七年，次三十年，前后四次，愈划愈小，片马祸发之初，李督电陈外部，外部不知片马为何地。我辈既思保界，须由精于地理学者，会同云南代表，精绘详图，为日后划界之凭证，盖我保界会立于补助外部之地位，外部岂冥顽而不欢迎者哉？惟绘图之事，非咄嗟可办，则现在应做之第二事，即发电于枢府，凡关于云南划界事，当会同资政院办理。资政院须听命于各省谘议局。并请如未明晰界务情形，不必贸然签字。至组织保界会之办法，当详晰研究。众皆赞成。次由张女士竹君演说，谓保界非可口说，应人人具有此心，方可收效。如余愿为战时看护妇矣，而民兵之未有，将谁而看护？此最可痛心之事，愿须眉男子三思之！次由议长宣布推举起草员：杨千里、方燮尹、张潮祥、秦镜臣，摇铃散会。

是日会场整肃异常，演说至痛切处，拍掌声如雷。致京电报原拟即草，当众宣布，嗣因仓卒未及斟酌，故即散会。所有章程俟草定，再行开会公决。

录自《时报》，辛亥年二月十二日（1911年3月12日）

张园之保界大会

昨日下午三时，张园开保界大会，沪上绅商、学界、报界到会一千余人，先由发起人王君河屏报告一切，大旨谓吾国疆土，听凭外人蚕食，我辈将无容身之地，宜设法保守云云。后推叶君惠钧为主席，叶君、周葆元、朱少屏、沈缦云、柘鲁生诸君，及云南代表某君、郑女士、张竹君女士相继演说。嘉定同乡会某君云：嘉定当时三次屠城，今繁殖如前，诸君常以嘉定之祸，作后日之准备，吾疆可能保守。闻者泪如雨下。先由杨千里演说办法，遂公推杨君千里起稿，先行致电谘议局及北京政府。至五时散会。

录自《民立报》，辛亥年二月十二日（1911年3月12日）

中国保界会到会诸公均鉴

昨日张园开会，承各界贲临，热忱可佩。惟散会时间匆促，未将组织方法布告，已专电谘议局，改名国界调查会，遍设各省，备谘议局顾问。并要求政府于界务必会同资政院及各该省谘议局公议办理。一俟谘议局复电,即再开大会,登报布告,务乞诸公必到。大局幸甚,马良、王河屏等公启。

录自《神州日报》,1911年3月12日

上海南北商团均鉴

启者:西北风云迫在眉睫,同人等现拟组织义勇队,以筹对付之策。择本月十二日下午一时,假西门外西园开特别大会,务请本会及各操会、各界同志诸君,届时到会,共议办法。是所至祷!特此布告。

沈缦云、王一亭、虞洽卿、胡寄梅、周豹元、叶惠钧、顾馨一、袁垣之同启

录自《神州日报》,1911年3月12日

记全国商团联合会

昨日为南北商团公会假座斜桥西园开特别大会,到会男女千数百人。上海医院监院张女士率女医学生到会,至二时三十分开会。首由沈缦云君报告开会宗旨,谓吾同志发起商团公会。嗣因范围太小,故拟组织义勇队,以为政府之助。惟各处商团尚未联合,诸多不便,现仍拟先立一全国商团联合会,由上海发函各处,劝导组织商会。俟各处商团成立,再行组织义勇队,以达人自为兵之目的。继由宋渔父君演说谓:

今夫事之关系外交者,如云南划界,如蒙古、伊犁通商要埠,小之关乎一地,大之关乎全国,亡灭瓜分之祸,悉系此焉。吾先述云南片马问题。此其由来已渐。盖自法占滇越铁路以还,英人以法之着着进行,遂不能自已,而汲汲谋通商之策,并谋所以补助通商之事。夫光绪二十四年所订通商条约,我国受亏殊甚。初时非不可争回,而政府坐视不顾,到今片马问

题发生，不可谓非当局诸公贻误之咎也。虽然，彼何不及早为之，其亦有故。前此法国无何等之举动，我国鼾然长睡，英人于此从容为之，何不可欤？乃者法人经营之路成，我国滇蜀铁路亦踵起，英人于此尚可缓乎？当光绪二十年，中英条约中有"如云南筑路，须与缅甸接通"等语，故其目的恐不独在片马焉。或其占此片马，以备将来交易滇蜀铁路与缅甸铁路接通之一事，亦未可知。盖前年日本之于间岛，亦用此法也。吾故曰：此次不止划界问题也，如果仅为划界问题，则片马即去，一有限之地耳，何必震惊全国哉！我民于此宜思所以为政府之后援，并思国民所能力之事。吾次更述蒙古、新疆之事。夫蒙古、新疆之问题，改正条约之问题也。此条约中之极有关系者二：一为自由贸易，一为土地所有权。此外枝节虽多，尚不如此二者之甚，姑置弗论。而此二者何，则列国之最惠条款、利益均沾等词将相逼而来矣！回溯日俄战争时，美人出主保全东亚，英赞同之，日本又继之，既而英日同盟，以共保此东亚之平和，惟俄不赞成，而时时作梗。夫英日同盟之约，今后只五年期限矣。就令此约可信，则五年之后，我国于东亚者将何以对付乎？此不能不及早自维者也。

说至此，台下有起立者，盖宋君说词用普通话，而台下听者大都不谙普通话。且宋君所援引都系法律及条约，语语可实用于外交者，而台下听者实未尽研究此种学问，故不禁听而生倦。宋君遂即此终止，由沈君缦云述明情由，并请宋君将平日研究之心得著书出版，以公同好，众拍手。

次由王卓民君详说义勇二字之解释，并谓各国之占吾土地者，为扩充商务也，今即以商团以抵制之，诚为善策云云。次由张瑞兰君演说，主张国民教育。次由袁恒之君演说，谓吾国之至于此极者，误于和平，和平养成懒惰，则百事不成矣。次由周保元君演说，鼓励到会诸君明日签名入会。寥寥数语，颇动众听。次由张竹君、陈衡吉女士演说，愿有父母兄弟者，均各相鼓舞当兵，力除积习云云。次云南代表王竹邨君演说，历述云南之危急，有刻不容缓之势。云南之西，门户洞辟，国亦不保云云。次柘鲁生、倪逢伯、殷鸣冈诸君相继演说。末沈缦云代表伶工各界布告，愿捐资、捐身奋勇入会以报国，并请到会诸君，如赞成今日会为全国商团联合会者，请举手。众咸举手，作为全国商团联合会成立。时已五时，乃散会，并定南市毛家弄商团公会、北市广西路宝安里商团公会事务所为报名处云。

录自《神州日报》，1911年3月13日

本埠新闻：《全国商团联合会记》

（沈缦云主持，宋渔父演讲）

……朱少屏君演说：谓方今时事日急，义勇队有成立之望，盖谋所以自卫之策，就事论事，不必专认义勇队名义，南北商团得有数百人扩而充之。无论何人，均可自合为团，勤加练习，小之可以保一方，大之可以保一国。故今日之商团不仅为保护商界已也。

录自《民立报》，1911年3月13日

全国同胞公鉴

外患日迫，强邻胁我以兵，处此危急之秋，非有敢死士起而捐躯，毁家纾难，断难救祖国危亡。同人等熟思再三，集敢死团为国家后盾，以备意外。同胞中如有以死矢志报国者，请将姓名、籍贯、通讯处惠下，以便联络，而备临时召集。进行方法，容后宣布。如有特别意见，务希详告。
通信处：三茅阁桥五十四号徐霁生代收。欲索章程请寄邮票

敢死团同人公启
录自《神州日报》，1911年3月13日

劝人入商团之通函

时局阽危，莫此为甚。锦绣山河，断送将尽。伊犁乎？奉天乎？片马乎？此皆目前事耳。诸君！诸君！西北去矣，东南可安枕乎？西南去矣，东南可保守乎？若不早为之图，异日沦亡，恐更甚于印度、埃及、波兰、犹太也。试观今日，西北、西南之同胞已明证矣。本会有鉴及此，是以遍发传单，添招第五队队员，想公等素具热诚，当必协力赞助。凡未经入会者，请痛陈利害，劝其入队，已入会而未经入体育部者，亦请劝其入队。勿谓中国今日之危，断非数十百人可以救亡，须知合无量数之数十百人，即成无量数之数百千人，日积日多，不期数千百万之国民军发现矣。

商余学会谨启

录自《神州日报》，1911年3月16日

国民一点尚武精神

[商团热] 沪上南北商团十二日在西园开联合大会，进行条件，已纪本报。兹悉各商董会议，暂以南市毛家弄商团公会为全国商团事务所，一面分头函致各省商团，互订扩充章程，联合办理。刻下到所报告者，自朝至暮，络绎不绝。工商两界踊跃入会外，学绅界报告者亦伙。

录自《时报》，辛亥年二月十六日（1911年3月16日）

壮哉爱国之风云

本埠：南市毛家衖，全国商团事务所已函致各省商团，互订扩充章程，联合办理，目下到所报名者，自朝至暮，络绎不绝。非但工、商两界踊跃入会，即学界、绅界报名者，亦居大半，可见沪人之爱国思想，勃然而生矣。

录自《民立报》，1911年3月16日

商团报名之踊跃
沪上

南北商团十二日在西园开联合大会，所有前途进行条件，已纪本报。兹悉各商董会议暂以南市毛家弄商团公会为全国商团事务所，一面分头函致各省商团，互订扩充章程，联合办理，刻下到所报名者，自朝至暮，络绎不绝，非但工商两界，踊跃入会，即学界、绅界报名者亦居大半云。

录自《神州日报》，1911年3月16日

商余学会体育部添招第五队新队员

宗旨：养成壮健之体魄，以裕商战人才；提倡尚武之精神，以立商团基础，策励学业，扶植青年为宗旨。

定额：六十名。

课程：兵学、徒手、器械、枪操。

资格：凡年在十六岁以上，品行端正，无疾病、嗜好，有职业在沪者为合格。

操衣：自备（色样由本会公定）。

毕业：视程度及格始行毕业。

介绍：须有切实商家保证。

开操：招及三十名即行开操。

章程：有志入会者可向各报名处取阅。

报名：限二月底为止。

操场：在西门外斜桥。分操场在老北门内九亩地、邑庙豫园内、西园访鹤楼隔壁本会事务所。

报名处：在北门内旦华路旦华学校、新北门内旧教场义昌祥号、小东门内大街正丰永金号、西门外吊桥槐德大仁字号、南市施相公弄药业公会、英租界后马路洋布公会、山东路麦家圈出口公会、九江路泰隆洋行。

录自《神州日报》，1911年3月17日

促进会为《东陲报》乞命

哈尔滨《东陲公报》去年出版以来，即注意俄国于远东之政策，故俄人颇忌之。昨晚中国报馆俱进会，接东三省报界公会来电（电文见专电栏），当由俱进会会议发电东督及哈尔滨道，电文录后：

奉天督宪钧鉴：《东陲报》触俄人怒，郭道既令停刊，又派兵围守。谨查中外报律，无此办法，乞电郭道解围，秉公核办，以维言论。中国报馆俱进会。

哈尔滨道台鉴：《东陲报》触俄人怒，既令停刊，又派兵围守，谨查中外报律，无此办法，乞即解围，秉公核办，以维言论。中国报馆俱进会。

录自《神州日报》，1911年3月17日；亦见《民立报》，1911年3月17日

英雌之风云大会

本埠世界女子协会定于二月十九日午后二时，假关帝庙图书馆职员会业已遍发通告书，知照各会员。

录自《时报》，辛亥二月十八日（1911年3月18日）

中国敢死队出现

某某志士近以外患日迫，民心涣散，长此不变，国亡无日，因拟继商团之后，组织中国敢死团。其简章录左：

（一）联络敢死同志，为国家后盾，战事起后，立刻召集，训习行军法则，备赴战地。

（二）不分界限、年龄、男女，惟不畏死，愿意从军，或愿入团赞助一切，或助经费者，可将姓名、籍贯、通讯处惠下，本团即认为会员。

（三）入团后，即宜于暇时自习兵式操，并参观一切行军书籍，以免临时束手。

（四）如有特别意见，即当函告本团，照理与否，至特别大会时公决。

（五）入团人数既多，即当定期开会，电达各埠，并电政府陆军部，请给相当军械，与国民军义勇军队合为一支。

（六）本团创立伊始，力量薄弱，除发起同人担任经费外，尤望海内同胞竭力赞助。

（七）开会日期当先登报声明，会员中如有路远，或有意外要事，不及临会者，当来函述明理由，事后即当具报告书寄奉。

（八）同志中如有愿助经费者，谨拜嘉惠。若交涉得以和平了结，此团永不解散，共图进行，而御外侮。是项捐款，或助海军，或办他项公益，再议。

录自《时报》，辛亥年二月十八日（1911年3月18日）

拟致沪上信教华人书

张竹君

嗟乎！强邻侵迫，国事日非，翘足引望，西北西南，风云日紧。瓜分惨祸，昔日仅闻诸言论者，今将着为事实。际此危急之秋，凡我同胞，苟稍有血气而略知爱国大义者，宜无不义忿填膺，共图所以御外人而保全国土，是以国民应有之义忿也，乃我今独不解沪上之信教诸同胞。夫基督教之行于我国也，垂数十年，信徒之众，无论通都大邑，即穷陬僻壤，亦必立有教团。而沪上固为吾国教团之集合点，教友之盛，非他处可同日语。富有学识者大有人，声闻卓著者大有人，且颇有怀抱热心，仰体上帝博爱之旨，实行其事以救济同胞者。如国内苟有灾荒剧烈之处，皆能大发慈悲，募集巨款，拯援灾黎，此亦大可钦敬也。顾提倡慈善事业，诚足多矣，独至事涉国家或与外人交涉者，则遂噤若寒蝉，不复有斯须之声响。咄咄可怪！是岂以信道之徒，不应有国家观念耶？抑念教由外人传入，今日教中执牛耳者，纯为外人，未便为间接之开罪耶？唯此二说，鄙人窃以为大谬者。倘谓信教之徒，不应有国家观念，则今日欧美各国，上自君主，下逮庶民，几无一非信道之徒，何尝因信道而减其爱国之热度？或因信道之心愈笃，而爱国之心愈挚者，则有之也。且国家为我人民公共之寄托所，国家苟有不测，吾人寄托无所，乃成亡国之信徒。即曰不受外人若何凌侮，亦复何颜随上国人民而顶礼上帝耶？若惧为间接之问罪，则何如信道之初，即隶籍外邦，他日两国有事，不但于祖国无所关怀，且可为虎作伥，以博外人之欢心，不亦善乎？鄙人亦为耶教中人，且信之弥笃，横逆事来，无论巨细，必祷告上帝以求默援，原以上帝至公无私，具有万能，抑强扶弱，正是上帝博爱平等之真旨。如我中国，衰弱至此，强敌环伺，竞用侵凌，想吾最敬爱之上帝，正在垂怜我国之不幸，或竟深异我四万万同胞，集合成团，万众一心，爱护祖国，以消弭强敌之窥伺，亦以保持世界之和平。准是而言，上帝方以爱国企望我同胞，凡吾同胞而信道者，尤宜深体而力勉之。夫信道者，敬信上帝也。若信道而惟外人是服从，则信者为道，而所以信之者外人也。不特信道不真，直是借信道以媚外人而已。如斯信徒，吾知定不为上帝所喜也。且爱国之念，非特为国家计而应有，即为个人计，亦应坚持而勿失。今日吾国信道同人，得外人欢迎而引为同志者，固皆尚负此老大帝国民之名号也。万一他日者，神州有陆沉之痛，凡我国之信道同人，其能享外人之特别优待乎？

抑将与多数同胞，遭人之异视乎？至斯而悟，惧不及矣！诸君子悟道真切，识见高远，想当有高明见解，诚非一管之见所能窥及，但鄙人既有此疑团，不得不妄言以直陈之，冒渎非所计也。又鄙人于每星期四下午四点钟在派克路育贤女校内，开会讲道。自此星期四（十六日）起，讲道之外，令与会者诚求上帝，呵护我国，以副上帝企望吾侪之至意。凡吾同人苟不吝玉趾，惠然肯来，谊联同志，讨论一堂，尤为忻幸。日前西园开组织义勇队大会，乃有伶界、工界各举代表到会，请愿联队附入，是亦可见吾中国人心之不死也。人之为善，谁不如我？愿诸君子共勉之！

录自《神州日报》，1911年3月18日—19日

商团进行之种种

南市全国商团联合会事务所，昨接闽省同胞通告乡里速办团练文，略谓：

伯叔兄弟：瓜分之祸，急在眉睫。英动矣，俄动矣，法动矣，试想日本，试想德国，其动状何如？试想高丽，试想台湾，其惨状何如？伯叔乎？兄弟乎？国亡，身亡，家亡，财亡，其祸岂不百倍、千倍、万倍于水火饥荒、瘟疫乎？呜呼！伯叔兄弟，外患一起，必有内忧，近来民穷财尽，匪党遍地，一旦有事，试问湖南之兵，新征之兵，都是可靠么？时至于此，势至于此，吾伯叔兄弟尚得天天安乐么？语云："求人莫如求己。"在今日欲求自保之策，莫如筹办乡团，乡乡有团，人人能兵，此团与彼团联合，小团与大团联合，出入相友，守望相助，用力不多，受益实大。云云。

自十二日南北商团公会开会以来，一般人士于商团一事，颇极注意。昨据南市商团公会中人述及，现在报名者，已有二百人，来者仍络绎不绝。

录自《时报》，辛亥年二月十九日（1911年3月19日）

敢死团启事

同人因强邻交迫，祸在旦夕，组织敢死团，冀挽救于万一。登报已将半月，报名者亦络绎不绝，惟通信机关屡经更易，于报名者颇多妨碍。现已觅就妥便之所，并拟下月中开大会，以筹进行。会场日期，容后声明。如有愿入团者，请将姓名、籍贯、通讯处，直寄湖北路一百三十四号代收。简章已见十八、十九日各报《本埠新闻》栏内。

录自《神州日报》，1911年3月20日

旅沪宁波同乡大会纪事

昨日下午一时，宁波旅沪同乡在四明公所开同乡会成立大会，会员会友到者二十余人，来宾四百余人。

先由发起人施嵋青君报告组织本会缘由，大约言旅沪者以宁波同乡为多数，而交通上事亦最繁，惟向无总机关，殊为可惜。鄙人等发起此会，蒙诸公赞成，今日得以成立，聚同乡于一处，鄙人不胜感激、欣幸云云。

次即公推临时会长，众皆推举沈仲礼君。当由沈仲礼君答称：不敢承认长字，惟承诸公推许，且今日故乡父老相聚一方，殊为盛事，不能不有演说。但今日演说，大家喜作祝颂语，鄙人窃愿下一针砭语。盖成立一会则易，坚合团体则难。我宁波人虽素有憨直性质，如前年之四明公所，去年之鼠疫事，皆借我宁波人之团力，得以收完全之效果。但今日团体，往往散如黄沙，幸勿为习尚所染。我中国人之所以受外人欺侮者，皆因团体不坚之故。近日满州、伊犁、云南等处，边警迭出，我宁波人有此大团体，正宜发生些爱国思想。如云南现有保界会，本会亦可出为赞助，以保护四明公所之心，去保护国家，国家亦能不为所夺。终之众志可以成城，否则今日开会，虽有数千人，明日闭会，即如散沙，则此会亦复何补？所望以后诸同乡持此坚凝力，再加扩充。已入会者，坚守不移，未入会者，热忱向往，令国中及外国人皆震而惊之，曰：宁波人也。幸甚！幸甚！云云。

嗣因会场人数过多，不免喧杂，添派整理员八人。派毕，复由来宾叶惠均君，会员周金篴君、王清夫君、王东权君等演说（稿长不及补录）。旋将规定章程逐条通过，并报告发起以后之账略毕。依所定秩序，本应将连记云选举票开报得票多数，乃票数过多，一时检查不及，因复请来宾李怀湘演说，大约以宁波人在上海，惜无教育机关，如能兴学，以鼓舞其忠爱之心，则有益于社会国家，良匪浅尠，俾外省旅沪各同乡有所矜式而兴起焉，此尤鄙人之所祷祝云云。

末复由沈仲礼君演说，此会成立以后，须力谋公益事宜，我宁波人足迹遍环球，将来可于各处设立分会，以上海为总会，凡有贫苦流落他乡者，皆宜设法拯济。其他如旅沪大学堂及工艺厂，种种有益之举，皆可兴办。至于筹捐一节，际此营业艰难，原属不易，但集腋可以成裘，原不以数小为嫌也。云云。时已五点钟，因选票尚未检齐，只得宣告于明日登报，以公众览。遂摇铃散会。

录自《神州日报》，1911年3月20日

丽之所观剧记，新舞台国民爱国

国步艰难，良由于民心不群，沪上热心绅士，因组织全国商团联合会，只以经费缺乏，乃由新舞台热心诸艺员，于昨日特演《国民爱国》新剧，以鼓励国民，并以是日所得戏资，悉数充该会经费。

是剧精神在组织敢死团，而最为惨痛之处，为极暴国调查欺伲国，有在茶肆谈国事者，坐以监禁十五年之罪；阅报则剜目，著书则永远监禁，拥资者将资充公，妇女生产者治死，夫妇结婚者亦治死。种种忘国民之苦状，令人目不忍睹。是以一经欺促国志士，出而演说，捐资还国债，办敢死团，卒使极暴国惊惧而退，此殆吾所谓战胜于朝廷也。是日看客极拥护，后至者几无立足地。且慷慨解囊，争先恐后，至唱滩簧时又掷捐银不少。欺国国皇演说时，及敢死团赴海而死时，均有捐助，是可见各伶之能动人，而又见国民之真能爱国也。夏月润去极暴国王，说来说去，总欲以压力加于欺国，足以激起国民愤怒之心。林步青去欺促国志士，实行至四乡警告同胞，提倡团练，两番演说，一场滩簧，皆有深意。夏月珊去（刻薄）号（成家），描摹守财虏不肯慨助本国公益，甘被敌国攫去而不惜，甚佳。小连生去欺促国皇，演说官之不可恃，民气之可利用，最能动人。末云："吾舍不得你们众百姓，你们众百姓舍得我吗？"尤佳。七盏灯，小保成去新婚夫妇，痛骂国贼之误国，及敌国之暴虐吾民，夫妇即相继而殉，尤足令人发深省。

　　沈缦云先生演说一番，人心大为感动，内以"今日并不愿来观新舞台之《国民爱国》，实愿来观诸君之爱国"云云，尤能鉴观者爱国之心。

　　记者曰：戏剧足以动人，是已。然天真热心真毅力，亦不至能得若是之效果。昨日各艺员均有捐助，连卖座及外捐，约有英洋三千元。可见民心不死，民气可用，吾钦佩新舞台，吾尤祝有益社会、有裨国家之新舞台前途无量。

录自《民立报》，1911年3月21日—22日

全国商团之进行观

　　南市毛家弄全国商团联合会事务所，各界爱国志士纷纷到会报名，已有二百余人之多，迭纪本报。兹悉被中报名人，艺界中亦不少，如振市公司新舞台之小连生等，亦率领同志，到所入会。各埠商团日来投函到所，咸赞成是举，均愿联络，互表同情，一面就在各该埠征求会友，扩充会务。闻叶绅惠钧等拟择日开全国商团大会于沪上云。

录自《时报》，辛亥年二月二十三日（1911年3月23日）

敬告四川旅沪诸同乡

郭成爽

今日何日，非我国人卧薪尝胆，同力合作，以共图最后救亡之时期乎？爽也何人，非黄炎后裔，东亚国民，而吾侪四万万同生死共患难之同胞中之一分子乎？瞻西北之风云，顾东瀛之警告，稍有人心者，畴不投袂奋戈，争以捐弃身家，护卫全局，为唯一之目的。爽独何心，顾犹沾沾焉计较曰：彼也何省人，此也何省事，若者何省人之事业小有盈绌，若者何省人之团体略有优劣，宁不遗大雅君子以鼠目寸光，养一指而弃全体之诮？然而爽今所以哓哓然饶舌于同乡诸公之前。夫何为者？将以诸公不明时局，不念时艰，专以一省之小小利弊，消耗其至可宝贵之光阴，而爽乃不能已于一言？诸公当不任受也。将以诸公公而忘私，国而忘省，激于旅居中之恶感，至抛弃桑梓于脑后，而爽乃呼号泣涕以相奔告？诸公又必不吾许也。然则今此之言，将为同乡诸公而发乎？将非为同乡诸公而发乎？曰区区此心，实欲昆仑以东之大同乡，有以自保其世，先从我独一之小同乡入手，且欲求我蜀同乡之散布于各地者日益发达，故先即我蜀同乡之侨寓于交通较便，文化较著之上海者以立言。夫上海之同乡会，非仅四川一省也，福建则有学生会，浙江则有旅沪学会，广东、顺直、徽宁、宁绍，无不各有其辉煌赫耀之会馆，面近今所最足以增人感念，发人猛省，使吾蜀旅沪诸同乡对之颜汗，望之色沮者，厥为本月十九日，旅沪宁波同乡所开之大会。彼一同乡，我亦一同乡，彼之同乡会发起于本年，我之同乡会亦发起于去年。且彼之会不过一府之同乡，我之会乃一省之同乡，而彼之会顾蓬蓬勃勃，日异月不同，至有会员数千人之多，我之会竟淡焉漠焉，若陌路人之相遇，其程度之相去为何如者？嗟乎！吾侪此会之所以奄奄不振以致如此，其原因虽甚复杂，而入会者多怀观望，能以真可实力担任会务者犹居少数，则最大之端也。谓予不信，拭闭目凝神，一思每次开会候人时之情况，当可知其梗概矣。

或曰，同乡诸公非不热心莅会，但人各有其业务，地实居于辽阔，故趋赴多所为难，而此心固宜特为原谅。虽然，吾窃思之，蜀人之旅沪者约有两类，曰求学，曰经商。在已入学校者，负笈千里，备极辛勤，自当以校中课业为第一要务。在营业商场者，挥血汗，挪母金，离乡别井，以课盈余，专心致志，以各事其所事，固亦夫人分内之所当为。爽虽不佞，何敢多责！惟是无论学，无论商，其目的之所在，皆将学为人也，皆将学侍身涉世，以经营社会之公益，以为异日生存竞争之左券也。未岂徒片长半技，聊以苟活于旦暮间，遂足以毕乃事者！然则拨星期之余暇，晤故乡之俦侣，商酌一切左右公人之事业，宁不为同乡诸公所乐闻！此有以知人之以事繁为我同乡诸公曲讳者，犹未得为深知我同乡诸公之心曲者也。夫以可以有为之基础，值力能胜任之同乡，而尤不免涣散若此，此吾所以不能不缅溯此会之沿革反复，吾川人士之习惯情性，而为之穆然长思矣。十年前，蜀人之旅蜀，十八九为商人，故其时有蜀商公所之设。光绪甲辰年，顾君鳌归自东京，创设同乡会。旋以事他往，会遂中止，光绪丙午年，李子鳌、张俊生诸君复起继之，一时规模，颇为宏大。又以事务所坐办员蔡冰吾亏累多金，而全局竟一败而不可救。去冬收拾余烬，重整干戈，从事其间者，盖亦煞费经营，今幸组织一切，渐有眉目，而惊弓之鸟，人人无必死之心，在在有借名敛钱之疑。此事之所以难于就绪，而人之所以常多惶或也。然而欲胜难先就易，欲除惑先务真，天下事固常有同此一能力，同此一营业，视为艰巨者畏缩而不前，视为平易者竟胜任而愉快，多所顾忌者，恒牵制而一事无成，力行吾素者，每得良善之结果，倘同乡诸公以为失败相仍，前车可鉴，则集思广益，力求整顿，见闻所及，时以告诸会内，职员诸君当必乐于听受，勉尽其力之所能为以相趋赴。倘以为兹事大难，人心莫问，以前此多数之血性男儿，极力提倡，犹堕落若斯，矧吾侪之无拳无勇者乎？与其多一事而遗人非笑，固不如少一事之犹得以藏拙也。若是则真因噎废食矣，则真厚于责人，薄于自待，而四川旅沪同乡会之精魂，将永以沉沦，无复再有出现于社会之一日矣。爽也虽愚，窃期期以为不可。盖夫同乡会之设立，非欲区分省界，树植党徒，以为无意识之争执，实以大公无我之心思，助邦人诸友智力之所不及，而宗旨办法，殊不以区区一域之境地自限，此其故盖大有可以研究者。人之生也，非自处于乡里则作客异土，一乡一邑中，其土著之俦，所以自谋其团体之事业者，有商会，有教育会，有地方自治等，而琐琐寓公，无所归属，乃各联其同类，以自成为一团，于是某某省同乡会、某某省同乡会，以次出现，而社会中乃无畸零人数，一旦事有缓急，但以属体相联结，即以从容敷布，无俟尽人号召，始能自尽其筹备之方。此同乡会之所以足贵，而爽与诸君之所以各宜奋勉相将，以自尽其天然之职分者也。此又爽所以目睹吾会之艰难，而不觉声嘶力竭以翘首长鸣于我同乡诸公之前者也。同乡同乡，诸公诸公，尚其努力一心，共济时艰，勿令他团体独振荣名于海上，则我蜀同乡会幸甚！我四万万同生死共患难之大同乡幸甚！

录自《神州日报》，1911年3月29日，4月1、3日

商团之风云大会

全国商团联合会，昨日在新舞台开会，欢迎新会友兼宣布简章，新友到者二百余人，来宾五六百人。肃静无哗，秩然不扰，是可觇商界之进步矣。海关职员报名入会者十余人，前因商团有报名截止之说，拟另结团体云云，系属传闻之误。二时半开会，推举沈缦云君为临时议长，特将是日会场情况详记于后。

开会之宗旨：

沈缦云君报告，略谓：今日之会，最要关键在联络全国商团，约束会友规则，扫除畛域陋习，则有利无害，将来发达，正未有艾也。

会长之推举。正会长李平书君、副会长沈缦云、叶惠钧君。惟名誉正会长，须举前掌兵权人，今归林下、熟悉兵机者，方克当此。现未能举定，须从缓筹议。名誉副会长虞洽卿君，众举手赞手。

会员之演说：

叶惠钧痛陈分际，略谓：天下事端在人为，困难愈甚，冲突甚多，则进步逾速，程度愈高。吾商团之困难冲突即备尝之矣，而得能有今日之会，诚有意想所不及者。痛陈公理私见之分际，不能稍事含混，守公理不参私见，虽有困难冲突，何足畏哉。

周豹元取譬鸟巢，略谓：今有鸟巢焉，一鸟经营而众鸟辅助，不须臾而巢成，巢成而众鸟安身有所，风雨无虞。苟有外来之鸟，必群起而逐之，鸟之团体且如此，何以人而不如鸟乎？商团命意，诸君既详知之，所希望者，能取法于鸟，则吾商团幸甚！吾中国幸甚！

朱少沂注意重枪械，略谓：吾中国制造厂，上海、广东、湖北，而所制之枪，以上海为最精。鄙人尝闻考察家比较各厂出品，钢质配合，形式轻重，瞄准远近等，均以上海为首屈一指。一旦有事，尽合取用。吾商团苟能同心协力，共图进行，则有此枪械，有此团体，而此一商旅可逐渐推远而树于欧罗巴矣。

潘月樵愿舍身家，略谓：吾国恶俗在爱重财产，每遇公益，畏避不问，一毛不拔，此等直谓之凉血动物。既为国民，当尽报国之义务。鄙人近闻商团广征新会友，不觉勃兴，今后愿输吾之产业，捐吾之资财，舍吾之性命，以为辅助商团。夫辅助商团，即报効国家也。慷慨激昂，闻者色动。

黄湘君之坚忍心，略谓：商团一切详情诸君曲尽陈说，无待赘言。惟鄙人所深望于诸君者，须有坚忍心，万万不可畏难苟安。坚忍则百方磨折，而志不屈，尽力进行而气不挠。团体势力，日渐发达，即国家气运，逐步富强，吾国前途其庶几乎！

　　沈缦云之趣解语，略谓：社会每诮苏人为空头绕辫子，说大话，鄙人亦苏人，闻之窃抱不平。今日之新会友虽二百余人，其中苏人亦不少。然合上海计之，不及百分之一，则此外之非苏人，正自不少，何寂然不动，反不如苏人之绕辫子，说大话之尚有影响也？

　　来宾之演说。

　　马相伯破除迷信。吾国迷信二字，深印脑筋，牢不可破，其迷信之原因，皆为求保护也，迷信保险行而不赔款，迷信保镖客而不却盗，可知求人保护，而不可靠，不若自相保护之为得也，泥塑木雕，迷信者亦有所求也，今试以泥木之物，使御外侮，敌强邻，可乎？故当破除迷信，求人保不如求自保，精神肢体，所以保吾者也。精神奋发，肢体强健，即所自保之道，尚何迷信之有哉？

　　郑仲敬切实发挥，略谓：鄙人代表闽省商团与此盛会，殊深欣幸，但希望此后，日益进步，联合全国则声气相通，守望相助，内讧外患，可不劳而定矣。

　　张瑞兰要言不烦。略谓拿破仑云，事之成败，在最后之十五分钟，今日即最后之十五分钟也。四民之中，士、农、工三者均无团，惟吾商团发起联合会，可知商在民中最为热心有志者。惟名誉即重，责任亦重，诸君当力图进行，是鄙人所深望者也。

　　最后之结果，沈缦云君谓：今日之会，报名入会及来宾如此之多，然有不得不为诸君表白者。商团之联合，宜从心理下功夫而外，以规矩约束之。今有大可为此事感动之事，试述之。鄙人昨偕中西女塾教习至龙华孤儿院参观，返至龙华园小憩，华女教习取糖莲心一盆敬西女教习，西女教习极赞盆之华美可爱，并谓余虽爱盆，而心理之注重者在莲心耳。是可比商团联合，宜从心理也。华女教习忽将茶倒桌上，而谓之曰茶在碗中，心理注重者固在茶，然无碗以盛之，则茶将散温矣。是可比商团之联合，首重心理而外，以规矩约束之理也。取譬曲当，闻者咸赞美不置。遂散会。

录自《民立报》，1911年4月10日

全国商团联合会缘起

商团何为而设哉？曰：近之可保卫地方，远之可保卫国家，即精神之振作，肢体之健康，胥于是乎赖之。古之所谓守望相助，即此意也。上海商界创立商团，组织操会，其成效卓著，为各国所注目，而限于一隅，范围狭隘，囿于一埠，声气隔绝，欲求推广而扩充之，则非联合全国商团不为功。今者同人等创建设立全国商团联合会，于二月十二日开会决议，蒙同志诸君赞成成立。爰特拟订简章，以为入手之办法、进行之方针。同志诸君，幸有以指教而匡不逮焉！

全国商团联合会简章

一、宗旨：

甲　立宪国国民应尽当兵义务。

乙　保卫一己身家性命财产。

丙　扶佐国家势力。

丁　保卫地方治安。

戊　为商战后盾。

巳　为中国自治团体之模型。

庚　促进国民程度。

辛　养成团结之习惯。

一、职员：

会长评议员会董由全体会友公举德望并重者充之，借资督率。凡遇重要事件，须会议妥洽，方可实行。任期无限。会中应举名誉会长一名，正会长一名，副会长二名，总理一员，会计员，书记员，庶务员。分会应举分会长一员、会计一员、书记二员、庶务员。均由全体会友公举，周年任满。牌举连举再任，悉尽义务，不支公费。

一、责任：

会长为监督、咨询，会董为议决机关及补助机关。总理有执行全会会务之责任，会计有管理全会银钱之责任，书记有司理全会文件记录议案及报告之责任，庶务有分任各部干理一切会务之责任。会友有扶佐本会势力、促进程度、保守名誉始终如一之责任。

一、议会：

全体会每年举行一次选举。职员议决要事、预算经费、报告开支等事。会董会每年次数，临时举行，察看议案及进行方法。职员会，每月一次，提议随时应兴、应革事宜，遇有重大事件均可临时开会。

一、入会：

凡热心志士愿入会者，不论贫富，须照下列规则方为合格，由切实介绍，出立保证书，报名入会。

　　甲　年满十六岁者；

　　乙　无疾病；

　　丙　无嗜好者；

　　丁　不论各界，有实在营业者；

　　戊　身家清白者；

　　巳　行为端正者；

　　庚　未经刑事裁判惩罚者。

一、定名：

联络各省商会、团，合而为一，故名曰全国商团联合会。

一、组织：

组织商团须由各省商会发起，凡府、厅、州、县、城镇、乡村，人烟稠密商业荟萃之区宜一律举办，毋因事难推诿，或半途中止。

一、名额：

各省商团无一定额数，须视商务之荣枯，经费之多寡而定。

一、经费：

各省商团，由各省商界考察情形，妥筹经费，不由公家拨款（例如，本地创办商团，由本地商界自行筹款）。

一、权限：

（甲）各省商团办法，由各省商界自行斟酌，外省不得干预。惟成立后，须将章程及办法报告总事务所，以便派人调查。（乙）创办各省商团，原为保卫治安起见，故公家不给饷糈，只负提倡之责，无调派编征之权。凡关于地方重要事件，由该省商团电告各省商团，商酌辅助办理。

一、事务所：

通国商团成立后，各省须各设一事务所（标其名曰全国商团联合会某省事务所），其他如府、厅、州、县、城镇、乡村，创办商团之区亦须设一分事务所。而上海设一总事务所，为全国商团之总机关部

一、抚恤：

各商团如为匪乱出力保护地方因而受伤者，须本地商团出资医治，如因伤毙命者，亦由本地商团出资抚恤（恤款视本省经费多寡而定，如经费无多，须由本地商团临时筹款，至他省愿补助亦可）。

一、教员：

各省商团教员须延聘陆军出身，素具学识热心教育之人为合格。

一、操法：

各商团成立后，凡关于操法上一切动作及口令，须遵照光绪三十二年陆军部出版之《步兵暂行操法》，以期划一。

一、枪械：

枪械一层，最为重要，须由各省事务所禀准陆军部，通饬各省督抚就地发给已成立之各商团，惟须素有声望之绅董担保。

一、操场及靶场：

各省创办商团操场及打靶场，须由本地商界预行筹办。

一、会场：

各省商团成立，办有成效，每年春季合全省商团大操一次，由总事务所禀请陆军部简派知兵大员，分往各省，校阅阵图、步伐、打靶、野战等术，择优破格奖励，借资鼓舞，阅毕将各处成绩入奏。

一、经费：

会友分经济、体育两部。经济员者，因有特别事故不能临操，但缴经费，体育会友亦一律须缴，经济如实系无力者免缴，多寡各出自愿。

一、服章：

会友操服须通国一律，详细妥议后，当即知照各省会照办。

一、禁约：

入会者无论会员、会友须各遵守会章。（甲）不得吃食鸦片；（乙）不得败坏会中名誉；（丙）不得酗酒滋事；（丁）不得身穿戎服入游戏场；（戊）不得迷信邪说；（巳）不得恃众欺人；（庚）不得造谣生事；（辛）不得血气之勇与人私斗；（壬）不得毁坏会中一切器具。如违以上规则，小则记过，大则立时出会（以上各则须一律遵守，协力进行，万众一心，始终维持，使各省商团有成立之期，无解散之日，则我国前途庶有几矣）。

录自《民立报》，1911年4月12日—17日

志谢

全国商团联合会成立以来，虽有诸同志扶持，而经济困难，进行不易，新舞台诸艺员素具热心，竭力赞助。择十八日排新剧，戏资悉充经

费，真可谓见义勇为者矣。昨承惠赐入场券，书此以志谢忱。

蜀人泣恳练兵团

四川旅沪同乡会致成都谘议局并转各团体电：俄寇伊犁，英据片马，大局危迫。现驻英法两使电政府，各国在法京大开密议，决定实行瓜分中国范围，留陕西、河南安置朝廷，因美反对发露。泣恳急练兵团，借资御卫。

录自《民立报》，1911年4月13日

国民爱国

本舞台感全国商团联合会之义勇，特排外国故事新剧一出，名曰《国民爱国》，取极、欺二国战争之轶史，择本月十八日开演，以鼓舞国民爱国之心为宗旨。是日不论头二三等，悉售一元，将所得戏资，尽数充全国商团联合会经费，亦聊尽国民之义务而已。

振市公司新舞台谨启
录自《民立报》，1911年4月13日

国民爱国之新戏

今日南市新舞台为全国商团联合会会员特排西国故事新剧一出，名曰《国民爱国》，取极、欺二国战争轶事。之期，昨日各界购券甚为热心，有工人张九余，到申五年，未至剧场，亦持洋一元购票，以助会费而广眼界云。

录自《民立报》，1911年4月16日

新舞台声飞闽中

旅沪福建学生会电致福州商会鉴：上海商团新队本日开操，下午承新舞台特演《国民爱国》新剧，所得悉充经费。剧情哀惨，当场感泣，倾助者无数。福建学生会。巧。

录自《民立报》，1911年4月17日

商学补习会体育部添招速成班

户者：外侮日亟，瓜分之祸，迫在眉睫，吾同胞处此危境，苟欲自保其身家性命财产，非注重体育不可。本会自丙午夏添设体育一科，迄今毕业五次，申送商团公会者百余人。近因全国商团联合会报名截止，而热心者不免抱向隅之叹，故本会于即日起添招速成班百人，限五个月毕业，申送商团公会。平时操练既精，深得卫生之益，有事守望相助，自能弭患无形，即我民转弱为强之机，安得不系乎是！凡有志尚武者，请速报名可也。所有报名处及简章如左：

一、宗旨：养成军人资格而立商团之基。

一、学额：一百人。

一、资格：十六岁以上，品行端正，无嗜好者为合格。

一、课程：徒手及兵式体操。

一、时刻：每天练习一句半钟。

一、毕业：速成科以六个月为期。

一、操衣：自备（须照本会色样）。

一、介绍：须有商家保证，或会友保证。

一、会费：每月三角，学费概免。

一、报名：限三月底为止。

一、操场：在大南门外西首。

一、事务所：小东门内东街刘家弄。

报名处：大东门外咸瓜街大王庙、大东门外直街恒茂绸庄、老义隆红坊、外咸瓜街瀛丰钱庄、立昌仁绸庄、十六铺大有水果行、新舞台后门对面德生昌烟纸号、洋行街德发洋行、后马路选青里福兴恒绸庄、荳市街德明里元昌盛报关行、裹咸瓜街毛义兴蜂蜜号。

录自《民立报》，1911年4月19日

中国学界联合会广告

启者：同人以外患日亟，特组织学界联合会，用救危亡。端倪已具，定期本月廿五日午后一时半假座斜桥外西园开成立大会，届时务恳热心诸君惠临，讨论一切。幸甚！发起人：朱伯为、王忝生、饶毓泰等。

录自《民立报》，1911年4月21日

爱国心激起矣

前晚南市新舞台演第二次《国民爱国》剧，台下掷捐银洋四元、铜元四枚。昨又有林君长璈亲送到会，捐洋十元，倪君维廉饬人送会捐时计一只云。

录自《民立报》，1911年4月20日

改良新戏之影响，倪君赞美艺员

浦东中学校学生倪维廉昨致商团联合会函云：十八日赴新舞台观演《国民爱国》剧，慷慨激昂，佛口婆心，诚当头棒喝，唤起国魂不少。金钱争掷，惟恐或后，人心未死，国运或有豸乎？在座有涕泗交颐，掩面饮泣者，实由有动于中，不能自已，不自知其悲何自来也？足征该艺员热心，至诚感人。钦仰！

钦仰！今附上时计一枚，充贵团经费之需，区区微忱，聊尽我心而已。至于贵团操演，为国家捍患御侮，仆极赞成，惟今留学浦学，往返不便，不克如愿，且俟下半年出校之后，当即前来报名也。

录自《民立报》，1911年4月21日

事急矣！死！！死！！！

敢死团报告书云：本团发起已两月余，在沪报名者，男女共有一百五十余人。据广东嘉应州分团报告云，亦有四十余人。他如汉、津各埠，亦已有人设立分团。本团开会之期，即本团成立之日。同为团员，皆当尽团员之义务，力图进行，以求中华帝国之富强。惟本团注重实行，不尚虚文，以免笔舌敢死之恶习，以求有补全局，而达为国家宣力，为同胞请命之目的。进行方法虽有议定，惟入手及以如何为第一着，尤冀各团员量力实行，为国为民，不背本团初旨，则本团前途无量，我国民前途无量。

议定办法六条如下：

（一）各团员当量力助资，以备本团成立及一切别项用度（分特别费及常年费两种，总事务所发给收据，于每年常会时将报告册声明）。

（二）凡有害于民，有损于国之事，团员当出死力以抵制之。

（三）公益事件，团员有发起维持之责任。惟宜将情由函告本团总事务所，以便联络一气（如创报、设讲习所、提倡国民教育，及旅行调查舆地及风俗人情等类）。

（四）团员宜各自设法研究军事教育，除军、警二界毋庸议外，商界当办商团，或入商团，学界则办体育会及注意兵式体操。

（五）各埠团员当联络同埠同志，量力设立分团。

（六）本团每年刊印报告书二次，内容当采择各团全年意见书及调查报告书编成(姓名录亦在其列)。以便互相研究,特别事件另行发表。

录自《民立报》,1911年4月22日

又一爱国者

昨日南市商团联合会接鲍君佐槐来函,并洋一元。函中略述每月薪资不过五元,愿自撙节开销,每月省出洋一元,以助商团常年经费,聊尽国民一份子之义务云云。现当经济困难,筹款不易,倘能尽人如此爱国,即十万商团不难指日募集。呜呼,如鲍君者可以风矣。

录自《民立报》,1911年4月22日

书业之商团出现

日昨小花园书业公所董事会提议,组织书业商团事宜。因吾业中人,欲入全国商团联合会者极众,而该会限于额数,以致失望向隅者颇多,故群议以一业之经济、财力自办一团,以辅该会之不足。设各业继起有人,则事半功倍,且又最易达到全国皆兵之目的,同人磋商,咸以为然。刻正筹办一切,不日宣布章程,办有端倪之日,再行联入全国商团会之内也。本会事务所附设于小花园书业公所。

录自《民立报》,1911年4月22日

雄鸡一声天下白 中国少年会缘起

夫中国弱极矣!困极矣!纷乱极矣!有志振兴中国之士,辄嚣然曰:挽回中国大势者,断在中国之少年。夫中国之少年伙矣,中国人口之多,甲于全球，生齿之速，又驾于五洲。彼童而角者，纷纷皆是，果皆为新中国之英雄豪杰乎？此其言吾疑之。窃意少年有少年之精神，少年有少年之作为，彼少年者，悠忽自安，吾宁谓之少年乎？彼非少年者，奋发有为，吾宁谓之非少年乎？故所谓少年者，不当以年之长幼为定衡，当以气之壮馁为确评。年虽老大，则思想活泼，少年也。气概英俊，少年也。具有少年之资格，而无少年之岁月以宽假之，将奈何？则此人者，有少年之精神，之作为，亦赍志以终而已。若夫真正之少年，脑力充满，学力坚锐，而日力又延长，此真正之少年。日努力，日进步，其所至真无可限量也。则挽回中国大势，又安得不馨香祝祷祀求而希望此少年耶？而吾尤有虑者，彼少年之士，自暴自弃，虚掷少年之光阴，少年少年，此少年之地位，实不容久占者也。吾慕少年，吾羡少年，吾勉少年，吾深望少年也。故作少年会缘起。（章程明日续登）

录自《民立报》，1911年4月22日

全国学界联合会事

昨日下午，全国学界联合会在西园开会，到者七百余人，推朱少屏为主席，报告宗旨，并谓今日之会，须认定宗旨，力图进行，方克有济。大纲有三：修身、求学、筹费。有是三者，然后能复仇保国。盖学生者，有学问方能生存于世界之谓。并讨论签名入会，选举职员两事。在座诸君多有发表意见者。

沈缦云君演说：前日商团联合会成立，今日之有学界联合会发现，可见爱国之心，尽人同具。今日在座诸君，鄙人当奉为拿破仑、卑士麦而崇拜之。深愿吾国学生无为高丽、安南之学生，更无为俄国之学生。盖俄国学生以无团体故，多远充于西比利亚一带也。忆及苏州某学堂在留园开运动会（似东吴大学堂），场中以六色旗分六国（如黄为中国，青为俄，红为日之类），美旗居中为中立，而以争夺旗之多寡分胜败。第一场黄旗全国复殁，第二次黄旗仅存一二于中立旗之下，第三次红旗生以诡计夺取诸旗，而黄旗尚未得，黄旗生见彼之用诡也，亦以诡计应，团结团体，一手执旗，一手抵外，追红旗生至大镜旁，而以黄旗乱扬，红旗生用力猛夺，镜碎而手流血，监督见之曰：此乃多行不义必自毙之证也。诸君其细思之，现今当代，当固结团体，一手保守自己，一手抵御外侮，则列强不能侵入，势必自相吞并。当此时也，正所谓鹬蚌相争，渔翁得利也。吾愿诸君急起直追，无沾沾于小节云云。合座拍掌，欢声雷动。

次瞿绍伊及留东国民代表傅梦豪君、黄嘉梁君相继演说，后公推朱少屏君为暂时会长，再定廿八日午后四时开职员会以筹议进行方法云。

录自《民立报》，1911年4月24日

国民会代表归国

自英俄事起，留东学界竭力组织一国民会，以提倡民兵为宗旨。艰苦经营，阻力百出，近特就会中公举六人归国，以二人赴东三省，以二人往云南，以二人来上海，专与各地人民策商该会进行方法。上海二人一为山东傅梦豪君，一为浙江蒋从凡君，已于昨日抵沪，暂寓盆汤弄周昌记客栈。解装既定，即当与此邦人士接洽，共谋该会之进行云。并闻同行者尚有四川萧德明、云南黄嘉梁二君云。

录自《民立报》，1911年4月24日

国民会进行种种

留日中国国民会派遣代表昨到沪上，已志本报。日来照该会评议部所决议案，已先联络各报社，冀得议论之指导，期达办事美满目的。前日学界联络大会以前，莅会场演说傅君梦豪力陈外患之日深及民团之必要。黄君嘉梁痛论云南外祸之日亟，及各省武装之宜速准备。言词忿激，颇动众听，大受欢迎。昨前两日，又遍访绅、商、报界各界之有力者，详陈宗旨及办法，具大赞成。并拟于今日午刻在法租界天主堂街五十九号招待绅商报界各界，共筹进行方法云。

录自《民立报》，1911年4月26日

商团续招七百人

全国商团联合会成立以来，各种进行选详本报，兹悉李、沈、叶三会长，以风云日紧，非广团我民，讲求兵法，何以消外侮而图自强，议定下月初一日起，再招七百人，添聘教师，多设操场，以资练习。且热心士女，解囊慨助经费者，络绎不绝。昨有务本女学沈葆德女士到会，自捐洋十元，复经募得三十三户，计洋九十元，又女佣佐氏捐铜元十枚。足见沈女士之热心赞助，诸君子之见义勇为云。

录自《民立报》，1911年4月26日

国民会代表纪事：联合绅商报学之大会

国民会代表昨日在法租界天主堂街五十九号开会，招待绅、商、报、学各界，共筹办法，来会者为沈仲礼、王一亭、沈缦云、林练青、沈显庄、杨千里、吴书箴、章佩乙、张虎臣、陈英士、包朗生、朱少屏、黄健六诸君等，凡二十余人。正午开会，来宾演说者甚众，莫不极表赞成，甚望着着进行，见诸实际。

沈仲礼君略谓：国民会所持宗旨，为提倡尚武精神，与鄙见甚合。鄙人年来办理商团，略收成效。入团者人人有军国民资格，小足以保乡里，大足以卫国家。倘各省能如是，中国何患不强？但诸君既志在救国，须处处出以和平，以期于事实有济。一勿招政府干涉，一勿使外人嫉妒。抱定宗旨，渐次进行，实所至望。

沈缦云君略谓：人都言中国之不能强，罪在政府，吾则谓罪不在政府，而在国民。假使国民能自强，又何虑政府之不良？诸君热心国事，不胜感激！务望内存诚勇之志气，外用平和之手段，方可得效也。

杨千里君略谓：国民会非代表数人之事，乃吾国民全体之责，凡吾报界，皆当引为己任，极力鼓吹，以期其成。

后由傅君述国民会进行方法，并感谢来宾厚意，且甚愿联合各界组成一大团体，做总机关以激发全国。

又由黄嘉梁君陈说，大致谓云南事机危迫万状，且国民会事体重大，自度才绵力薄，本难胜任，但国事至此，危机一发，不能不勉效驰驱，以尽国民一份子责任。至于成败利钝，所弗敢计。诸君平日热心国事，尤望时以宏论毅力，极力襄助，成立总机关以为云南及各省分会之中心，则中国前途幸甚。

末由萧德明君言国民会唯一之目的在于救国，国为大家共有，则救之之道须大家努力云云。

四时乃散。

录自《民立报》，1911年4月27日

国民之爱国热

新舞台夏月珊、潘月樵二君，发起演剧，以助商团经费等情，已记前报。昨日午时，戏未开幕，已座无虚位，后至者几无容身之地矣。是可见爱国热忱，尽人同具，在启发之得人耳。记者躬与斯盛，将足以提倡社会，鼓吹民气之处，录之如下：

会长宣布宗旨，沈缦云君于爱国新剧将演之先，登台演述谓，今日蒙新舞台夏潘二君商团筹费，是夏、潘二君之爱国也。男女来宾约二千余人。（未完）

上海"中国国民会"相关之件

明治四十四年6月10日接受

机密第三□号，秘受第1919号

明治四十四年5月31日

驻上海总领事有吉明

外务大臣侯爵小村寿太郎大人

今年春天以来，清国边疆问题上大事频发，瓜分清国的谣言四起。本国的清国留学生在东京组织了"留日中国国民会"，该会选举代表34名，视经费情况，派遣其中6人回国。其中2名前往满洲，2名分往云南，2名留驻上海，担当该会的设置及通信等会务。作为驻当地代表，傅梦豪（浙江人）、蒋洗人（凡）（山东人）二名来沪。当地的上海日报公会，全国商团联合会，全国学会联合会，中国精武体操会，福建学生会，江西旅沪学会，云贵、湖北、四川、江西各地同乡会，于本月7日在张园举办以上代表的欢迎会。被推举为临时主席的沈仲礼氏就提倡尚武精神、预备军国民教育，推进组织民团，旅沪各团体联合在上海设置总机关等事，发布公告。另外叶惠钧、朱少屏、沈缦云、杨千里等发表演说，傅、蒋两代表也做了报告。决定首先在上海设立国民会总会，在东京设立一分会，会员达500名以上时，召开成立大会。之后散会。

接下来，该会在当地法国租界八仙桥南宝安里设置了"中国国民总会事务所"，傅、蒋两代表专门负责谋划会员的募集，和在各地提倡设立中国国民会。该会职员有：

　　会长　　沈仲礼

　　副会长　沈缦云

　　坐办　　叶惠钧

以下书记、庶务、调查、会计各委员20余名，委托于当地绅商、名士、

□□、报纸记者等。另外还研究推进方法，特别是最近开始开办每晚7点到9点，以普及军国民教育为目的的夜校，两代表等人担当教授。

但是，该国中央政府已经注意到最近国民的过激运动，针对上述国民会，两江总督依据政府的命令，训令上海刘道台密查。刘道台根据沈仲礼的报告，认为该会暂不具有危险性质，但今后需十分注意。此外，据沈仲礼所讲，在我国清国留学生80余名联署，创立了该会，虽然他受□□□委托，出席代表欢迎会，但一直认为国民会的宗旨颇为过激。在英国从片马撤退之前，对英……等事项，颇为不妥，其对此是排斥的。关于上海商团，就像组织起来的义勇队一样，改为实际上的民团组织计划。

之后，被推举为会长的他，以书面形式请辞。另外直言代表的人格魅力不足，该会在没有任何切实准备的情况下仓促成立，如最近的保界会一般，虽然有持久发展的希望，但只是一时的现象，很快将归于烟消云散。

暂且报告如上。

敬上

本信已抄送北京伊集院公使

录自《日本外务省档案》，1.6.1.4-2-1(5)，第450434－450436页

(四)

北京动态

对于中俄交涉之抗议

北京同志会来稿[1]

启者：国势积弱，外侮逼来，莽莽神州，陆沉无日日，固我外务当局者之畏葸无能，毋亦我国民放弃责任，不知以强国之团结力协争，以盾其后之有以启之耶！两月以来，最足惊魂动魄，痛心疾首，如迅雷风雨之烈，如蛇神牛鬼之怪者，惟俄人强硬要求而以兵力胁我一事。

据中外各报，俄国致我国照会，要求得有权利，在哈密、古城、廓里扎、塔尔巴哈台、库伦、乌里雅苏台、喀什噶尔、乌鲁木齐、张家口等处，设立领事，并得于以上各处购地，建筑房舍。苟中国不如其言，则俄国自有适宜之办法。又俄国向各国声言，其国并无占领中国土地之意。此次示意举动之结果，一视中国对待之情形为断。呜乎！何俄人之阴险狡诈，敢于冒不韪若是耶！盖俄人明知空言以恫喝，不足达充分之欲望也。于是先发兵以示战，又知挟持之理由不足为开战之口实也，于是有各国之宣言。其意以为将来彼发兵而我备之，则其曲在我，彼可利用协约诸国之公共评判，而不居开衅之名。若将来彼发兵而我听之，则其志已伸。彼可借口光绪七年之中俄商约，而遂行占据之实。呜乎！何俄人之阴险狡诈，敢于冒不韪若是耶！固我外务当局者之畏葸无能，毋亦我民放弃责任，不知以强国之团结力协争，以盾其后之有以启之耶！同人等谨为诸君子沥陈之。

第一，请证诸条约之缘起也。查俄人要求之根据，在续改《陆路通商章程》。此章程为《伊犁条约》之附件，而《伊犁条约》者，则中俄两国全权大臣，于光绪七年即西历一千八百八十一年所订者也。当同治十年，洪相尚扰中原，而回族又倡乱于敦罕、喀什噶尔，蔓延于回疆全部。俄人乘机长驱，占我伊犁及其附近之地，曾宣言此次发兵伊犁，实为自卫边圉之计。苟清国能平回乱，

---

[1] 全名"国会请愿同志会"。

则我仍以原璧归之，彼固断定吾国之决无平回能力也。适左文襄勘定天山南北及喀什噶尔，吾国遂向驻京俄使，开索还伊犁之谈判。俄人事出意外，又未便公然食言，乃一面承允交还，一面提出种种条件，以为推宕地步。吾国初以崇厚之贻误，丧地辱国，几酿战祸。卒以戈登将军之劝告，始易战而和议修条约。派出使英、法、义、比公使曾惠敏公为全权大臣，磋商七阅月，收回帖克斯河上流之地，而以霍尔果斯河西之地代之，赔款则曾至九百万卢布，而霍尔果斯河东及伊犁一带均归中国版，其事遂终。是此条约之发生，始由于俄人借回乱而占领伊犁，继由俄人退伊犁而别生枝节，依国际法，虽战胜之结果，一时占领其地，犹不得为取得土地之原因。况俄人之乘机窃据，其不能取得明矣。此就条约之缘起上研究之，已足为俄人不法行为一证也。

第二，请证诸条约之文义也。查《伊犁条约》第十条，有俄国照归约，在伊犁、塔尔巴哈、喀什噶尔、库伦设立领事之外，亦准在肃州（即嘉峪关）及吐鲁番两城设领事，其余如科布多、乌里雅苏台、哈密、乌鲁木齐、古城五处，俟商务兴旺，始由两国陆续商议添设之。又第十二条，有俄国人民准在中国蒙古地方贸易，照旧不纳税，其蒙古各处及各盟设官与未设官之处，均准贸易亦照旧不纳税，并准俄民在伊犁、塔尔巴哈台、喀什噶尔、乌鲁木齐及关外之天山南北两路各城贸易，暂不纳税，俟将来商务兴旺，由两国议定税则，即将免税之例废弃。又第十五条有此约所载通商各条，及所附《陆路通商章程》，自换约之日起，于十年后可以商议酌改之文，曰陆续添设，则非同时之要件，而顺序之缓图也。曰商议，则非片面之主张，而双方之合意也。曰议定，曰废弃，则免税非永久利益，我国固有征税主权也。曰十年后，曰商议酌改，则条约非永久性质，我国固有改约时期也。依国际法条约者，国家与国家相交际，文字与文字相结合而成，而□以文字为证据，彼此有遵守之义务者也。此就条约之文义上研究之，又足为俄人不法行为之一证也。

第三，请证诸条约之时效也。俄人要求设立领事者凡九处，如廓里、张家口，非约文中所保留。如科布多、乌里雅苏台、哈密、乌鲁木齐、古城，俟商务兴旺，始议陆续添设者无论矣，至于塔尔巴哈台、喀什噶尔、库伦三处，已为咸丰十年所订《中俄续约》第六款内所允许，不过于此次约文中再为申明者也。光绪七年，距咸丰十年，历二十余年矣。今距光绪七年，又三十余年矣。彼久取得其空利而未之实行，日商务之不达，人口之不繁殖，亦实无行其权利之必要。即今日亦犹是也。夫其已得之权利，既已盘据保留至五十年或三十年之久，在理及势，均不能以实行，岂非当然不必继续之明证乎？依国际法条约，有以片意消灭者。一曰预定。预定者，谓条约定有限期，限期已满，一国欲继续，一国不欲继续也。我国苟鉴于利权损失之过钜，而坚持不欲继续前约，固国际公法之所许也。此就条约之时效上研究之，又足为俄人不法行为之一证也。

观于以上各理由，俄人举动之为不法行为，所谓司马昭之心，路人皆见矣。而交谈未久，遽以兵力胁我，则更违反国际法之尤者也。夫战争固国际上最终之手段也，然其适用此手段之时，必于其无法可以解决之问题也，必于其关系一国重要之问题也，必于其牵连而为国际团体之重要问题也，必于其问题今日不以战争手段解决，则酝酿既久，将至惹起极大极可恐怖之战争，故不若牺牲现在，以传将来人类之幸福。此今日国际上万不得已而用战争手段之前提也。试问中俄此次之交涉果，如以上诸问题，有用战争手段之必要否耶？呜乎！何俄人之阴险狡诈，敢于冒犯不韪若是耶？固我外务当局之畏葸无能，毋亦我国民放弃责任，不知强国之团结力协争，以盾其后之有以启之耶？

且夫国际法者，乃保全世界生存之条件，欲维持和平，无论何等之国，皆得共享此权利，不以种族、宗教分，亦不以贫富强弱分也。我国既加入于国际团体矣，自可根据国际团体之法律，与强俄折冲于樽俎之间，不必以兵力单弱为虑也。我外务当局者苟早见及此，不独此次迫胁不足畏，即前此霍尔果斯河西之地，可以不割，九百万卢布之占领费，可以不偿矣。然而先进各国，对于政府外交之不可恃者，往往以国民之外交补救之。诸君子倘不以仆等之言为狂，恳即联电政府力争，务于本年改订商约之期，收回权利，毋稍退让，至失事机。时乎！时乎！往者不可谏，来者尤可追。邈邈河山，非复金瓯之本色；茫茫宙合，岂无铁血之男儿！临楮惶悚，不尽欲言。

录自《神州日报》，1911年3月11日—12日，亦见于《帝国日报》，宣统三年二月十二、十三日（1911年3月12、13日）

直省谘议局议员联合会文件请重勘片马界务呈

呈为滇缅界务关系大局安危，恳请主持重勘，以固国防而安人心事。

窃滇缅北段界务，自去冬英人以重兵据我片马，旋移住小江，节节经营，著著进步。滇督迭奏力争于外，滇省绅民痛切陈请于内，迄今六七月矣，案犹虚悬，民情愤恨，举国危疑。钧部慎重交涉，所以迟迟无严重之抗议者，岂非以国力强弱悬殊之故？然中英邦交向称辑睦，持公理、执证据以力争重勘，未必遽生他变，谨将片马界务应主重勘之理由，为钧部一一陈之。

片马为保山登境土弁辖地，赋税租役，民之供于我者非一日，狼㐲羊窝，尚有道光年间段土弁其光所立石栋，是片马狼㐲诸地确为我完全领土，宜争重勘者一。

甘稗茨竹派赖各地，世为腾越属明光左、刘、物三土职分汛，小江十九寨，前为左孝臣管辖，供应夫役，即扒拉大山亦属左氏隶属，有兵部劄复为凭。光绪二十六年，英人烧杀我茨竹派赖之民百三十余人，俱我境内，左孝臣亦同毕命。大吏与英领交涉，认查实赔偿，档册可稽，宜争重勘者二。

钧部原案，北段界限自尖高山起，由石我、独木二河之间，西行至恩梅开江，由江北行过之非河，至扒拉大山脉尽处为界。恩梅开江以西，我所有瓯脱地全失，然既有成约，尚可曲狥（徇），宜争重勘者三。

石鸿韶所拟界线，自尖高山起至九角湾，由他戛北行折小江，东至板厂山止。烈敦所拟界线，由尖高山起，转麻里壩、茨竹、丫口，由明光河头直主高黎贡山，举大哑口、大何头、片马岗房等地，尽攘为彼有，已割永腾上游边境之半，然当时烈敦照覆石革道，有虽经盖印，不过明此图之真伪，不能为议定之凭。烈敦又知无理，称于大哑口北甘稗等地，援照三角成案，作为永租，议租银一千五百元，又酬我大塘抚夷四千元，是列（烈）敦虽狡，亦知主权在我，宜争重勘者四。

两国划界既未确定，即不能实行占领。乃英人违约越境，毁我学堂，掠我民人，此而不争，复何能国？宜争重勘者五。

闻光绪十六年，英外部曾照复薛钦使，有缅甸曾经管江东之地，直至恩梅开江及迈立开两江汇流之处，当时虽无确据，然滇缅界线断自北线二十五度三十五分之尖高山，其纬度适距恩梅开、迈立开两江汇流处不远，即稍为迁就，亦可照钧部原线斟酌而划，宜争重勘者六。

钧部严重邦交，其难其慎，谅必早握要领，唯传闻不一，或云退让，或谓永租，众口嚣嚣，成为疑案。闻迩来滇省人民对于此事，异常激愤，保界会徧（遍）设三迤，会员之泣血断指、誓以死争者，前后相继，万一退让租借之说竟成事实，其良者激于公义而挺争，其莠者必乘风廟（潮）而暴动，内讧外患，相因而至，一发千钧，害及大局矣。议员等犹有请者，我国前日不谙外情，胶州、大连、威海各要港，相继入租借之例，今幸朝廷锐意立宪，薄海臣民喁喁望治，方冀富强有基，渐图收回租借各地，不谓内阁辅告成立，开宗明义，复有退让租借领土之失。以证据确凿、公理可凭之事，慑于兵威，甘蹈覆辙，其因此而前之租借各地不能收回者，患犹小；因此而致后之租无可租、借无可借，使我不能不租、不得不借者，患更大。存亡安危，胥系乎此。据《内阁官制》第十二条，此等重要事件，应经内阁会议，伏乞钧部将片马交涉提出内阁决议主持，请旨特派大臣重行戡（勘）界，国权所系，人心所系，一隅之失，动及全域。用敢披沥呼吁，乞赐鉴核施行，须至呈者。

《直省谘议局议员联合会第二届报告书》，京师北洋印刷局1911年刷印，

第83—85页

联合会第二届第十八次会员记事录

十六日，正式会第十八号。

下午一时开会，到会会员二十七人。

主席报告："今日例应闭会，所有以后进行事宜，均应讨论。现在，云南顾、张两会员提出关于片马一案，请先研究，并请顾君报告。"

顾视高君报告大旨。

汤化龙君云："此事甚关重要，然不过上奏，亦无效。不如作为我辈攻击政府之资料，若单行入奏，似无甚意思。"

顾视高君云："汤说固善，然若双方并进，岂不甚善？"

汤化龙君云："本会员并非不以此事为然，因即上奏，亦不过开一次阁议。阁议之后，仍是搁置不理，无十分效果。"

孙洪伊君云："此事若由联合会做，恐无效，且牵动其他议案，不如由本会通电各省谘议局，请其电内阁力争，似觉有力。"

张之霖君云："孙说固是，然我辈明知外部之非而不加诘问，似与本会名誉有碍。"

汤化龙君云："并非不攻击，不过须一步一步去做。据本会员看，莫妙于第一步先电知各省，同时力争；第二步俟质问各部时，同时提出。"

易宗夔君云："孙君、汤君所主张，本会员甚赞成。"

张国溶君云："通电各省，同时电阁力争，较本会递呈尚速，可从此说。"

高登鲤君云："通知各省较好。"

顾视高君云："诸君既均何（荷）如此主张，本会员亦不能反对。可否请一面通电各省，一面递质问书于外部？"

汤化龙君云："电即可打，质问书条件，即请顾、张二君拟稿。"

主席："请赞成此说者起立。"

全体起立。

汤化龙君云："本会所上四条，皆未发表。今日虽闭会，总是请大家不走方好。"

主席云："本会前上各奏，均未发表，以后继续应讨论者甚多，请各位讨论大端。"

汤化龙君云："继续，不过是递呈子，无多研究。至于大家回去后，必须将此次请求不得之情形，宣告于国民，内容即系宣布政府罪状。而各局开常年会时，急须同时提出建议上奏案。总之，内阁问题，我们不能放松一步也。"

王振垚君云："汤君前所主张，似仍是留人问题。然少数人能否专断，此层似须研究。"

袁金铠君云："此事即有上谕，亦不过敷衍，总以早走为是。久住，将来恐反到（倒）不好下场。"

汤化龙君云："早走固好，然我们所抱之大希望，是改良政府。此事一时既做不到，我们只好求之于社会。若抱救亡目的而来，不能得一字解决，遂烟消瓦解而去，使政府看我们直（只）是乌合之众，我们将来定不能再做全国政治上之事。此种影响甚大，请大家详细讨论。"

主席云："汤君所主张，是否是留人问题？"

孙洪伊君云："此非留人问题。因为会既照章不能不闭，而应解决者尚多，是以请多留几位，候候下文。"

王振垚君云："既如此说，则上谕发表，至多不过五六天，何妨大家一同候候？本会章程本非法定者，如得本会人全体承认，本可变通，何妨暂作休会，大众先不出京？"

主席云："王君说，大家是否赞成？"

全体赞成。

主席云："关于片马事致各省通电，由何人拟稿？"汤化龙君云："即可由办事处拟发。"

四时散会。

《直省谘议局议员联合会第二届报告书》，京师北洋印刷局1911年刷印，
第50－53页

联合会第二届第二十次会员记事录

五月二十二日，正式会第二十号。

下午一时开会，到会会员二十四人。

主席报告："云南代表段宇清、李增二君今日到会。"

又报告："顺直谘议局来函，为遵电已电内阁事。"

又报告："安徽谘议局来电，为三电均悉、已电内阁事。"

又报告："上次议决上书，公推汤君起草，兹已油印分布，请汤君报告。"

汤化龙君报告大旨。

袁金铠君云："'萁豆之忧，伏于萧墙之内'二句，稍刺目，可否或去，或变为挥括语？"

易宗夔君云："此文甚好，今日本会员又有所闻，现在朝廷所以不得不用庆王之故，确系为抵制垂帘，文内可否预防此层？"

汤化龙君云："此问题不能发生，如果发生，必生大乱，我们所主张者若能达到，则其余皆解（迎）刃而解。"

易宗夔君云："本会员又闻，即推倒皇族内阁，而以满、汉、蒙、回、藏五处人为总理大臣，仍须与亲王相维系，不然，不能保全其地位。"

汤化龙君云："袁君所说'萁豆之忧'两句，甚不好改。"

黎尚雯君云："'唯应退告国民'二句可去。"

袁金铠君云："可去。"

于普源君云："此是二次呈请，文字起首语气稍差。"

汤化龙君云："甚是。"

易宗夔君云："大体不差，可交原起草人修正文字。"

主席云："大体前日已经讨论定局，如文字无甚异议，即可交原起草人修正，请赞成此案成立者起立。"

全体起立。

又云："昨日议决致各公使函，已由王君起草，请报告。"

王振垚君报告大旨。

汤化龙君云："此无须表决，可请主席与副主席斟酌文字，即行缮发。"

主席报告："二十四递呈，仍照从前办法。"

又云："云南段、李两君曾云有报告事情，请报告。"

段宇清君云："本会员代表与会，因铁路中断，到会少迟，抱歉之至。片马界务，为敝省最重大之问题，曾由顾、张两君提议，现已通电各省，将来继续办法，仍恳诸公念片马非云南之片马、乃全国之片马，片马失，则云南失，云南失，则中国不保，总恳极力维持。"

汤化龙君云："关于此事，湖北已有来电。"

李增君云："通电若无效，只有求政府交海牙和平会公判，若再不成，云南人只有一死而已，务须大家设法维持。"

主席云："此事已经本会通电各省，已有几省复电。可否请大家就李、段两君所云讨论？"

袁金铠君云："此事，张、顾两君提出时，大家仔细研究，以为递呈不甚妥当，所以通电各省，请其径电内阁，大约办法只能如此，其他办法，似非本会所能言。若大家以为两君之来，专为此事，应有以慰之，则即做一篇文章，于二十四日再呈递，亦无不可。"

张之霖君云："袁君说是。若能一同入奏，本会员极为赞成。"

李增君云："此事并非提出大会，即期于成，不过是我们受父老嘱托而来，不能不向大家陈述意旨，并聆教益。"

袁金铠君云："此有两办法：第一，呈请代奏；第二，作一慨（剀）切文字上外部，请大家讨论。"

主席云："袁君主张，大家以为何如？"

张之霖君云："袁君说甚是。段、李两君自滇来时，曾面谒李仲帅，伊亦主张由本会对政府上书。书上，致伊一电，伊再来电一催，庶可稍有补裨。"

张国溶君云："此事说到究竟终是空话，然又不能不说。袁君二说，似以后者为是，以直上外部能尽其词也。我们现在欲办事，非有一彻始彻终办法不可，如有办法，则直与外部拼命均妥，若无，则空做文章，仍是无益，所以，本会员狠（很）希望云南代表诸君，有一确切办法。"

主席云："上次研究上奏，大家皆不主张，因徒上空文，无补于事也。今日张君所主张，亦系要有办法。"

汤化龙君云："袁君两说，本会员主张第二说，然亦是无聊之极。不过，云南代表受父兄委托而来，本会若对之无声无臭，似不甚合，故主张如此，二代表当必有一妥协办法。"

主席云："现只有两办法：一上奏，一上书。如上书，应如何措词，是否先由二代表递意见书于本会？"

段宇清君云："外交之事，系以兵力为后盾，既不能言兵，只好求政府交海牙平和会，将界划清，总要求驻君向政府陈明。"

王振垚君云："云南二代表万里来此，幸本会未闭会，正好讨论。现在即可决定是上奏、是上书。若起草，则云南代表洞彻情形，似可偏劳。"

汤化龙君云："本会员所以主张上书者，因若上奏，则外部可疵议之处尚多，直言不胜言，是以主张如此。"

主席云："可否就上奏、上书表决？"

高登鲤君云："仍是专就上书表决。上奏一层，从前已经表决。"

主席："请赞成上书者起立。"

全体起立。

又云:"既全体表决,即可请段、张、李三君起草。"

众赞成。

又云:"此后如有事故发生,再行开会。"

公决:"上外部书某日脱稿,即于次日开会。"

五时散会。

《直省谘议局议员联合会第二届报告书》,京师北洋印刷局1911年刷印,第57—60页

直省谘议局议员联合会报告书

敬启者:议员等学识浅薄,谬以故乡父老选与议席,比年以来,代抒言论,靡补大局,内咎滋深。迩者时局濒亡,国会未开,海内喁喁,望救孔亟,各省议局,远虑深忧。本年四月开议局联合会于京师,冀合全国之人民,议定救亡之大计。佥以为欲救国亡,必定救亡之政策;欲定政策,必有完全之内阁;欲有完全之内阁,必先破皇族政治之阶级。立宪国之君主,以不可侵犯、不负责任为原则。君主立于神圣不可侵犯之地位,密隶君主之皇族,亦即立于特别不可动摇之地位。君主退处于不负责任之地,而以责任负之内阁,则内阁实处于完全负责之地位,而不可以内阁之动摇,侵及于君主之神圣。内阁立于君主之下,以受国会之监督,有政策之冲突,即有推倒之事实。内阁而为皇族,万一皇族将因其地位特别之故,自认为不可动摇,则良美之政治不可期。若任其推倒,则一般人民之怨望,因内阁而及于皇族,因忘皇族之尊严,而于君主之神圣不能保,影响所暨,将与君主立宪政体之原则相背驰,而国家一切良美之政治,几无有完全成立之希望。此固吾父老之所为杞忧,而各议局之所共虑也。议员等重膺各议局之推任,甫入都门,适值内阁官制发表,试办之初,即开皇族内阁先例,诚如诸君子所虑及者,迺乃新内阁先后发布政策,又不足以定出国是而餍人心,屡开会议,惧负诸君子之期望,思维凡百政治,必有一全完自

之地。根本之解决未定，则枝节之补救徒劳，故议以完全内阁为第一议题，以为内阁组织全完（完全），则不患无完全之政策。谨于□月□日呈由部（都）察院代奏，皇族不能充当内阁总理，请另简大臣组织内阁。附上《请增练备补兵》一折。复于□月□日呈由都察院代奏，请饬阁臣宣布政策。附上《请废禁烟条件》一折。先后折奏，俱闻留中，报纸交讥。自维无状，谨于□月□日又呈请部（都）察院代奏，请《明降谕旨另简大臣组织内阁》一折，伏阙待罪，迄至今日，仍未明降纶音。议员等自愧诚恳之未至，不能见信于君父，负我父老望治之深心，谨就连月以来京朝之所见闻，报告于诸父老，冀垂察焉。

议员等窃以为，诸父老所希望者，欲得良美政治，以救国家危亡。本此心理，以生希望，新内阁成立，新政策发生，则转危为安，转亡为存，可以翘首俟也。乃观于近日之新政策，则适与所希望者相左，谨举其荦荦大者：

一、借债政策。（下略）

二、改定币制政策。（下略）

三、兴业政策。（下略）

四、铁路国有政策。（下略）

五、禁烟政策。（下略）

六、外交政策。主张外交政策者，不外延宕与退让两途。近如片马交涉，暄传海内，滇督争持于上，绅民呼吁于下，国内人土（士）咸愤不平，外部迄未提出严重抗议，与英交涉。乃者奏交由阁议，仍不外延宕退让之法。夫今日片马交涉，实由延宕所致，滇缅续约，本有查明情形再定界线等语，乘机不决，遂有革道石鸿韶与英领事烈敦会勘之误。外部既知石道之误，而自光绪三十一年至今，不援石道与烈敦误议之图证，速事另勘，酿成此辱。以延宕败于前者，乃欲以延宕持之于后。此何故也？外务部奏交阁议，有就范不易、拟照烈敦原议永远租界（借）等语。夫永远租借，实割让土地之变名词，若如所请，则高丽（黎）贡山将不保，英人从此沟通川藏，直踞长江上游。英人得利，法人继起，自余各国，亦必欲有以逞其所欲，何地非片马？何国非英人？大陆茫茫，瓜分在目，是以退让为亡国之券也。阁议月余，迄无办法。若故避退让之名，而为延宕之计，待英人累进，始故为万不得已，舍退让无他法以谢全国者，退让延宕，互相为用。从前外交之失败，悉由于此，新内阁固无以易之也。且也，北京各国使馆驻兵，大反各国公理。该项条约以今年七月为期，如三月以前不通知，则承认接续之事实，外部诸人亦无有议及此者，谓外部不知有条约，未免太甚；谓外部居心延宕，则延宕实外部外交之政策也。类此失败，笔不胜书。过此以往，犹如曩日，然则今日外交政策仍媚外政策耳，此新内阁政策之不可恃者又一也。

纵观以上各政策，与我人民所希望转危为安、转亡为存者，适成一相反之比例。我人民希望立宪，至于今日，国会之开，尚待后年，内外官制，迄未定议，方以为立宪尚不可期，乃君主立宪国之最重最要高级之机关，竟巍然出现于四千年来专制政体之中国。《内阁官制》十九条，姑无论其完全与否，而第二条有国务大臣辅弼皇帝担负责任之规定，第三条有内阁总理大臣定政治之方针、保持行政统一之规定，是中国竟立宪矣！是政府竟负责矣！而新内阁、新政策之发生乃如此！人民希望宪政之心日益高，政府所持之政策，乃日见其不可恃。昔日政府不可恃，犹以不负责任为巧避攻击之地，今日之内阁规定其责任矣，而政策仍不可恃。呜呼！吾人民欲得良美政治以救国亡，幸而睹新内阁，而新内阁若此，吾人民之希望绝矣！议员等一再呼号请命而不得，而救亡之策穷矣，然议员等犹以为未也。天下安危，匹夫与则；阁制既定，责有攸归。今日之新内阁而果实行担负责任也，则吾民人希望内阁之心，正有加而无已也。

而或者谓：此数政策有发于内阁官制未颁以前者，有发于内阁总协理大臣辞职之际者，内阁将持此以为不负责任之地，不知四月初六日借款上谕，署名者为军机大臣奕劻、毓朗、那桐、徐世昌，十一日铁路借款上谕，署名者为奕劻、那桐、徐世昌、载泽、（假）盛宣怀，除毓、盛外，后之内阁总协理大臣，即前之军机大臣，事属相承，策本一贯，是第一次借债政策，即新内阁之政策也。总协理大臣虽经辞职，而已遵旨到阁办事，照章署名，不得以总理再辞职、协理未谢恩，而以十一日所发禁烟、铁路国有、铁路借款各政策，为总协理卸其责，且各部尚书均为内阁国务大臣，既各照章署名，实有联带责任，更不得借此为不负责任也。

或者又谓：阁制并未实行，今日内阁，不过为暂行办事之内阁，恐无完全负责之希望。不知内阁为一国行政之总机关，断不可以一日暂行，使全国行政计画出于姑且尝试之举，《暂行章程》理宜速取消也。且《暂行章程》虽有变通之处，而实用阁制第三、第四各条之规定，不得以其暂行变通，而谓阁制规定之责任，亦在取消之例也。然则，今日新内阁欲不负责而不能也。

今日新内阁，既据阁制而应负完全之责任，今日内阁之政策，犹是以前政府之政策，甚且推翻以前政府之政策，昔日政府不可恃，今日内阁果可恃乎？去年资政院弹劾军机，犹可以不负责任为词，今日阁制既明定担负责任，资政院常会时，内阁尚能以不负责任对付资政院乎？今日之内阁，虽一新其名称，而组织内阁之人则犹是昔日之军机，以素不负责任之人，一易其名，即能变而完全负责乎？今日内阁已发表之政策如此，未发表之政策，不卜可知。迨至资政院常会时，能保无去年弹劾之事乎？弹劾军机，去年已无效，以豫备议会之资政院而弹劾内阁，能否收法律上之效果乎？如仍无效，将解散资政院乎？则今日之内阁，实为皇族内阁，保无因资政院之解散，而一般人民之怨望，因内阁而及于皇族，因皇族而侵及神圣之君主乎？如弹劾而有效也，则必重新组织内阁，内阁可推倒，皇族可以推倒乎？推倒皇族内阁，仍为皇族内阁，万一不幸又推倒之事，皇族特别不可动摇之地位安在乎？皇族特别不可动摇之地位既不能确定，而皇族实密隶于君主，君主神圣不可侵犯之原则，尚能保其永无妨碍乎？是故欲救中国之亡，必得良美之政治，欲得良美政治，必得完全内阁，欲得完全内阁，必求不反乎责任内阁之原则。君主立宪国，皇族不能充当内阁，我国阁制，本无内阁必用皇族之规定，诚以内阁者，全国行政之所汇归，而人民希望之所集的也。内阁而自恃其不可动摇，则政策之进步不可期，内阁而为皇族，则内阁几有不可动摇之实质，如是则名为内阁，实则军机，名为立宪，实则专制矣。是故内阁者，可以动摇者也；皇族者，不可动摇者也。皇族组织内阁，则内阁不得动摇，是无内阁也；内阁仍可动摇，是无皇族也。无皇族，则君主危；无内阁，则国家危。观今日内阁政策之不可恃，则异日必重新组织内阁；观皇族内阁之不便动摇，则内阁无重新组织之日，而我国家永无良美政治之望。所谓欲救国亡，先定政策，欲定政策，先定政体者，此也。故必去皇族内阁，始有责任内阁，有完全负责之内阁，而后有良美之政治。疆场多故，时不再来。我故乡父老望治之深心，议员等愧无以报命，谨就救亡根本大计，具陈一二，望我父老恕议员等能力之薄弱，引天下为己任，希望之心，永无断绝，则中国庶有豸乎！

《直省谘议局议员联合会第二届报告书》，京师北洋印刷局1911年刷印，
第97－104页

电各省谘议局及上海汉口各团（1911年5月17日）

谘议局鉴：片马交涉，政府主延宕、退让两说，丧权误国。请径电内阁，力争重勘。

联合会

《直省谘议局议员联合会第二届报告书》，京师北洋印刷局1911年刷印，
第5页

代表团提交谘议局联合会议案

拟请不开国会，限制民选资政院议员不得承认新租税，各省谘议局议员同时辞职案。

国于地球上，不言宪政则已，一言宪政，则权利义务不容有毫发轻重于其间。此世界之公理，先进各国莫不恪守斯义，独吾国不然。此代表等所为奔走呼号，旦夕亟亟于速开国会也。乃自入都以来，已数阅月，两次请愿，仍无效果。而其间风云瞬息万变，时局陷危，日迫一日，英、俄荡摇西藏，法兵侵入滇边，俄兵深入库伦，德人增兵青岛，葡舰占领横琴，英人进兵西藏。近复有日俄协约出现于世人眼簾之上，以二三年平和协商条文，而取我祖宗发祥数万万方里之地，且进而窥我长城以南黄河以北之领土，此真旷古未有之奇局，为世界侵略史上别开生面，而足供世人之研究者也，然此犹曰外患也。若夫广东有新兵之变，广西有革党之变，湖南有饥民之变，山西有交、文之变，东省有马贼之变，山东有莱阳之变，安徽有宿州之变，新疆有回民之变，蒙古有边藩之变，以及湘、鄂、皖、粤、江、浙相继告灾，乱事接踵，一波未平，一波又起。吾国今日譬诸燕雀处堂，亡无日矣。火炎崑冈，玉石俱焚，一旦祸发，虽在亲贵，岂能幸免？政府诸公苟有肺肠，宜何如震动恪恭，联合朝野上下，力图挽救。乃环顾盈廷之上，豺狼当道，狐狸塞途，内外大小臣工，凡百举动，无不假新政以腴民肥私。吾民有义务而无权利，朝廷专制之毒，迄于今日至矣、尽矣，无以加矣。代表等受父老委托之重，绵力薄材，弗克胜任。贵会结合法团，信用大著，对于斯义，谅表同情，一经公决，必能发生效力。谨陈二条件如左：

一、限制民选资政院议员，不得承认新租税，以消灭政府假立宪之威焰也。西人有言：不出代议士，不纳租税；今资政院之终结，在于恭候圣裁，其去法治国议院性质，何啻霄壤。资政院议员断不能与西人所谓代议士相提并论，而谘议局与督抚有异议时，其权力仅能达于资政院而止，则谘议局议员尤无代议士之价值可知。吾人若循文明国之先例，国会不开，即停纳一切租税，亦属正当之办法。今虽不忍遽为己甚，而国民既未有监督财政之权利，自应不任增重负担之义务。拟请限制民选资政院议员，此次资政院开院后，对于政府提出增加租税之案，不得议决（各省督抚奏陈豫算案内，一切收入款项必多隐漏，并须检查其隐漏之数，作为新租税论，不准督抚私自征收）。倘不顾公理，冒昧议决，一般国民，誓不承认。民选资政院议员为贵会各谘议局所选出，即不啻为贵会所组织，贵会有训戒监督之权，即有为民请命之责。代表等所以要求贵会者，此其一。

二、各省谘议局议员同时辞职，以破除假立宪之狡猾也。谘议局地位，与各国联邦议会微有不同。然既不设议事会，即无执行之权，自不能作地方议事会看待。查谘议局章程第二十二条，谘议局议定可行事件，呈候督抚公布施行，是谘议局为一省立法机关，督抚为一省行政机关，国家法律，早已认定。自经编查馆深文解释，节节缩小，已同赘瘤。而督抚施虐于民，又往往多方笼络谘议局，使负责任。于是人民怨毒不加于官府，转以谘议局为集矢之的。若国会不开，上不能直达于君主，下适以取恶于人民，实为万分危险。拟请本年谘议局常年会，即以请愿速开国会为第一议案，呈请督抚代奏。若不允代奏，全团议员同时辞职，尚可告无罪于父老兄弟。代表等或同为议员，或主持各界，均有密切之关系，即不能不熟察进退之先机，代表等所以要求贵会者，又其一。

以上二项，对于政府一方面，为略清义务之界线；对于人民一方面，为争回权力之动机。若经贵会可决施行，吾人要求国会之举，必有一番活动也。

夫文明各国请求国会，鲜有不喋血以争，掷多数头颅而后博得者，盖要求之手段愈烈，则国会之价值愈高。彼固深明优胜劣败之公例，非实行立宪不足以图存，非先开国会不足言立宪，故人人视为身家性命而拼死以求。如前二项云云，不过小试其端，犹是文明之对待也。是否有当，伏冀公决。谨提议。

以上录自邱涛点校《直省谘议局议员联合会报告书汇录》，北京师范大学出版社2013年版，有所订正。

滇京官电

十二日北京电

滇京官电本省谘议,速开临时会,举代表到京,并联各省电求资政院开临时会,京官当为内助。

录自《民立报》,1911年3月12日

东省代表联合大会

东省代表联合大会于湖广会馆,决推代表见庆邸,哭陈危状。

录自《民立报》,1911年3月12日

政府赞成国民军

日前驻日汪伯棠星使电请编练国民军一事枢府诸老甚以为然,于昨日午后,在军机处特开秘议,以东三省现在最属危险,一旦有事,殊为可虑。故拟奏请先由东省入手,如有成效再施及云南、福建、山东等省云。

录自《民立报》,1911年3月14日

资政临时会小产

京函:资政开临时会事,举国企望,舆论一致,伦议长先本有会同副议长照章奏请召集之意,后因枢府反对甚力,某枢相持之尤力,盖系以军机大臣而兼管外务部者,诚恐此次临时会,攻击外交失败于己不利,故竭力阻挠。即枢府以外之人,亦深怕资政院开会又要捣乱,亦多居于反对之列,伦议长,自知势力不敌,遂不敢十分主张,日前伦议长曾对人言,如有多数议员要求我出奏请旨，我便碰一回看，枢臣中阻力之大，于此可见一斑。

兹闻日前在京之各议员，函请伦议长照章奏请召集临时会，今将其原函录下：

敬禀者，时局日迫，风云屡变，谘政院闭会终月余耳，而楚歌四面，其危险已至于斯，俄人之无理要求，外部含糊应允，已矣，固莫可如何矣，而修订中俄商约一事，实关系西北大局，稍形退让则屏藩尽失，况英法各国之相因而至，后患不堪设想耶，窃以为今日之事，竭数人之力以谋之，不如合合国之力以谋之，一则使国民悉外交之曲折，一则使外人知吾国之尚有民气，至于借款筑路，凡一切为异时抵御之计者，无不宜详细会议，以谋救危亡，我议长大人热心毅力素所钦佩。当此危急存存亡之秋，谅不至稍有避忌，如能按照院章第三十二条与副总裁协议奏请开临时会，此议员等之所旦夕祷祝者也。且去年某等所呈陈请说帖签名已过半数，照章亦可奏请，盖事件之紧急固未有紧急于此时者矣。议员等屡次受各省函电，责备良心未死，是以冒渎上陈，是否有当，统祈赐复，不胜悚惶待命之至此书发表后，庆邸反对尤力，恐万难召集云。

录自《民立报》，1911年3月21日

还说什么临时会

京函：资政院议员现在京者，计有六十二人，前次为俄约及片马交涉，上书伦贝子，请奏开临时会。伦以其不合院章，置之不答。后又赴伦宅求见，亦被拒。刻下各省局纷电该院，请开临时会，议员等又上第二次书，大旨谓据院章，虽不能提议外交事件，然如目前开垦防疫诸要政，有关系于外交者，似在提议之列。各省局纷电陈请，似不可置之不理，以启群疑，而涣民心。闻伦贝子阅后，无所可否，大约仍须借端以阻之也。

录自《神州日报》，1911年3月27日

（五）江苏、陕西、福建等省的继起

1. 江苏

议长之救亡电

江苏谘议局议长张季直殿撰电各省谘议局文云：天津、奉天、吉林、齐齐哈尔、太原、西安、兰州、迪化、济南、开封、安庆、南昌、武昌、成都、杭州、长沙、贵阳、广州、桂林、云南、福州谘议局议长鉴：拟联各议长电枢云：国事危迫，天下汹汹，缩千万语为两要言，哀吁钧处代奏，俄旧约万不可徇，东锡督万不可更，救亡大计乞先决定云云。如赞成速电复，或另有高见，并请同时径电。宁张謇叩。

录自《民立报》，1911年3月2日

勖哉！吾少年军国民！

苏垣盘门新桥巷公立中等工业学堂（系铁路学堂改称），前经省视学员查看各生科程，大为嘉许。兹悉该校学生以东北风云日紧一日，非人人勉为军国民，恐将来不足以自立。爰由该生等组织一团，于功课之外，请体操教习，另加钟点，练习兵式操法。经魏教习慨然允许，不再取薪，学生、教习之相得益彰，于此可见，而我苏军国民之发轫，其在斯乎！

录自《时报》，辛亥年二月十七日（1911年3月10日）

学生军之造胎

两江师范学生以外界风云日紧，非各个人具有尚武之精神，不足以图存。该堂监督李瑞清观察，以学生为四民之首，自应寓军事教育于各功课中兼，兼程并进，以树风声，现已实行每星期六打靶一次。有某某生等以枪枝走火，虽灼面皮而勇往之气，仍不稍减。闻全中者亦颇不尠。于是学界闻之，以师范生素以文弱著，今竟一跃而强乎健儿，是诚学界幸福，闻风兴起者颇不乏人。呜呼，欧风墨雨，惨淡神州，豆剖瓜分，喧腾报纸，吾学生军其可以兴矣。

录自《民立报》，1911年4月16日

2. 陕西

陕西谘议局致《民立报》转各报及留东诸君子电

《民立报》馆转各报及留东诸君子鉴：来电悉，敝局正月初三日[1]通告各省，非人自为兵无以救亡，拟借缉捕、巡警，实行就地练团，与留东诸君宗旨亦合。陕西谘议局印。

录自《民立报》，1911年3月6日，
此电亦见同日于《时报》，题为《西安公电》

3. 福建

上海福建学生会急电

《急电》初九夜九点十分[2]

福州《建言报》转各社会鉴：驻英、法两使电告政府，各国在法京密议实

1　1911年2月1日。
2　二月初九，应为辛亥年二月初九日，即1911年3月9日。

行瓜分，已划定范围，日割闽满，因美反对，以致发露。望速办民团，图死抗。

上海福建学生会电

录自《日本外务省档案》，MT16141，第450276页

四方八面之催命符

法京之瓜分会议。驻法公使将巴黎第四次会议瓜分报告政府，俄国分内外蒙古、新疆、甘肃、山西、直隶，日本分吉林、黑龙江、奉天、福建，德国分江苏之江北、安徽、山东，法国分广东、广西、云南、贵州，英国分江苏之江南、江西、浙江、湖南、（湖）北、四川、西藏，惟陕西、河南两省为中国主权，而美国仍守门罗主义，不欲恃强占据云。

录自《日本外务省档案》，MT16141-1，第450276页

《敬告乡里速办团练》第一号

呜呼！伯叔兄弟关门家里坐，灾祸天上来。大家晓得今日有一场大祸么？这祸非同小可，可是吾国今日将亡之祸也！吾闽将亡之祸也！吾伯叔兄弟身家（不）保之祸也！比之水灾、火灾、饥荒、瘟疫，其祸更烈百倍、千倍、万倍也！吾非病狂造此妄言！吾非好事造此危言！实有使吾不得不言在。

呜呼！伯叔兄弟请看英国。

英国自正月以来，占我云南片马地方。近日又派兵入西藏。云南总督、西藏大臣告急之书，尽日如雪片。

呜呼！伯叔兄弟请看法国。

法国因英国进兵之故，近日亦派重兵入云南，名为驻守铁路，实则相机行事。

呜呼！伯叔兄弟请看俄国。

俄国谋占东三省、蒙古、伊犁各处地方，去年十二月以来，因改订条约，百般强迫，在伊犁、蒙古两处日日增兵。我国从其胁迫，则我国亡；我若不从其胁迫，则必开战，我国亦亡矣。

呜呼！伯叔兄弟请看各处纷纷来电，电多不能尽录，录三条如下：

（缺）

《上海福建学生会电》：留东学生因俄迫满蒙，英占片马，全局堪危。特开大会，集资二万元设立救亡机关，立电本国，速图挽救，希广告。

《江宁电》：谘议局议长鉴：拟联合各议长电枢云：国事危迫，天下汹汹，缩千万语为两要言，哀恳钧处代奏。俄旧约万不可徇，东锡督万不可更，救亡大计，乞先决定云云。如赞成，速电复，或另有高见，并请同时逐电。宁张謇叩。

《留东学生电》：谘议局鉴：俄侵伊犁，英占片马，法强索滇矿，若稍退步，全国沦亡。政府无望，已集全力，捐现金两万余设立救亡机关，请贵局开临时会，组织国民军，以救灭亡。留东全体学生叩。

呜呼！伯叔兄弟，瓜分之祸，急在眉睫。英动矣！俄动矣！法动矣！试想日本□□□□□□，试想德国□□□□□□□，试想台湾□□□□□，其惨状如何？伯叔兄弟乎，国亡、身亡、家亡、财亡，其祸岂不百倍、千倍、万倍于水火、饥荒、瘟疫乎？呜呼！伯叔兄弟，外患一起，必有内忧。近来民穷财尽，匪党遍地。一旦有事，试问湖南之兵，新征之兵，都是可靠么？时至于此，势至于此，吾伯叔兄弟尚得天天为乐乎？语云：求人莫如求己。在今日欲求自保之策，莫如筹办乡团，乡乡有团，人人能兵，此团与彼团联，大团小团合出入相友，守望相助，用力不多，受益实大。呜呼！伯叔兄弟，试想今日除此一策，更有何策可以保存身家财产么？大祸已临门，休在鼓里睡。敬告吾乡里，速速来打算。

录自日本小野信尔教授手抄本（复印件）

《再告乡里速办团练》第二号

列位伯叔，列位兄弟：英占片马，法窥填矿，俄迫蒙古、伊犁，东西留学生、各省谘议局纷纷急电。列位看过在下第一次传单，谅都晓得明白了。列位看过京、沪各报，并福州新出之《建言报》，谅都晓得详尽，可以相信在下并无半点虚言了。在下日望列位速起打算，则身家财产或者可以保存。孰知旬日以来，外间警告更见紧急，外省人士都有举动，目下福州商务总会、南台镇董事会及各学堂、社会均已纷纷筹备，或办商团，或议乡团，或设体育会，或添加兵式体操，名目不一，而用意则同。独不见外府州县对此内忧外患有如何举动，为自己身家财产筹一保存之策，实在可怪得很！在下为自己身家财产计，并为列位身家财产计，不敢缄默，再为吾乡里伯叔兄弟告之。

列位伯叔，列位兄弟，请看近日之英国。

英国自占片马以来，陆续进兵，势将北进，扼川藏咽喉，迫长江流域。初八日添兵五千，越登埂，直逼腾越。十二日，又进兵四千，占据尼泊尔。政府连得警信，旁皇无措，有泣下不能仰面者。

列位伯叔，列位兄弟，请看近日之俄国。

俄国因与我国改订条约，百般要挟。在东俄兵已两镇，近有炮舰四艘侵入松花江。初五日运兵五千，直入恰克图。初七日又有俄兵数万侵入库伦。初八日又有俄兵占据伊犁之传说。虽经我国一再诘问，而俄国政府则谓中国若不允所请，将自由行动。

列位伯叔，列位兄弟，请看今日之日本。

日本自各国纷纷起事，该国上下莫不以我之东三省为其目的地。前得详细报告，日本驻东之兵有中国全国四倍之多，并在蒙古一带布设无线，暗传消息。日内阁将续调两师团赴东驻扎云。

列位伯叔，列位兄弟，请再看近日国内外种种急电。

驻德公使梁诚电告政府云：各国协议，法拟进兵云南，英拟进兵西藏，俄亦迫进西北边省，请速筹防备之策。

伊犁将军广福电告政府，伊犁已深陷，战守无术，恐有大变，速将交涉了结。

云南公电各报及留东全体学友云：来电已悉，组织军备，以救危亡，诚属卓见，已由谘议局建议拨款倡办团练，以救眉急。

西安谘议局致福建谘议局电云：按滇电，英据片马，日俄又侵东省，非人自为兵无以救亡。拟联合各省，借名缉捕巡警，实行就地办团练。初九日电院，奏请开办。

福建谘议局致天津谘议局电云：事迫，联合会非提前不可。

福建谘议局致军机处电云：国事危急，人人有旦夕沦亡之惧。外交受逼，当以国中民气为后盾，恳即代奏，召集资政院临时会，使国人忠愤得以表见，或可少戢外侮，再图补救。

以上不过略录一二。更有种种警闻，京沪各报及福州新出之《建言报》，登载详尽，实已录不胜录了。列位伯叔，列位兄弟，试想财亡身亡，家亡国亡，此场惨祸，近在旦夕。果可以苟免的么？俗语说得好，一不做二不休，死马当作活马医。吾九府二州之人民，甘为亡国奴，身家财产愿与俱亡则亦已矣，如其不然，速速筹办团练。一团倡而诸团应，一乡起而诸乡继，由一乡而一县，由一县而一府，由一府而一省，办法齐一，响应灵捷。无事可为乡里之保障，有事可为军队之继援。救亡大计，莫此为急。

列位伯叔，列位兄弟，时乎！时乎！不再来！急起直追，天下事或尚可为也。谨布血诚，伏维公鉴。

录自日本小野信尔教授惠赠之手抄本（复印件）

看看看看，如有不发大奋者，必非中国人

驻英、法西使电告政府，各国在法京巴黎大开秘密会议，商定瓜分中国之割据范围。俄国分蒙古、新疆、甘肃、伊犁、山西、直隶，日本分奉天、吉林、黑龙江、福建，德国分安徽江北、山东，法国分广东、广西、云南、贵州，英国分江西、浙江、江苏、湖南、湖北、四川、西藏，留陕西、河南两省安置一小朝廷，美政府出而反对，事因露发，政府中人接此电，向而哭，连夜密议未决。

选自《日本外务省档案》，MT16141，第450324页

论说《呜呼福建》

月之初十日，得旅沪福建学生会急电，报告各国实行瓜分，日割闽、满事。记者不禁碎肝裂肠。大声疾呼曰：呜呼伤哉！福建之亡也，是不可救矣。又不禁冲发切齿，痛恨忿骂曰：呜呼宜哉，福建之亡也，是不必救矣。最终则作一臆想，以自解自奋，曰：福建之亡不亡，皆在我福建人之所欲。福建人而不欲亡福建也，则此八府二州五十八县之土地，数十万之人民，断不至寂然无声，各挟其身家财产以授与于日本人之手。岂今日之亡福建者，仅系于外国人之数言与蒙聩政府之一诺哉。

何以言之，日人之处心积虑于我福建，盖非一朝一夕之故也。甲午之役，用无数政策，殚无数兵力以与我为难，其既也斤片然得一台湾而止。夫台湾福建之门户也，台湾一失，日人不啻扼我之吭，搏我之喉，不动则已，一旦攘臂，则坐以待毙。其所以不即出此以苟全我八府二州五十八县之奄奄运命者，非亲我爱我，意有在也。今则乘西北之风云，肆其咆哮之野性，师团兼进，南满

之愿酬矣，划定范围瓜分之议决矣。陇虽得而蜀不忘，试问十年以来，在其彀中之福建，至此其犹有幸乎？呜呼！政府不足道矣。自甲午丧师以后，各国垂涎之土地，早已甘心委之，不然，福建全省不得让与他国之约，当时政府对于我福建之人民，果何心耶？福建官吏，更不足道矣。西北风云，百端变幻，其影响于我福建者，不自今日。而官吏则酣歌醉舞，高枕无忧。其对于我福建之死生存亡，又何心耶？我闽人及今不图，以自振拔于陷溺之中，欲不委弃祖宗之坟墓，糜烂子弟之血肉，果可得欤？

虽然，福建之亡，固有在人意计之中者，吾又何怪焉！辅车相依，唇亡齿寒，此至明之理，必然之势。我福建人亦知之否乎？边事日急，警报交驰，救亡救亡之声不绝于耳，福建人则漠若罔闻也。夫岂真生无人心而不知亡之为可哀，可耻也哉！盖事未至，则偷一日之安，得过且过一言，中国人之口头禅，我福建尤以为秘诀者也。闻尝採之街谈巷议，或曰：吾得京函，英俄交涉，政府力主和平了结，此担保滇、蒙不亡之说也。或曰：吾阅报纸，列强之眈眈逐逐，皆注意西北而不一及东南。此担保滇、蒙虽亡，福建终未即亡之说也。即以瓜分之事质之，彼则谓此十年以前之迂论，果有此举，福建何以尚有今日哉？呜呼，人人心此心，是何异厝火积薪之下，而不自知其祸之所从来也？

然则福建遂从此亡乎？困兽犹斗，何况于人？吾深责我福建人者，在乎事未至而苟安，今日之事竟如何乎？谁无井里坟墓？谁无父母妻子？谁无身命财产？必谓其皆甘心忍气，若预料有此一日，而欢笑以授之日人，亦未免过为深文也。且既为亡国之民，即甘心忍气，以求为苟全之奴隶、牛马尚不可得，不闻安南、印度结婚之重税乎哉！或数十元，或数百元，其所以为此者，便亡国之民困于惨酷之下，而自绝其生殖，盖灭国继以灭种之新法也。福建亡，福建之人何以免？此为今之计，惟有速办民团，举我福建数十万男女之贞魂毅魄，为将来背城借一之戈铤。其济，则我祖宗黄帝之灵也；其不济，则中国历史上之光荣，或自我福建始。故曰福建之存亡，亦在乎我福建人之所欲耳。

呜呼福建！呜呼福建！生之日乎？死之年乎？我愿我同胞以死抗日人，不愿我同胞以生送福建。

录自《日本外务省档案》，MT16141，第450273－450375页

再告我福建同胞

呜呼！法国巴黎会议之结果，日割闽、满一事，为我福建二千五百万同胞断送头颅之始期。记者于前报不惜焦唇敝舌，洒盈掬之泪泪，咽满腔之血，哀鸣泣吁于我同胞，而听者寂然无声也，而视者眇若无形也。而持最消极、最卑下之思想者，且欲箝众口结众舌，以姑息为保全，以因循为持重也。呜呼！是以记者为无病之呻吟乎？患狂之呓语乎？不然，何斧锯交逼而不觉其痛，蚁虫麕集而不觉其痒。不痛不痒，则糜烂极矣，死亡至矣。福建之祸，其犹有幸乎？呜呼哀哉！！

近之论福建者，同福建之存亡，视乎中国之全局，美之反对瓜分，即保护我全局也。全局不危，谓福建危乎？恶！是何言也。夫群雄角逐，狼奔虎瞰，一美国其如彼何哉！美国反对以公理言，各国瓜分以强权言。弱肉强食时代，斤斤然谈道德持交际，又如彼何哉！其所以发露而中阻者，盖别有故。以记者所闻，此次各国瓜分，与庚子一役方针顿异。扬子江流域为各国所集矢，福建则法国与日本争持不下。由是说也，则瓜分之事，非美国反对所能为力也明甚。其可恃之而无恐乎？且美国之果为真实反对与否，尚不可得而知。万一各国测其心理之所在，而饵之以利益均沾，则美国将如何？中国之结果将如何？福建运命与中国为存亡者又将如何耶？

然则今日之不可玩视危局，固非记者一人之激论也。而比比者晏然

若此，吾又何望焉？

夫福建一隅，在日本势力范围之内，而为其任意取携之目的物，自庚子以来久为各国所明认矣。法国何心，今亦实逼处此，以与彼争此土也，窃以为其中自有道焉。马江一役，中国以儿戏之军，勉抗强敌，大声一呼，只轮不返，法人之于福建，盖尝欲得而甘心之。至台湾割而日本之约成，福建全省不准让与他国一语，质言之，日本不啻繋法人之手足，彼法人固弗愿也。今则趁机而起矣。呜呼福建！何辜竟为此两雄之鹿，不死于此则死于彼，求生得乎？

夫福建者，虽中国之福建，实我全省二千五百万同胞之福建也。无论如何，以福建之人与福建同终始，是亦稍有心肝者之天职焉，又何疑哉？

乃记者旬日以来，穿其眼，裂其眦以观，我福建同胞对于警报之喧传，无不讳疾忌医，相戒毋语，酣歌如故，醉饱如故，蝇营狗苟如故，粉饰太平如故。农相安于野，商相安于市，兵相安于营，士相安于学，熟视若无睹，倾耳若无闻。呜呼！天下最伤心惨目之事，孰有过于丧身灭种者乎？孰有过于丧身灭种，临危而不知救，临死而不知痛者乎？记者于此，返观安南、高丽、台湾之惨状，不禁欲哭无泪，欲吼无声。今日我福建同胞，其将整理其财产，拘挛其身体，俯首而授于外人之手欤？抑将一醒其顽梦，共起而图万死一生之政策欤？是安得不及早筹思，以免张皇于刀锯斧钺之下哉？

录自《日本外务省档案》，MT16141，第450374页

论说：论日本图闽之原因、证据及其方略

迩者，满事、新事、蒙事、藏事、滇事，波起云谲，雨骤风狂。吾闽人固亦熟闻之矣。试问有为动于中者乎？即或动矣，亦不过茶余酒半，作

为谈助，其根本之观念，固以为南北远隔，未必即相及也。庸讵知沉酣坚卧之中，而人方磨刀于巴黎之肆矣。从容观望之中，而维桑与梓，已划于他人之份下矣。今者幸因美国反对，吾人始得闻之。虽然日本之图闽，岂仅今日也哉，特吾人长醉不愿醒耳。请言其原因、证据及方略。

（甲）原因

日本之侵闽，自有明末叶已起。方其时，日本屡扰沿海一带，闽中受害最深，世称倭祸是也。间尝游于滨海之处，丛塚离离，使人心恻者，则倭祸后之劫灰也。城堡遗迹，宛然可认者，则倭祸时之防御也。其余岁时之习俗，多为当时之纪念，乡中父老，尚历历能言之。然此犹往事也。至于近因，则基于台湾之关系。台湾孤悬海中，而与闽相犄角，闽无台则势不雄，台无闽则形亦弱。中国割台湾之时，即为亡福建之机。福建之系于台湾既巨，而系于中国南部亦不少。盖光泽毗接，赣州可以出而窥长江之中流浦城，交通衢处，可以据浙江之巅顶。汀漳龙泉，既足掺广东之右臂。福宁一属，亦为分温州之门户。吾国以北京为主点，故其视福建甚轻微，日本南方之政策，以台湾为基础，故其视福建甚重要。据满洲以侵略西北，据台闽以觊觎东南，南北包并，全中国如在掌中矣，此所以福建不能免祸也。

（乙）证据

图闽之证据有三。

一为戊戌之条约。戊戌之春，日本与我政府订立条约，曰福建不得让与他人。夫福建，中国人之领土也，岂得让与他人？日本之要为此约，是明示福建必当割让与日本矣。且此等行为，即所谓势力范围者也。在国际上之解释，系侵占无主土地之意味，是条约成立之日，日本已视吾闽为无主之物，而惟其所欲为矣。

二为日本报纸之披露。各国有所举动，多以报纸为前马，既以觇他人之意向，亦以便内部之计划。丁未之秋，日法方议协约，日本某报有载，日法协约发表后数月，法当得广西，日本当得福建，经《神州日报》转载，虽不久旋寂然，日人之肺肝固如见也。

三为博览会之表示。博览会者，万国耳目之所聚也。日本于陈列之时，将福建产物及一切供览之品，悉置于台湾馆中，经留学生不平，与之力争累次，始为分置。不知而为耶？日人固无如是之昏昏，且亦无须累次之抗争。知而故为耶？则日人之意又可知之矣。其余如割闽换辽之风传，及日本个人之言论，与第三国之批评，尚有种种。虽未尽足据，要岂无因。此福建危亡所以日逼也。

论日本图闽之原因证据及其方略（续）

（丙）方略

日本图闽之方略，约为四种。

一为同化。凡一国吸并他国或他国之一部，同化之作用最为重要，不特关于既并之后，亦适用于将并之前。盖同化之后，畏恶之意见渐消，而反抗之势力自杀，同化程度大者有大效，小者亦有小效。日本于吾闽同化之法，有而曰教育，曰渐染。日本甲午之后，广招吾国人留学，即藉以灌输文化，使与彼为同一之趋向。直接言之，关于全国。间接言之，即及于吾闽。又昔闽中武备师范、高等中学及警察学堂，皆有日人为教习，而旅闽日人，更在各处设立学堂，教授日语等。如东亚、东瀛各学校。盖既依留学之转饷以开其先，更依来教之直输以广其势，此籍教育以谋通化也。甲午以后，日人来闽颇多，或教育，或工，或商，或传教，或小卖，或游历，或无所事事。及台湾日籍之人等随地参处，处则稔，稔则习，习则不疑，而彼之政化习惯，得以暗中输渡。虽仅少许，然潜力已大矣，此又借渐染以谋同化也。

二为联络。联络者，所以助同化之不及也。旅闽上等日人与吾商、吾绅多结欢，兵舰来闽游历，亦与在地绅商力求款洽。其在闽充当教习之人，对于学生，情谊特隆。至于闽人在日留学，尤所欢迎。某年各校试验，闽人冠军者竟占数名。经当时某报评论，以为有意其间，此其联络之情形也。

三为调查之灵备。闽省形势及行军地理，闽人有不及知者，而日人无弗知。且由前武备某总教习测绘详图，寄回政府，尝为武备学生所窃见。至游历内地之辈，时常不绝。而某种报纸，又为其政府之机关报，山川情形，既已一览无遗，政俗变动，又有随时报告。其视闽也，盖有过于闽人之自视矣。

四为实力之膨胀。日本在闽之工商业蒸蒸日上，银行为经济机关。于大清银行未发现之前，早有台湾银行之出现。轮船为交通机关。闽省尚无航业，而日本之汽笛呜呜者遍于闽江。自寻常言之，特为经济上之竞争，与政治的之行动似无关系，而由其图闽之原因、证据观之，又为侵略之前驱。实力展拓一分，即国力侵入一分矣，此福建所以有今日也。

从以上观之，日之图闽，日复一日，岁复一岁。条目列备，功效显著。使闽人早知警觉，力求自强，结健固坚强之体，树猛虎在山之威，何至有今日之密议？乃日复一日，年复一年，官吏则粉饰太平，畏言祸患，缙绅先生则优游卒岁，坐老山林。旧学之儒，既昧于大计；新学之士，半恤其私图。党派烈于水火，意气重于丘山。商贾于经营之外，但愿子孙工农于作息之余相安浑噩，是不啻坐听人之割剥也。又何怪人之来哉。

（完）

录自《日本外务省档案》，MT16141，第50374－150375页

厦门排外思想相关之件

公第80号

明治四十四年5月1日，受第12059号

驻厦门领事代理领事官补 矢野正雄

外务大臣侯爵小村寿太郎大人

之前，俄清条约谈判困难之际，另一方面又有英国军队侵入云南的消息，因此当地有了俄清可能发生战争、英国或许要挑起战端等种种传言。其中广东将军代理被暗杀，更使人心动摇。4月17日，号称从东京归来的留学生柳邦俊（也叫柳忠烈），在厦门镇自治公所召开了演讲会，旁听者有自治会员及学生等二三百人。上述柳邦俊的演讲主旨是当前国事危急，在东京的清国学生决议组织国民军，派遣各省学生代表五十余人回国，确定区域分担，在各府县演讲，宣传组织国民军。谘议局议员黄廷元对此表示赞成，并进行了演讲，与会者也表示赞成。其会名，有说称为国民军或义勇军的，最后决定称为体育会。举人黄某、王某及教员杨某、苏某四人被推举为会则起草委员，之后散会。然而两三天后，有如下主旨的印刷物在市内散布，其大概内容是：

一、如今根据福州来电，我父祖以来的乐土，将要被他人瓜分，人将成为奴隶，凄惨无比，暗无天日。如今之时，唯有伸张各自民气，先声夺人，尽快联合义勇，谋图进步，不要吝啬财产，以乡兵自固。……其原电如下。

一、初九日、初十日（清历三月）北京特电称：摄政王收到驻英、法本国公使的急电，称各国正在商议瓜分中国的政策。临朝叹泣，准备召集督抚开会，向瑞澂、李经羲、程德全、张鸣岐等人发电报，命其进京。

据闻，提议瓜分清国的主谋是东方某国与欧洲某某两同盟国。又据驻英、法我公使给政府的电报，各国在巴黎召开秘密会议，商定瓜分清国的割据范围，决定俄国取蒙古、新疆、伊犁、甘肃、山西、直隶，日本取吉林、奉天、黑龙江及福建，德国取安徽、江北、山东，法国取两广、云贵，英国取江西、浙江、江苏、湖南、湖北、四川、西藏，留陕西、河南两省安置一小朝廷，但因美国政府反对，遂将此事暴露。清廷接此报告，相向而泣，连夜密议未决。

一、瓜分风潮，如雷贯耳。据昨日电报，闻列强在巴黎讨论实施分割，制定部署。呜呼痛哉，我五千年来神明华胄如今将要断绝，我同胞为挽回我国垂亡之局，应组织民团，因此，决定召集同志，于23日7时半（清历）在英华学堂召开演讲会，讨论抵御之策。

英华学堂同志公启

以上文章，颇为悲壮、慷慨，激动人心。其演讲也需十分注意，于是秘密派人前往会场旁听。与会者主要是学生，合计有两三百人。演讲人该学堂毕业生谢文田及林重馥登台发言，收到瓜分清国相关电报，如果这些电报所言非虚，紧要之事就是养成尚武精神，辅佐政府防备外患，还要印刷大量□□□，在普通民众之间散发，以提振民气。另外瓜分流言盛行，排外思想丛生，要注意不要危害外国人。其所说意外温和。

尔后数日间，有关瓜分清国的流言盛行，各种印刷物、手抄物在市井间散布、张贴。其中清国已经像台湾、朝鲜、安南、印度一般，福建将被日本割取，实为危急存亡之秋，今后要排斥日货，驱逐日本货物，赶走日本商人、银行，并应召开演讲会鼓动人心，组织义勇队，整备军装，只是尚未开战，决不能杀害一名外国人，如此这般的言论，在偏远之地都能听到。以上手写传单只有数枚张贴，尚未发现其他（传单）。

以上种种流言盛行之际，4月24日英国水雷驱逐舰五艘，舳舻相接入港，如今又有战争将起的传言，人心动摇。驻厦门领事团认为有必要将不稳言辞列出，做成呈文，警告清国官宪。同月25日，在作为首席领事的英国领事馆召开领事会议，决定由英国领事代表领事团向闽浙总督发出照会，其大意是"如今有瓜分清国的谣言，因此人心动摇，或恐生异变，请求命令所属地方官员，禁止无名告示或印刷物散发，阻止假装激昂的演讲，处分其主谋者，以安定人心"。

之后在前天29日，闽浙总督发给厦门道台许的电报到达，其大概内容是"根据北京外务部的电报，近来报纸等纷纷刊登我驻英、法两国公使电告政府，各国在巴黎召开瓜分清国的会议。各地因此召开相关演讲会，散布印刷物。本部从未收到这样的电报，在巴黎也绝没有这样的会议。总之这是匪徒制造的谣言，企图以此煽惑、扰乱人心。因此，应立即让各报纸刊登此意，另一方面搜捕捏造流言者并严罚，并禁止这样的演讲会，特此训令如上"。次日的报纸上也刊登了（这样的报道），据说同日在厦门自治公所召开的体育会的发会式上，也被道台禁止演讲。在此之前，散发了以厦门自治公所、教育会、商务总会的名义（起草的）如附纸复写的体育会设立宗旨书及规则案。前天29日，同党者谋求来会，同日上述诸会员及学生约两三百人来会，但演讲被道台禁止，仅进行了会长及役员的选举。会长方面，黄廷元得票最多，除此以外，没有议决任何事项，之后散会。此外，最近两三天，印刷物的张贴、散发也停止了，瓜分清国的传言也逐渐平息。

以上列记各事项，加上下官所见，可知当地流传的瓜分清国的传言，最初由在上海的福建学生会发电报传来，需要注意的是其中暗示瓜分清国的主谋是日本，而美国揭露、反对此事。此外，最早在当地进行组织国民军的演讲的柳忠烈是原厦门寻源中学的毕业生，曾在日本旅行数月，最近归来，其演讲不过是以□□乡里为名。其他演讲者及论文的散布者实际上是误信了瓜分清国的传言。另外也有好事者故意为之。一般人民基于最近的报纸及官宪的注意，逐渐消除了误解。另外厦门自治公所、教育会、商务总会三个团体在当地是最为有力者加入的组织，其发起的体育会，虽然是以□令形式成立的，但实际上十有八九不会是一个永久性组织，特别是其会则案第七条"应向地方官宪禀请借用兵器"一节，可以认为是它并没有得到官宪的许可。

如上所述，在当地，排外运动并没有什么实际影响，人心也没有大的动摇。

但最近又有广东暴动的消息传来，今后或许难免会有一些动摇。本来还应该在对□□十分注意的基础上做更加详细的报告，但由于时间关系，暂且如此上报。

敬上

本信抄送驻清公使、第三舰队司令官、台湾总督府

录自小野信尔教授赠《日本外务省档案》（复印件）

再告乡里速办团练

……孰知旬日以来，外间警告更见紧急，外省人士都有举动，目下福州商务总会南台镇董事会及各学堂社会均已纷纷筹备，或办商团，或议乡团，或设体育会，或添加兵式体操，名目不一，而用意则同。独不见外府州县对此内忧外患又如何举动，为自己身家财产筹一保存之策，实在可怪得很！在下为自己身家财产计，并为列位身家财产计，不敢缄默，再为吾乡里伯叔兄弟告之。

列位伯叔，列位兄弟，请看今日之日本。

日本自各国纷纷起事，该国上下莫不以我之东三省为其目的地。前得详细报告，日本驻东之兵，有中国全国四倍之多，并在蒙古一带布设无线，暗传消息，日内阁将续调两师团赴东驻扎云。

福建谘议局致天津谘议局电云：事迫，联合会非提前不可。

福建谘议局致军机处电云：国事危急，人人有旦夕沦亡之惧。外交受逼，当以国中民气为后盾，恳即代奏，召集资政院临时会，使国人忠愤得以表见，或可少戢外侮，再图补救。

以上不过略录一二，更有种种，警同京沪各报及福州新出之《建言报》，登载详尽，实已录不胜录了。列位伯叔，列位兄弟，试想财亡身亡，家亡国亡，此场惨祸，近在旦夕。果可以苟免的么？俗语说得好，一不做，二不休，死马当作活马医。吾九府二州之人民，甘为亡国奴，身家财产愿与俱亡则亦已矣，如其不然，速速筹办团练，一团倡而诸团应，一乡起而诸乡继，由一乡而一

县，由一县而一府，由一府而一省，办法齐一，响应云捷。无事可为乡里之保障，有事可为军队之继援。救亡大计，莫此为急。

列位伯叔，列位兄弟，时乎时乎不再来，急起直追，天下事或尚可为也。谨布血诚，伏维公鉴。

有关时局的福州民间运动情形报告之件

明治四十四年3月31日，机密第8号
驻福州领事高洲太助
外务大臣伯爵小村寿太郎大人

3月13日，当地部分乡绅似乎在城内召开了一个有关时局的会议，紧接着在街上散发了如附纸第一号的印刷物（传单），其主要内容是"英国入侵片马，法国以保护铁路之名，派重兵侵入云南，俄国强入满洲、蒙古、伊犁方面。瓜分之祸，迫在眉睫。此外，日本、德国也不甘落后，外患既起，必有内忧。湖南之兵，新征之军不足恃，应速办乡团以自卫"。这个传单都贴到了英国人办的学校里，英国领事不久前向福州当局提出了抗议，作为先任领事的美国领事就该事访问了各国领事馆，商议领事团的应对之策。各国领事一致认为，现在局势没什么动摇，单就传单的散发来说，没必要去麻烦领事团。然而，市内还是有种种谣言，四野乡间也有声称，要准备刀枪武器、旗布等迫害日本人的。最无稽的是从台湾归任，途经当地的濑川广东总领事、船津香港领事，在下官的陪同下访问了包括将军、总督在内的各官员，听说紧接着就有人附会练习舰津轻到港一事，有人说来访的两位领事，身负同总督谈判的重任，还说有军舰是来侦查福州情况的。还有人称还有战舰六艘集中在外海。更有甚者，称津轻舰上的清国学生是听命于日本的，连服装都换了。下官为慎重期间，立即安排查探以下各方面实情：

一、市内金融有无异变

二、在留台湾人有无动摇、恐慌

三、城外村落的情形

四、住在福州的广东人的动静

五、闽江中船只的情况

……（省略）

下官还收到消息，对于英国领事的照会，福建官员回应称，将严禁传单的散布，并严惩始作俑者，领事团决定不再对此事采取进一步措施。另外关于乡团训练相关活动情况，还需要注意的是《再告乡里速办团练》的传单（附纸第二号）一经发布，便向各方面快速传播，另外，面向该地市内的店铺，有如附纸第三号的传阅件，向各店铺散发。听说3月28日下午1点召开会长及会董的投票选举后，当天派人去打探实情，回报称，当天只有投票者三三五五地前来，除此之外并没有什么集议，起草了大概如附纸第四号的规约，准备召开总会讨论。而开办费方面，有消息称，预计捐款在五元六元上下，总计捐款一千元左右，以此来算，可以筹集开办费四千元，充作租赁房屋、购买家具之用。日常经费的话，按四千元来算，可以支撑一年。各商户出壮丁一名，进行体育兵式训练。经费年额只不过能够支付办事人员的工资以及其他杂费。这虽然是会长、会董拟定的，但和从前一样，就算是商务公会会员中的佼佼者也没法接受，称这不过是想把捐款中饱私囊。

商务公会方面的意思是，万一有事，土匪蜂起的话，就各自自卫，而多数店主不认可在当下无事的情况下，支出训练乡团的费用。募集捐款的人因此正在尽力活动，果真如此的话，应该是没什么危险的。福建人多少受到上海方面以及日本留学生等疯狂活动的余波的影响，即便做出如此举动，因为福州人历来就是清国人中最为轻薄之属，到底会发生什么也不能确定。下官为打消谣言，特意频繁与城内官宪往来，以求像往常一样窥知他们可能的态度。本月中，屡屡在城内乘轿飞奔，或组织宴会，邀请大小官员来馆。此外又碰到驻上海加藤中佐偶然来港，在本月29日，历访将军、总督等各位官员，在与总督谈话之余，提及之前的谣言。下官警告，本来谣言这种东西，往往荒唐无稽，但在听到在当地有这样的谣言，还是颇为遗憾。哪怕只有一名日本人受到损害，这样的事只要发生，其责任就都在总督与本领事，因此这时候要特别注意。此外，为表示总督与下官之间的亲密，同时为打消愚民的谣言，当场定下日期，邀请总督等官员今日正午来馆欢谈半日，各位官员感谢下官的好意并接受了邀请。今天，将军、总督特意增加前后仪仗，排成数列，吹奏洋号前来，下官趁此机会酬谢了他们欢迎津轻舰的好意。

此外，关于当地教育界，即归国留学生等，以及学校学生激昂于时局，被认为有排日倾向这个问题。下官在当地的感觉，与传闻不同。当地师范学堂新聘用当地卫生会医右田力太郎的的合同，在今天签署。期满归国的工艺传习所教员原田谨次郎，则被数十名学生徒步列队，打日清两国国旗，从城内送到闽江江岸，原田教习带领（他们）来馆，向下官表示敬意。另外，当地在留本国医生三人在留学生等的介绍、周旋下，业务日见繁忙。从这些情况来看，并不能发现学界的对日感情有什么特别不好的地方。

从上述现状来看，是没有什么危险的。不过是亦步亦趋，就清国的对外关系发表高调的议论，在各地形形色色的情感下，看到种种异常情况也是难免的。在福建省方面，特意盯着这样的异常情况而采取临时措施的话，对帝国的利益与信用而言，就显得有些大惊小怪（轻举妄动、风声鹤唳）了，下官认为其不可取。特将上述实情的概要报告并记录下来。

敬上。

第三号

逕启者，本会援照上海南北市华商商团公会办法，筹办福州商团公会，俾商界中人，于无事时咸知讲求体育，裨益卫生，有事时亦能互相保护，合于古者守望相助之义。当于本月二十二日开会集商办法，公议开办费、经常费两项由□协理及议董、会员、会友之商号先行担认（开办费只捐一次，每号四元以上，经常费每号按年四元以上）。至入会操员，由各商号遴派合格之人充选，业经全体赞成。惟会长及会董各人急应先行选定，兹定于本月廿八日下午一时在本会公同投票选举，凡我会内热诚诸君届时务准到，并希选定操员开列名单送会，幸勿参差为荷。耑此顺请义安

福州商务总会□帮
宝号　住君

福州商团规则

第一章　总则

第一条 本会以保商、强种、健身为宗旨。本会命名为福州商团，本会所设□□地方，操场设□□地方。

第二条 本会先由福州商会各商号组织团员，筹措经费。

第三条 本会以中国男子二十岁以上，身体健康，确无嗜好者为及格。

第二章　组织

第四条 本会以左记人员组织之。

一　会长一名

一　副会长二名

一　会董四名

一驻办者一名

一会计员一名

一教练员二名

一书记一名

第五条 本会会长、副会长、会董由商务公会会员投票选定，会计员、书记由会董议定，经会长认可后选之。驻办者、教练员亦由会董议定，经会长认可后延聘之。

第六条 本会团卒由现在商会之各商号，每号举出一人，入会操练。

第七条 本会团卒不限多寡，每以八十名至一百名为一队，每队队长二人率之。

第三章　职务

第八条 会长统理本会一切事务，并□会员、团卒进退及其他一切事宜。

第九条 副会长助理会长，协办本会一切事宜。

第十条 会董掌理本会会议事务，驻办者驻在本会办理会内什务。

第十一条 会计员掌理本会会计事务。

第十二条 教练员教练团卒操练事务。

第十三条 书记掌理钞写、文书事务。

第四章　训练

第十四条 本会训练事宜如左：

（一）

甲　演说

乙　步兵操典

丙　兵学

(二)

甲　射击法

乙　野战法

丙　防御法

(三)

甲　持枪教练

乙　成排教练

丙　成队教练

第十五条　本会每月以二、四、六、八等日为操练日期，每期以一时或二时为限。

第五章　考验

第十六条　本会操练员限六个月毕业，考验前章各项，就其成绩分为二种（优者由会长禀请劝业道，由督宪给与奖励，以奋精神）。

一优者　给与毕业证书

一苟者　给与修业证书

第六章　规约

第十七条　本会人员委宜听会长之指挥，办理事务，不得怠惰退后。

第十八条　本会除驻办员、教练员外悉为名誉职员，决不给与薪金。

第十九条　本会操练员每月于二、四、六、八等日必到操场操练，不得迟至二十分钟，又不得早退二十分钟。

第廿条　操练员遇有不得已要事或疾病等情，宜向会长及教练告假。

第廿一条　如犯上项□□条，处以□元以上□元以下罚金。如犯□条，处以□元（以上）□元以下罚金。

第七章 经费

第廿二条 本会经费，暂时由商务公会内之各商号，每号捐抽开办费四元、经常费每（年）四元。

第廿三条 本会收入如次：

一开办捐（特别捐）

一经常捐

一罚金

第八章 余则

关于他日经费支绌□如何等事机密第8号

闽人对外之风云

明治四十四年3月31日
驻福州领事高洲太助
外务大臣伯爵小村寿太郎大人

谘议局：接各省谘议局及留东学生电后，越一星期尚无动静，近数日已连日开会，驰电天津、江宁、武昌、河南各谘议局，其所主张，一为联合会提前商议救亡方法，一为公请江宁谘议局议长张謇晋京，力争俄约。复于十七日发出传单，由议长及常驻员署名单云：旬日以来，本省谘议局与各省谘议局往返电商，国事危急，同电枢府，速定救亡大计。业由江苏主稿电京，复接东京留学生来电，主张组织国民军以救灭亡。凡我国人，当此国家存灭危机一发之援，恳罄其衷，赐教为幸！

商界：商业研究所原有体育会，商家多忙，平时不甚留心。兹以商界中之热心人复出提倡，拟先有整顿体育会着手，可组织商团。近日商务总会得各商会电已经提议，协理陈君，亦已承诺矣，惟银根吃紧，商业上大受影响云。

学界：英华书院学生近已议改为兵式体操，日内即可实行。其他之学堂，中等以上向皆兵式体操，但未用药弹打靶耳。近日对于兹事，亦未有商议办法云。

官场：闽督及将军各司道连日各有所议，但甚秘密，无从知悉。据官场中人云：督宪这几日寝食不安云云。十二日起，闽电报局对于国民所发之电报，有关于兹事者一概截止。十七日驻福州英国领事函致交涉司，并附路上揭来之粘贴，内叙英占片马，法托名保护滇矿，添派重兵。俄在东三省要求约款，增兵驻扎，时局堪危，布告同胞，创办团练，以资捍卫云云。经英领请为查办，由交涉司专函巡警宪，请其揭除，毋任煽惑云云。呜呼！危机已迫，尚不许我民言之。交涉司乎？巡警道乎？试向参之肉有几何哉！

闽人报国之风云

议员：福建谘议局议员近复得直隶、山西、江西各省来电，约同电枢府与资政院。闽议局乃于二十日呈电军机处及资政院，恳奏请召集资政院临时会，以众论为外交后盾云云，但未知外强畏此空言否？噫！

商会：二月廿二日商务总会开特别大会，协议商团办法，现已议决，大要有二：（一）筹款。每一商号月出四元以上之经费。（二）团员。每一商号至少须出一员，如其不能，则当纳五十元以下二十元以上之特别捐。定于二月二十八日通过章程，以期从速实行。

自治：南台镇董事会于二月二十一日开特别大会，邀集镇内各公益社之所在地分为体操会，就各公益社之所在地，分为第一、第二、第三、第四等部。其经费由董事会筹垫，并定三月初一日实行。

又函：闽县城镇乡自治联合会于二月廿六日开特别会，提议组织国民军之办法。经会员再三讨论，遂决在市者商家为多，则组织商团，近城镇者人多文弱，则组织体操会，在乡者业农者多，则组织农团。因地制宜，不得不区分名目，而其目的皆为国民军之基础。拟三月初一日在大妙山越王庙再议办法。

闽县辖桥北各公益社已组织体操会桥南某公益社曾发传单两次，劝告乡里练民团，表面上甚为热心，然该社之人一方颁布传单，一方招花侑酒，故外间盛传桥北重实际，桥南尚虚文云。

录自《民立报》，1911年3月31日

福州商务总会公启

径启者，本会援照上海南北市华商商团公会办法，筹办福州商团公会，俾商界中人，于无事时咸知讲求体育裨益卫生，有事时亦能互相保护，合于古者守望相助之义。当于本月二十二日开会集商办法，公议开办费、经常费两项由□协理及议董、会员、会友之商号先行担认（开办费只捐一次，每号四元以上，经常费每号按年四元以上），至入会操员，由各商号遴派合格之人充选，业经全体赞成，惟会长及会董各人急应先行选定，兹定于本月廿八日下午一时在本会公同投票选举，凡我会内热诚诸君届时务准到，并希选定操员开列名单送会，幸勿参差为荷，耑此顺请义安！

福州商务总会□帮
宝号　住君

报告有关时局，福州市面上的谣言及其情报之件

明治四十四年4月18日，公第34号
驻福州领事高洲太助
外务大臣伯爵小村寿太郎大人

一、传言摄政王接受了分割之议，将福建以及满洲三省割与给日本，其余各省，像电报传说的那样让与各国，为此已经（让皇帝）发了上谕。

一、日本领事馆同总督交涉，要求租借乌石山（师范学堂所在地）用来驻兵，17日，总督总督访问领事之际，也指明要与秋津洲舰长片冈大作访问交换，以便商议此事。

一、根据来自马尾的传说，五艘日本军舰在港外徘徊。

一、据传，福州高等学堂事务室中，出现一张无名传单，称瓜分之事已决，提议罢课，设立民团。

一、听闻各学堂，每周上体操课1到2小时，最近增加到3小时乃至4小时，以作为组建国民军的基础。

一、传言有人向耶稣教会设立的英□书院及格致书院的校长请愿，提议学生们在体操课上使用枪械，但没有被许可。

当地形势平稳，并没有什么变化，上述传闻仅供参考，特此报告。

闽浙总督松寿命令取缔谣言之件

明治四十四年4月18日，公第35号
驻福州领事高洲太助
外务大臣伯爵小村寿太郎大人

当地《福建公报》《建言报》等，数日前登载的日本图谋福建的论说，激发了目前被毫无根据的流言，动摇的人心。对此，向总督要求严格取缔。下官与总督面谈后，总督答复，将命令巡警道给予报社严重警告。此外，本馆线人报告，松寿总督向巡警道下达了以下主旨的命令：

先前俄清交涉之后，我国人一时误解，流言四起。不识大局的愚民受此影响，疑虑重重。最近其风潮日急，若一旦有事，实在是于国有害。应马上在城内布置密探，将制造分割流言的人抓来，给予严罚。

特此报告，以供参考。

敬上。

福州商团队的成立与体操教育的加强[1]

当革命形势渐渐紧张的时候，福州各商帮和各界人士公呈闽浙总督松寿，请派团队加强治安，经准许由地方自筹办理。于是先成立商团队，由商家子弟自愿参加。有一大队，主任训练教官为保定军校毕业生冯金荣（秀山）。继成立劳工民团义勇队，由本人为主任训练教官。桥北各公益社团练队也相继成立，教官及团员从各社的救火会援丁中抽调。各乡保成立联甲队，队员由各乡保壮年子弟编充，这些都是革命军可以利用

1　题目为本书编者所拟。

的力量。

录自杨琦《福州于山战役》，《福建文史资料》第六辑

桥南公益社借公益名义，设体育机构，培植武力，吸收仓前山教会学校如英华书院、福音斋等处学生，学校青年亦有加入，使冯金荣兼任教练。

录自刘通《辛亥福建光复回忆》，《福建文史资料》第六辑

（厦门）公立中学开办后，由于陈、徐二教师的主持，和杨山光、马大庆等在学生中当骨干，生气勃勃，除根据当时学制施教外，特别注重灌输革命思想及加强体育，进行军事体操。到1911年，该校因经费困难停办。

录自丘廑竞《厦门的辛亥革命》，《辛亥革命回忆录》第四辑

闽人对外人之风云

人民：三月十四日泉州府属人民以瓜分势迫，联合同志，假座自治公所开会演说，议设民团为国民军之基础，一旦有事，其亡也尚不寂静。

学生：福州各中学以上之学堂学生，热心者实居多数。闻高等学堂之学生组织体育会（前报误为学生军，特此更正），专习兵式体操，于十九日开始练习。英华书院之学亦已练习兵式体操，法政学堂学生亦已开会商议办法矣。

举人：商业学堂代表监督陈训旭，留学生而考取商科举人者也。陈为学生时代，热心过度，逢人必说革命；此番见各学堂学生组织体育会，恐其影响及于商业也，大骂各学堂管理员，容纵学生，实为荒谬，而自己又须赴京廷试，故加倍著急，然其学生已跃跃欲试矣。

议员：福州因瓜分之信喧传里巷，九府二州之学生各举代表前赴谘议局，面谒议长及常驻议员，请示办法。至局时，局中并无一人，阍者曰，皆往宫巷副议长刘崇佑家会宴矣。学生之代表大怒，痛詈一番，挥泪而返。

录自《民立报》，1911年4月23日

驻厦门领事代理致外务大臣公第80号附属文书

明治四十四年5月1日收

时局难危，外交棘手，瓜分警报，喧传环球。吾国民苟不及早奋兴，以为政府后盾，则鹰瞵虎视，岂能张空拳以幸免。始而窝割我土地者，继且鱼肉我人民。覆巢之下，必无完卵。谁敢曰国自国而民自民，以切身之痛，而作对岸之观耶！然则丁此时局，维毁家纾难亦非左计。况乎爱家者，必自爱国始。国存而后家赖以安焉。夫爱国之事非一端。而为今日当务之急者，则莫如训练民兵，以备国家之任使，保桑梓之治安。何也？处此强权世界，不有铁血，谁共和平？顾吾国近年财政支绌，已达极点。欲扩张武备，非合官民之全力以赴之，必难达其目的。则储民兵以为后盾，实四百兆同胞所难辞其责者。东省、云南祸在眉睫，警觉尤深。首先创办，此外闻风兴起者，不一而足。吾厦亦中国之一部分，何忍独异，以贻同胞羞？窃不自揣，迳拟体育会简章，印刷奉呈，伏望先时研究。一俟择日开会，公同议决，以归至当。总之，宗旨务求和平，目的在受实效，矜奇立异，贻人口实，决非本会所赞成。吾厦各界，不乏热心公益者。如能各尽心力，以匡不逮，使本会克底于成，则非特闽厦之光荣，抑亦同胞之幸福也。专此谨布，并颂公安！

宣统三年□月□日 厦门教育会、厦门自治公所、厦门商务总会公启

厦门体育会暂定章程

(一) 名称 本会命名厦门体育会

(二) 宗旨 本会以组织兵式练习队备国家之任使保地方之治安为宗旨

(三) 入会资格 凡为本会员者须具左开各种资格：

甲　有职业者

乙　捐助本会会费□元以上者

丙　以劳务效力于本会者

上列三种，甲种为必要条件，如却系无资力者，则以具丙种资格为已足。

凡入会会员，应确守本会章程。

(四) 练习资格 凡欲至本会练习者，应备左列各种资格

甲　年在□岁以上□岁以下者

乙　身家清白者

丙　品行端正者

丁　不吃鸦片者

戊　体质强壮者

已　未犯刑事者

庚　得本会会员之介绍者 (介绍须在□人以上)

凡入练习队者，应确守练习规则。

(五) 担任事务 本会置正会长□员，副会长□员，教习□员，干事□员，评议□员，宣讲□员，各应其职务而分担之，职务若何，俟开大会后酌定。

(六) 会所设在，练习场设在。

(七) 本会成立后，禀该地方官酌给军械，并详省宪转咨练兵处存案。

(八) 本会经费除，由各会员劝捐外，并预□地方□款拨充，以期久远。

(九) 本简章草具大略，一俟开大会后签举评议员，增□以臻□备，再行提出本会议决后实行。

福州民心动摇相关之件

第三号
明治四十四年5月9日，机密第9号
驻福州领事高洲太助
外务大臣小村寿太郎大人

关于本件详情，已有报告。之后，清国官宪也采用了相当的镇抚手段，结果，目前表面归于平静，一切如故，不再见过激的孙文谣言。但根据本馆探闻，背地里反官排外的倾向反而日益非常严重。特别是前天广东革命党的变乱，又让这种倾向更加严重了。从两三个表面例子来看，清国政府虽然改革旧习，但却深恐革命风气增长，尤其不喜人民短发。当部正月间特地训令各省，严禁学生断发。尽管当地各学堂将禁令张贴告示，但目前在当地与禁令相反，学生断发已经占到其总数的四分之一。学堂监督者对此无能为力，也没办法依据告示文勒令退学，只得默认。又听说在常备军中，大部分将校及下级士兵都已经断发，其他下层社会的无赖汉效仿者亦颇多。又闻关于商团，由于官方的阻碍，当地各结社及团体计划联合组织体育会，也让消防队合并。大量学生也参与其中，以求磨练身体，发扬尚武精神，养成团结力，假体育之名，行商团之实，在当地南台外国租界大量集合，进行军列运动。陆军学堂毕业生对其发表互相团结、守护家国的演讲。另外，当地在留台湾人中的要人称，当地有人正在不断私下寻求炸弹制造及购入的方法，氛围开始倾向于有排外的危险。

上述情况，无法直接断言可信，仍需进一步详细探查。暂且报告，以供参考。

敬上。

4. 东三省

组织国民军之先导

奉天专电云：东三省情形日益急迫，锦州一带地方民人，立会抽选壮丁，日从事于训练。虽力量尚形薄弱，大足为国民军之先锋导云。

《帝国日报》，宣统三年二月初九日（1911年3月9日）

楚歌中之国民兵

奉天函：北洋师范学堂毕业之苏君冠卿、龚君品清等，联合同学多人，发起创办崇俭会，每月将崇俭项下所余之项捐入会内，置备器械，作为义勇队之基础。现已举定会长及干事各员，入会者非常踊跃，当不难立观厥成也。

录自《民立报》，1911年4月10日

国民会代表入满记

留日中国国民会原派代表六人归国，二人驻沪，二人往云南，其他二人为直隶王卓山君、吉林金树汾君，赴东三省一带。现闻王、金两君已于二十三日由大连登陆，乘火车至奉天，解装后，即晋谒东督，并联络谘议局及教育会、商会、农会、各公共团体，公筹国民会进行方法。俟稍有头绪，即再赴吉林、黑龙江两省云云。

且闻此次各代表均由国民会发给公选状一纸，所以昭慎重也。其式如左：

今公选某君为本会代表委员，归至上海（东三省、云南）特定公约数则于后，用资信守，此状。

代表委员归国，凡本会宗旨及评议部议决归国事项，不得违戾。

代表委员归国，所有公费及意外灾患，均由本会担负。

代表委员归国，倘有不当行为，得由本会评议部酌量轻重，分别规惩。

录自《民立报》，1911年4月30日

吉林各界通电各省

吉林各界因国事危迫，已通电各省，速行组织义勇队以武力救国。三月十一日吉林特电。

录自《神州日报》，1911年4月10日

5. 湖北

汉人之国事热

汉口来电云：商团联合会转各团公鉴：国事危迫，此次各省谘议局在京联合会议，关系存亡，我辈当为后盾。贵省谘议局代表入京时，请全体公送，以助声势。汉口各团体联合会马中骥等叩。

录自《民立报》，1911年4月20日

6. 安徽

此之谓爱国男儿

淮南通信

现在国事危亟，外患内讧，纷至沓来。各处均有警报，虽有留东学界组织国民军，而应者绝少。兹淮绅阮颐隆特发起组织乡团，已商之于各绅士，禀官开办，不知醉生梦死之刘名誉，可实力提倡否？

录自《民立报》，1911年3月20日

7. 河南

豫人电促办民团

中州旅淞学会同人致开封谘议局电云：列强在巴黎议决，实行瓜分中国，乞组织民团，以救危局。旅淞豫学界公启。

录自《民立报》，1911年4月13日

8. 江西

九江国民军出现

九江商学各界自得瓜分警告，人人自危，现由商学各界组织国民军，专练体操，以备危急之时，背城借一，刻下入军者异常踊跃，但愿坚持勿懈，虽未能操必胜之权，亦可见民气之未死也。

录自《民立报》，1911年4月16日

9. 山西

晋南的革命活动

我十八岁时，已是宣统三年了。列强瓜分中国之说甚嚣尘上，革命风云弥漫全国，同学中爱国志士纷纷组织团体，救亡图存。文社、体育会相继出现，我们则组织演武会练习国术，以备冲锋陷阵、白刃决战之用。以河津谢祯祥、夏县刘忠武为教师，我和支应邀为正副会长。每晚熄灯后，在器械操场抡枪舞剑，三日之间会员发展到百余人。

夏历三月下旬，我们发动同学集资重印同盟会救亡传单数万份，说列强决定与当年八月瓜分中国，并划定范围，北满、蒙古、新疆归俄国，南满、福建归日本，山东归德国，长江流域归英国……仅留直隶省为大清帝国领土，呼吁国人奋起救亡。于一个星期日的上午，由同学将传单散发街头和分寄各大专学堂，并邮寄各府、州、县中学和高小。一时人心震动，各大专学生纷纷集会，准备罢课，造成了满城风雨的声势。山西反动当局召开紧急会议于巡抚部院，采取停邮和没收传单及禁止罢课等办法，限制革命活动，对陆军学生则加以"革命党人从中捣乱，制造谣言，散发传单，煽惑人心，图谋不轨"的罪名，极尽威吓之能事。各学堂学生对山西反动当局不仅不倡导和支持学生的爱国运动，反而予以取缔和摧残，认为是甘当亡国奴者，便把反对对象由反对列强而转为推翻清廷了（当时笔者就读于山西陆军小学堂）。

刘精三《晋南的革命活动》，录自《辛亥革命回忆录》第五辑

10. 广西

明治四十四年6月30日收

驻广东濑川领事致外务大臣公信第109号

（明治44年6月22日收 在桂林做教师的军医须藤理助的报告）"桂林唯一的报纸《官话日报》最近论及支那分割问题，高呼官吏无能，因此被禁止发行。自分割问题流传以来，一般士民的排外思想高涨……"

录自《日本外务省档案》，
（1:6.1.4-2-3 各国内政関係雑纂 支那·地方之二）

(六)

国外各地华侨的呼应

横滨公电

《时报》馆转北京资政院及各省谘议局鉴：列强无理要求，南北进兵据扰，请即临时会议，速开国会，筹策对待救亡。旅横滨华侨公叩。

录自《时报》，辛亥年二月五日（1911年3月5日）

秘鲁华侨致粤商自治会电（附复电）

自治会鉴：秘报传瓜分中国，侨民震悼，乞速电复，分呈各界，秘侨何贺民等。

粤商自治会复电云：秘鲁通惠总局侨商：电悉。各国协谋，若有内乱，祸将不免。粤尚安静，赶办民团，冀得死所。乞合力。

录自《时报》，辛亥年二月六日（1911年3月6日）

吾国在欧留学界之论中俄交涉

此吾国民对外舆论之一班也。

在欧留学界某君，自伦敦投函本馆云：俄人此次诬我违背一千八百八十一年之条约，其言可谓横绝条理，自吾人思之竟亦不知彼谓我之违约者，为约中何条也。据俄人一面之辞，约有二要点：一谓中国不允其在沙喇苏谟（译音）及买卖华货，如茶叶之贸易等。然据一千八百八十一年之条约，中国虽允许俄在科布多设领事，然而本约固曾明定，俟后来商务发达时，中国可许俄增设七领事馆，同时中国亦可征税，则固双方之权利也。今俄忽独主张，一造要求之增领事，在法言之，此固必须另订新约，以中国所许，原为新约所有事也。现在新约尚未订立，俄人遽先出此要求，欲设领事，则中国之不许，固为理所当然。以法言之不能谓我为背约也。俄人又诬中国存有狡谋诡计，谓我欲消灭俄在中国应享之权利。如使中国果存是见也，则于此约期满之后，宣告作废可矣，此固国际通行之例也。今我固未尝有是，但以一千八百八十一年条约期满，例应修改重订，俄遂以此诬指我意存叵测耶！此论尤为巨谬。盖此条约第二款，本明定如届期满之时，当六个月以前，两国俱未提出重订者，则可再行十年。可见期满重订，本为此约规定所应尔，又奚能以此毁我国耶！

凡两国互订条约，皆为维持友谊，规定彼此利益。如有一造违背者，则友谊因之而失。中国方欲重订新约，以继续两国之和平与交谊，又胡能以诬言责我？彼俄之恣为诬言，破坏国交者，转非违背条约耶？

况修改条约，以求增进国力，此又国际常见之事。今日中国之所欲为者，非日本人之所已为者乎？盖即举与各国所订之通商条约而悉修改之，固不但前后商务情形有异，不能死守旧约。且出入税则例，须保其均平。此亦欧洲各国之所朝夕孜孜者，胡能特禁中国也耶？

近日俄国报纸肆行诬诋中国，其无理之词吾人固可为之译出。然以中国目下情形卜之，殆无非欲以和平了结者，故吾人于俄狂吠诬妄之词，转可置而不论。俄人不法之要求未能直遂，于是竟欲以威力劫我。俄政府因命其驻北京之公使，照会中国政府曰：一千八百八十一年之条约，察贵国之意，实不能遵守，此岂和平之道哉！吾俄因不欲遽绝睦谊，今特致决辞于贵政府。贵国如欲保存睦谊，则敝国所要求诸款，俱须一一应许。有一不许，即是贵国有意破坏交谊，敝国即将自由行动、随便行事也。呜呼！此果爱和平之言耶？兹更译述俄所要求各项如左：

无论一千八百八十一年中俄条约，或中国与他国所订之条约，俱不能以限制俄人在中国出入贸易之自由。至中俄交界五十维尔司特地带内，两国互相订约，俄人运货进口及运中国货物出口，俱须免税。

俄国治下之人民在中国全国境内，俱应享有特别权利。凡讼狱事，俱归俄国管辖。中俄两国人民互讼事件，则由中俄两国官员会审。

蒙古境内及长城左右，与天山南北各处，俱应许俄人自由贸易、自由居住。一切贸易，无论明税暗税，一概免纳，且不许有华人行专利之制及禁制等事，以妨俄人商业。

除俄在中国已有领事外，余于科布多、哈密古城可任意添设领事，即新订条约，亦万不许中国不认此条件。

俄国在中国之领事，中国人民对之应与尊视其地方官相等，所有中俄人民互控词讼俱归领事办理。

蒙古境内及长城以外，凡有俄国领事之地，如喀尔喀、张家口、乌梁海（均译音）、乌里雅苏台、喀什噶尔、乌鲁木齐、科布多、哈密、古城、阿尔泰等处，俄人俱可购置地产，有建筑之权。

合观如此要求，词锋严厉，咄咄逼人。今中国政府预存一平和了结之心，而俄人则欲以兵力从事。窥其用意，不过以前年日俄之战之一败涂地者，欲为失之东隅者收之桑榆计耳。然俄人能自信其必获所欲耶？今日欧洲稍讲公理之人，皆有严词以责其后矣。

嗟夫！以上六条，吾政府果瞢然许之，顾即亡国之铸错，将不知我国政府如何对待此强暴也。吾人旅居异国，阅此逼人之语，不禁怒气填膺。且今俄人既开其端，我若许之，则列强必步其后。赤县神州，不至四分五割不止。我四万万人之黄帝子孙，其将长此终古，而为白人奴隶乎？吾恐灭国之后，继以灭种。茫茫大地，将不见我人足迹。即所余者，亦为博物院中之玩物，人类馆中之参考品而已。嗟夫！曩者吾内外志士，奔走呼号，舌敝唇焦，泪尽而继之以血，以告我同胞曰：瓜分！瓜分！而众醉莫醒，有唱无和。虽甲午、庚子二役，创钜痛深。然今政府依然酣嬉于上，人民依然迷梦于下。国事如何？曾莫之顾。而惟南朝金粉，北地胭脂，燕雀处堂，游鱼在釜，以贪倒行逆施之快乐。今则大局糜烂，不能收拾。强邻逼处，要隘尽失。我国之亡之惨酷也，为日久矣！虽然残喘苟可保延，固可尽力支持，忍辱以图恢复。今者事机日偪，祸变已萌，执干戈而卫社稷，乃不容缓。天下兴亡，匹夫有责。切肤之痛岂能再忍！祖宗庐墓，子孙身命产业，讵不急起为计耶！呜呼！印度亡于英也，而今印人之痛苦，水深火热，令人不忍言矣。若我国一亡，则凡得我土地者六七强国，皆将以主人面目陵我也。一届其时，呼天不闻抢地无灵，尚何言哉！吾神明华胄衣冠乌带之伦其真与非洲黑奴如出一辙，四千年之历史，二万万方里之版图，其果长此已乎？诚如是也，吾人尚何颜立于世界乎？即欲享田园之乐，家人之幸福亦有所不能矣。故今吾人百拜稽首以哀号于我最亲爱之父老兄弟曰：呜呼！美之拒英，血战八年，而卒成一共和大国，今且为地球上极强大之邦矣！即区区之杜兰斯哇抗英战争，虽遭败衄，犹留极大名誉于世界。我堂堂之大国又岂杜兰斯哇之不若耶！生死存亡在今一举。与其束手待毙，不如背城一决尚未知鹿死谁手也。百足之虫死而不僵，而况国乎？鞠躬尽瘁，死而后已，此皆我同胞应尽之义务也。不然，其结果如何？则吾人已呜咽而不忍再言矣。谓予不信，请读《黑奴吁天录》可也。

录自《神州日报》，1911年3月26、27日

留德学会电

《神州报》转各报鉴：当局昏庸误国，俄约失败，祸迫势危，望鼓民亟谋锄去国蠹，促开国会，设责任内阁，切筹善后，以救危亡。函详。留德学会。三月三日。柏林公电。

录自《神州日报》，1911年4月2日

留美学生公电

《民立》转各报馆暨各省谘议局：俄约败，瓜分著，速鼓民气，倡民捐，练民兵，为国效死。

录自《民立报》，1911年4月4日

传言

此间传言：有中国勇士某君，因闻中俄有开战消息，特携炸弹至贝加尔东

某站，谋毁俄国西伯利亚线一大铁桥，以绝其运道。然因机事不密，致为俄兵捕缚。闻者至为激昂。三月六日盛京特电

录自《神州日报》，1911年4月5日

附：俄社会党之救国

哈埠函：俄人之有社会党，犹中国之革命也。自南满战役后，侨寓哈埠者实繁有徒，刻闻彼国有与中国构战之议，该等遂束装言旋，纷纷回国。盖欲纠合同党，于中取事，以倾复现政府，救俄民之患难云。伟哉！社会党人之志也。

录自《民立报》，1911年3月22日

附：俄议员与政府战为中俄交涉事

圣彼得堡电：当民议院辩论外务行政予算费时宪政民党领袖米留可夫，主张远东交涉须持和平政策，其演词曰：今日中国大梦已醒，一切交涉事，不能以昔日手段对待。他国已悉此意，故对中国之政策已改换本来面目。俄国则不然，竟执一纸两面不遵守之约章而强该国严守，非所宜也。再占伊犁之举虽影响及素不利于俄国之北满，然日本决必早日将高丽、南满为殖民地。一遇中俄决裂日本即乘间取利，俄人徒启衅端，为他人作嫁而已。伊犁一占，满洲之瓜分必不能免，而日人在南满既有准备，一旦与中国联合，俄人将被逐中国北方之外云云。政府党大不赞成，指米留可夫为无爱国之心。民议院向无监督政府外交政策之权，故政府代表格罗宾斯克宣言谓，议员对此事问题之演说乃发表个人意见，与国民意志无干。

录自《民立报》，1911年3月28日

(七)

《民立报》
《时报》
评论选

甲 《民立报》评论

半战书后之义勇队

骚心（于右任）

俄人俄人，尔以残败之余生，用虚声吓我，吾政府容尔，吾国民能赦尔乎！

前数日闻南北市各商团，即以各用兵力要约，引为大耻，欲捐身报国者有之，欲捐产救国者有之，壮哉沪商也！

又闻昨日各名望商人已决定，倡设义勇队，为各省商团之先导，并开特别大会，以振起国民牺牲的精神。勇哉沪商也！

噫嘻，壮志饥餐胡虏肉，笑谈渴饮匈奴血。吾祝义勇队出现，吾祝爱国英雄出现！

录自《民立报》，1911年3月1日

顾烈士之英魂安在

田光

呜呼！上有万恶之政府，下有醉梦之人民，我国之危，已非一日矣，又奚待边疆告警，而始忧国之亡也！

然忧患者强国之资也，苟于此危厄之时，朝野同心，励精图治，则未始非转弱之机，而今者政府之顽恶不悛，人民之醉梦如故，此顾烈士之所以决然舍去，一瞑千古也。

嗟乎！烈士乎！尔岂谓国之将亡，不愿做牛马生涯，故洁然以去乎？则后死者何以为情乎也！尔将谓以一死以警动国人，挽转大势乎？则异日新中国成立，当奉君为自由神也。

嗟乎！尔魂兮有灵，必当呵护此文明古国于万劫不亡也。噫！

录自《民立报》，1911年3月2日

二百年来之俄患篇（十续）

（第二章）渔父（宋教仁）

（结论）

以上所述，大端若是。要而言之，俄人此次对于蒙古、新疆之举动，其蓄意深而规划甚钜，其目的所在，要不外乎欲握蒙古、新疆之政治势力、经济势力，以图展其极东政策、中东政策（中亚方面）之雄略。盖圣彼得堡诸政治家，处心积虑者，已非一日。此次适逢改订条约之期，为彼最易借口之机会，故乘时而作，欲以其所处心积虑之方策，使益明现于条约，垂为国际成文法上之规定。我国而欲讲抵抗之策，亦不可不注意于此点。较量事实，运用政治的方法，固为必要，而根据条约，提出法理的理由，亦所当有事者。果能统贯以前诸条约（有效力于今日者）而研究详实，参以现今蒙古、新疆之政治的经济的各种状态，审其利害，酌其先后缓急，可者许之，不可者拒之，与彼为严整公明之交涉，吾意俄人虽狡黠，岂真悍然而不顾道理乎？且吾人更可进一解焉，此次俄人所盾之理由，以《伊犁条约》事件为主要，盖以该条约有十年改订之期，而本年正月适为期满之时故也。然条约改正之事，为旧约死新约生之过渡，当旧约期限将满之前，一方可以通告其事，而申明满后之旧约无效，苟旧约已至其所通告之期，而新约犹未成立，则两方均为无条约之国，不得再以旧约之条文使之复活，此国际之常例也。此次应改之伊犁事件条约，亦有期满前六月通告之规定（十五），使我政府去岁八月即通告该约无效，而此后新约当协议再订，则今日俄人已失可借口之根据，其不能盾前约以为责备，可断言也。即彼有要求之新条件，亦只可于协议新约时提出，尔时乃视两方谈判之巧拙如何，而前约不能以为口实，亦可知矣，且不特如是而已，自咸丰以后诸条约，大抵为偏务的性质，而我国常居不利之地位，其伊犁事件条约则尤甚。除此次俄人所要索之外，固犹不鲜其例者也。使我果通告废约，而以新条项提出与之协议，则虽不能全部改正，然必有若干条可为协议问题。苟辅以公正明敏之手段者，吾知者未始不得获胜利也。乃我政府则不知出此，倒持太阿而授人以柄，致酿成安奉铁道事件以来第二之奇辱，真所谓冥顽不灵之被动的外交也。

虽然，吾人固未尝以此奢望政府者也。往事既已矣，继自今惟愿政府图亡羊补牢之策。答复之书虽已去，今后协议新约条文之事，则犹重大之责任也。闻新约之决定期以二月十日，当局诸公不审方作何研究，为何准备以应尔时之折冲？使果能失之东隅，收之桑榆，吾蒙古、新疆之域受惠岂浅耶？呜呼！自日俄第二次协约立，而俄人东下满州之策息；自德俄协商成，而俄人南出波斯之计阻。今日者俄人遗传之大彼得政策，固惟有横断蒙古，驶进中原，突贯新疆，席卷西藏、印度、阿富汗，或可易于集事，此其极东政策与中东政策所以必置重于蒙古、新疆之主因也。近年以来，其所设施与计划，无不可为其佐证。此次之要索，不过其乘机而动之一端耳。今而后吾知黄河以北，皆将有不能高枕之势，而此次改约之交涉，则正其政策成败势力消长之关键也。呜乎！当局诸公，固可不慎重将事也哉！

录自《民立报》，1911年3月2日—3日

承化寺说

渔父（宋教仁）

此次俄人要求设领事之地，有承化寺，即阿尔泰首府，亦名萨拉时美（Shalasume本报前日误作钦化，各报亦有误作萨拉齐者，有误作西拉苏美者），在科布多城西南五百里，额尔齐斯河北岸。阿尔泰原为科布多辖地。光

绪三十三年，始以乌梁海七旗、新土尔扈特二旗、和硕特一旗，由科布多分离，设阿尔泰办事大臣，驻劄额尔齐斯河北之承化寺，故成为西北边之重镇。其地北枕阿尔泰山，南走塔尔巴哈台，西抱卜伦托海，西北一面接连俄境，扼额尔齐斯河之上游，击楫而下，可以冲俄人之肘腋。前此分疆治理，原为防俄，故俄人极欲先发制人，扶植势力于其地。现俄商居此贸易者不少，其要求设领事，实有深意也。

俄人主张之理由，以其地原属科布多，科布多为伊犁事件条约所允设领事之地故也。然详审条约之意，其所指乃科布多城，非科布多所辖之地之全境也，况今日承化寺又不属科布多耶！

录自《民立报》，1911年3月4日

经营伊犁伤心史

骚心（于右任）

西北大局不堪回首。伊犁者，西北第一重镇也。而将信将疑之警电频来，吾人其能无西北陆沉之惧乎？虽然，频年误西北大局者何人？请述其罪案，以质诸天下。

日俄战后，内中忽生一动机，即防俄人不得志于满洲，转而西图之说也。及各部官制改后，即简兵尚书长庚为伊犁将军，议定西北兵权归其节制，因长久在西北练习边事故也。

其时瞿在军机握大权，与新抚联魁有故，拟旨时并不计及时局，而以"会商新抚办理"数字了之。长得此旨，以兵权、饷权全无着落未免虚此一行，遂出京见炙手可热之袁项城。袁主持另请旨，而长之为人，熟于世故，遂隐忍出京南行，此瞿鸿机以私意而误西北大局之罪也。

长庚之出京回南也，耽延数月，至汉又耽延，至西安又耽延，至兰州又耽延四五月，至肃州又耽延两三月，至迪化又耽延七八月。其所以迟迟者，人谓其望朝廷之悟，而实则垂涎陕甘总督也，此长庚以迟延而误伊犁大局也。

及至迪化，晤新抚联魁。联意见甚深，凡事非特不相让也，并不相商。其时督练公所总办为罪臣裴某，恐练兵处设于迪化，而裁督练公所也，又竭力运动使联反对。当时有劝长出奏者，长曰：俟至伊犁再图之。然由是将军与巡抚之意见日深，而西北大计更不能筹划矣，此联魁以误信人言而误伊犁大局也。

及至伊犁，视其情势与昔大异。因伊犁自收回后，以前历任将军，其中不无铮铮者。及太平日久，中国防俄之心日懈，而俄人谋伊犁之念益日切，膨胀日益甚，而边事益不可为。于是谋调内地之念日益亟，此长庚又以因循而误伊犁大局也。

当长之未去伊犁也，一切规模皆为缩小，旧日经营西北之谋已烟消云散。其故一因畏俄，一因忌联，惟时时在内运动他调，日日催逼报销而已，此长庚之误西北大局者又一也。

长之大张旗鼓而西也，其唯一目的在练兵。当时四处求才，惟恐不及，及到时则令遣散。即在北洋调遣之军弁，亦以种种原因，中道四散，而长之报销，已去八九十万矣，此长庚之误西北大局者又一也。

记者有一友人，前年专走新疆，调查边事曾蒙以其全稿见示。所有边情、兵事、民俗，无一不悉当日登之被封之某报，仅登一日，报馆封而其稿被锢，竟埋没于故纸堆中矣。今日书此誌痛也，其留记者脑海中者，俟他日略志之。

录自《民立报》，1911年2月11日－13日

现今中国外交形势论

渔父（宋教仁）

本月十二日，南北商团开大会于西园，招记者为演说边事，乃以此论进。

盖鄙意谓吾国人每遇一事，即闹然糊闹，未匝月而又寂然无声，从未有平

心静气、研究其事之原因关系，以定远大切实之政见者。前此排斥美货，排斥日货，请愿国会，筹还国债，种种诸大事件，无一能坚持一年之久，诚以皆未尝研究其事之真是非利害，而惟贸之然以行之也。故记者不以辞烦，以此干燥无味之说，渎诸君之耳，乃以方言不同之故，不能毕达其辞而止。是以复笔记之。絮聒之咎，所不敢辞也。渔父识。

近日我国不祥之事，层见迭出，而尤以对英划界问题、对俄改约问题为最甚。英人进兵登埂，强占吾地，欲借武力，划定国界，而吾云南西部危。俄人以条约期满，要索百端，出兵恫喝，而吾蒙古、新疆危。此二问题，若我对付不善，则小之有丧失土地利权之惧，大之且有瓜分之忧，诚吾国近日存亡攸关之大问题也。

今请先言对英划界问题。英国素持保全主义，何以至今忽因划界而利我土地乎？是不能不考其原因焉。夫云南者，西南天府之国，据长江上游，扼川藏腰吕，而西南与英领缅甸接壤者也。光绪二十年英灭缅后，与我划界，占取腾越边外诸地。约定江洪猛连，不割让他国，并留野人山为后日问题。英之势力已侵入云南，自甲午战后，法国因与俄、德干涉日本退还辽东事，向中国索谢，以光绪二十一年之约，攫得云南迤南铁道、矿山之权且割猛乌、乌得两土司及猛连、江洪（江洪即车里土司）之一部，英之势力为法所侵故英人嫉之。而光绪二十三年之约遂攫我滇滩关外诸地海巴江洗帕河至喷干慕西一带地，木邦、孟密、孟养、南坎、遮兰、猛谷、精伦各土司，汉龙、天马各关并缅甸铁道，得与云南铁路联络权。盖英人欲控制法人，独自越滇入川，出长江上游，故节节蚕食且获得铁道敷设权，以为后日之张本也。去岁法人已成滇越铁道，其在迤南之他种势力，亦随之益进。近者中国又有倡修滇蜀铁道之事，将来德人势力必更增大，且及于川。故英人对之，不能不谋抵抗之策。苟据登埂、片马，则可延长其北缅铁道，过此以横绝滇之西北，而出四川。即或让步，而退还登埂、片马，吾意其犹必以前此缅甸铁道许与云南铁道联络之约，迫我实行。如是则滇蜀铁道虽成，不啻为彼开交通之门户，而滇西不能高枕，川南亦将随而折入于彼。是滇西一隅之事,直酿成西南大局之危祸也。此对英划界事件,所以为存亡攸关之大问题也。

次言对俄改约问题。俄人前此与吾订光绪七年之约,攫得蒙古、新疆自由贸易权、土地所有权及其他种种特权,行之三十年而蒙古、新疆遂变为俄人势力圈。今值三次期满,协议改订,彼复以诸种条项相迫,而自由贸易权及土地所有权,尤视为要点。盖以蒙古、新疆人口稀薄,多事游牧,土地观念甚乏,产业贸易无从称道,故彼以经济的殖民地视之,而欲乘此以永久保固其前约上既得权也。使我此次而不因改约收回此种特权,则俄人近日既无东顾满洲之忧,复无西事伊兰高原之虑(因与英、德皆有协约故)。自是以后,必将专心致志,力征经营扶殖其产业贸易,以独占经济主权,盛讲土著的移民政策,以占取各处土地,甚或修布铁道,开采矿山,且借口保护之名,派遣军队,以渐为实行占领之势。恐不十年而蒙古、新疆成为第二满洲耳。

夫俄人之志欲席卷东亚,而出太平洋,包举中亚,以出印度洋者也。前此以日、英各国反抗之故,不得逞意,今若得蒙古、新疆为之地步,则左可以南下中原右可以越西藏而临印度,虽其极东政策与中东政策之大目的,因此达到,亦未可知。夫如是,则俄人此次举动之结果,直有使全亚细亚陷于危险之势,而摇动各国对于中国之均势政局,更无论矣。顷者道路相传,俄人有与日、德二国协商之举,日、德二国者亦以侵略派著者也。使其事果真实,则俄人此次之举动,自无足怪,此后当益加横暴,直意中事。即其事全属子虚,然去冬俄、德二国既有协约,虽扬言仅关波斯之事,而前后不阅三月,即有此举。则此中消息又谁得而知之?吾人惟见项庄舞剑其意常在沛公,此次不过始为正面之一击耳。此对俄改约事件,所以更为存亡攸关之大问题也。

要之,此次英、俄二国之举动同时并发,不谋而合,足为国际政局推移变化之左证。吾人于是知所谓领土保全、机会均等之局之破坏,将不远矣。今后标榜保全主义之日、英同盟,只有五年之期限,其不能再继续,以今日英、日两国之情状观之,已可预断;将来期满时,极东形势纠纷,不可复理之日也。

晨鸡一声天下晓，今日英、俄之事不过其朕兆耳！呜呼！吾政府聋瞆成性，岂知所谓国际政局推移变化之理？吾国民其可不急起直追以自为计乎？

录自《民立报》，1911年3月13日—16日

俄人何足畏哉

渔父（宋教仁）

俄人虚声恫喝，要索百端，动曰下宣战书，固以为吾国兵力单弱，莫敢与战，非全许其要求不可也。虽然，许亦亡；不许而战，战败亦亡。等亡也，则何如背城一战，犹可冀倖万一之不亡乎？

勿谓吾无战之力也。俄人所恃者，与德之同盟。近者法方以德、俄协约，故不快于俄。吾苟能善用外交操纵之术，以去其援助，则俄人将有西顾之忧，而东方政策，必不敢肆。

又俄人所恃以经营东方者，西伯里亚铁道也。吾苟以一旅之师，出蒙古向贝加尔，以冲断其西伯里亚铁道，且封禁东三省之粮食，不使输出俄境。则俄人东西交通之路绝，而极东方面数十万之军队，可以不战而自溃。

嗟尔俄人，果能与我一战乎？吾将厉兵秣马而相见于中原！

录自《民立报》，辛亥年二月十六日（1911年3月16日）

东西南北

大战俄人，国民之愿也，而老庆偏要低头！

这一回交涉坍台下来，即不四分五裂，恐又失却土地利权不少。

昨天本报《誓旗语》一篇，印刷未清，今再录之：

龙旗！！！龙旗！！我愿此身殉汝死，死还以汝裹我尸。怎肯听人挈汝去，把汝撕？呜呼！我泪已竭，我声已嘶，今来对汝宣誓辞：壮丽哉我龙旂，

愿汝迎风一咇，招出那爱国男儿，盈千盈万，为汝来捐躯。捐躯！捐躯！国民捐躯国不危。

录自《民立报》，1911年3月18日

讨俄横议

渔父（宗教仁）

呜呼！近日俄人之举动，其蛮横无理，盖可谓自有国际交涉以来，未见其例者哉！前月中旬之照会，既以自由行动恐喝吾政府，而吾政府亦既敬谨听命，承诺其要求条项矣。顷者乃复为第二次之照会，谓中国答复，有关约章者未满俄政府之意，显有不愿和平之态度，难免扰乱两国邦交云云。而其后面之举动，则方日日耀兵，以示威于我满、蒙、新疆。合前后观之，其蔑视国际法，其蔑视条约，其玩弄我政府，侮辱我国民，已洞若观火。此次而果任其跋扈飞扬，不稍为计，是吾人直甘为亡国民，甘听其影响所及，酿成瓜分之祸而不辞矣。呜呼！是可忍也，孰不可忍也？

俄人之所以出于是者，以改订条约问题也。吾国与俄人所结之伊犁事件条约，今年为第三次期满之日。其已得之种种特权，恐因改约被我收回，乃为先发制人之计。于未期满之前，肆其要索。其要索之条件大都违约背法，已不俟论；即其要索之形式，已是不法之举，欺吾太甚，足令人发指，目眦尽裂者也。夫国际条约之缔结，以双方合意为必要之条件者也。其期满改订，亦无不然。前此之伊犁事件条约，既声明十年期满后可以商议酌改，且曰如限满前六个月未请商改者，应仍照行十年。既言商议酌改，是明谓期满六月前，两国政府无论何方皆有通告改订之权。一经通告，一方即宜与之商议新约，不能顽强不应者也。既言如未请商改，应仍照行，是明谓若一请商改则不应仍照行者也。盖一方既通告改订，则是约中条款必是与此一方之情事不合，不能适用，故此一方之政府，不欲再照行之，而其条约之实质，已失此一方之合意，不能再有効力，非再以新生之合意，另定新约不可也。此盖国际之通例，而亦伊犁事件条约正当之解释也。吾国政府去岁秋间，既以改订伊犁事件条约与俄人互相通告，而俄人又无他种之异辞，则是明明已承认前约期满后之当归无効，而前约期满之时日，实应扣至本年八月为止。自此以后，前约条欸已失効力，苟新约未成立，则两方皆为无条约之国，而可以自国主权，在自国领内施其关于他一方之立法行政。故俄人之于我国，虽在前约期满前，不能据以为拥护期满后之权利之符明矣，苟其不然是即俄人自违前约所谓商议酌改之精神者也。乃俄人一则曰依据条约，再则曰中国破坏条约，夫前此之条约，前此中国皆依据之而未尝破坏，即如此次俄人所要求之六条，亦未尝有不照行之事，亦为俄人所认知者，则其所指应为将来新约。此将发生而未发生之新约，而强人以依据，责人以破坏之罪，天下岂有是国际法理乎？质而言之，即是欲以前此已得之权利，要索再规定于新约中而牵强其辞云耳。噫！蠢尔俄人！尔误矣！尔欲继续享此权利，尔但傲然曰：改定新约须以尔尔之权利与我，否则吾自由行动，不犹直捷乎？何为是牵强前约而责吾以期满后犹须依据，以自陷于不合论理之失态也？前约所定，吾国固断乎无期满后犹须依据之义务者也。夫俄人所为，其不合国际法，不遵条约，并不能使其主张之理论，免去矛盾如是。俄人岂不自知之？而乃以是欺吾国民，迫吾政府，如弄小儿，其尚有我国民及当局诸氏在其心目中乎？

虽然吾国人其勿以是为可恐也，俄人非真能以是与我战者，其责我扰乱邦交，其宣告自由行动，其日日耀兵，示威于满、蒙、新疆，皆彼虚声恫喝之狡计，斯拉夫人惯用之长技也。自由行动云者，虽作俑于前岁日本之对于安奉铁道，然实为国交断绝之变名。在他国领土内而自由行动，惟两国开战时得为之，俄人以自由行动通牒宣告，固不啻对我挑战，故西报谓为半哀的美敦书，其侮辱我实甚！然俄人而果欲与我一战，则直驱其哥萨克之铁骑南下牧马可也，自珲春以迄于喀什噶尔，无在不可以任其驰驰骋，何事徒为大言、使敌设备乎？天下岂有如是之战略耶（俄人进兵伊犁之说，张声势虚，亦彼作势以恐人者)？日本前岁之宣告自由行动，同时即在铁道自由开工，然亦未尝有所谓战事。今俄人宣告已阅月矣，而其所要求之条项则大抵现今皆实享有之，无待以自由行动攫得，其他则除是进兵占领土地外，无可以当此者，而迄今彼亦不敢公然为此也。是其虚声恫喝明矣。且今日俄人果能以此改约事而与我一战乎？吾人观其外交形势，查其军备政策，审其交通计划，考其财政预算方针，虽不无预备将来战争之形迹，然本年之中未尝有与一外国开战之计划，则实事也。盖亦以满洲战后创痍未复，不敢轻启外衅故耳。是故以吾人断之，彼虽日日言自由行动，日日耀兵示威，亦可预料其必不能实行开战者也。使吾当局诸氏者洞悉情伪，屹然不动，毅然辞而拒之，详审形势，善用外交操纵之术以为因应，以待其策术之穷，何患乎彼之虚声恫喝者也乎？

然则所谓善用外交操纵之术以为因应者何也？曰是有三策：以强硬手段，为正当防卫，严然拒绝其要求之全部，不少退让，此上策也。择其重要条项而拒绝之，以为半部退让，此中策也。全不拒绝，惟再延约数年以为后图，此下策也。三者之策，各有其利害，请论崖略如左：

俄人举动之蛮横无理，即彼欧西之舆论，亦多不直之。其所要索之条项，又皆为未来新约之事，无有借口前约之理由存乎其间，其国内情伪不能以此事而遂与我一战，已了如指掌。我政府对此，固不难以强硬手段对付之者也，前次我政府之答复，对于其所要求六条，大抵已允许之。然吾复观答复文义，无一语及于将来新约，盖单就俄人责我破坏条约之点而加以辩驳者。严格论之，此答复所允许之各条，只能解为对于前约之追认，而不能解为对于将来新约之承诺，其效力只能及于前约之期满前，而不能及于期满后也（即俄人照会所要求者，亦未明言及将来新约也）。今宜再度正式照会彼国而言曰：伊犁事件条约在本年八月以前，我当谨如尊命，遵守无违。八月以后，则当按照该约十五款全部废除。所有俄人在蒙古、新疆自由贸易等各种特权，皆归无效，至于新约，则两国当和衷协议另订。夫果如是，吾意俄人必不能再以破坏前约责我，其所要求之各条项，皆将变为无用之长物。苟其必欲攫而有之，则非另以之作为新约之条件而要索之不可。我既得居上游之势，是未尝无可胜之机也。夫俄人既处心积虑，欲保有前约中之种种特权，则必不因是而遂中止明矣。其重振旗鼓，肆其咆哮，向我要索，固意中事，然此时乃视谈判之巧拙如何，不能再以前约为口实，则正宜睹之于外交手段，诉之于实力者也。使俄人而果来乎？吾惟当严整其词，断然拒绝，且声言曰，贵国若自由行动，敝国亦可自由防御。彼或耀兵示威于满、蒙、新疆各处，而我但宜严兵守备边境，勿令阑入。虽如何恫喝，亦屹然然不为之动。一方力为开战之准备，复以其原委理由布告天下，声明即有破坏平和之事，我国不任其责。夫俄人之不能与我战，亦既昭然，则断不能因此而遂实行宣战也，然后乃以敏巧之外交谈判，折冲其间，吾意俄人亦无能为耳。夫外交之胜败，虽视国力，然亦存乎当事者之人。前年婆兹马士之日俄媾和，俄国虽战败，而犹得外交胜利之名誉。于八百十四年维也纳之各国会议，法国虽灭亡之余，而犹能联英、盟奥、抗普，以挽既倒之颓势，其故不可思乎？是故俄人之虚声恫喝，实不足恐者也，此吾之所谓上策如是也。

虽然，我政府未必能行此策也，则不能不思其次矣。俄人此次要求之条项都凡有六：一曰，俄国在国界百里外俄境，征收华人关税也；二曰，俄人在蒙古、新疆及长城外自由贸易也；三曰，俄人在蒙古、新疆，保有治外法权也；四曰，俄人在蒙古、新疆各处设置领事也；五曰，俄领事与中国地方官会审也；六曰，俄人在蒙古、新疆及长城外置地造屋。六者之中，尤以自由贸易与置地造屋二者为最不利于我。盖以蒙古、新疆人口稀疏，文化野劣，产业、贸易皆极幼稚，俄人永保此二特权，是即使蒙古、新疆终变为俄人之经济的领土者也。故我拒绝其要求，亦以此二者为最要。余者，第一为俄国内政之事，第三、第五为各国在我国久行之制，第四为普通国际之惯例，皆有可以容忍之处也。交涉之始时，全部拒绝之固宜；若谈判不谐，万不能使其全部撤回，则我不妨先为让步，以第一、三、四、五款酌量允许，缓其盛气，而后再与力持自由贸易与置地造屋二问题。夫俄人所据以为口实者，伊犁事件条约也，以吾人详审此条约，其第十二款虽言俄人不纳税，然第十二款但书及第十六款明有中国将来可以征税之文，其第十三款虽言准俄民建造铺房行栈，或在自置地方，或（中略）在地方官所给地。然所谓自置地方，实专指第四条所谓俄人在占领伊犁时所置田地交收伊犁后仍准照旧管业之文而言其所谓官给地亦专指领事所驻地而言，非谓俄人可自由置地造屋于各处，则我之拒绝实为遵守条约之精神，俄人亦不能有反对之辞者也。苟能拒绝此二者，则此次改约之主点，已得胜利，而蒙古、新疆所受俄人经济的侵略，庶乎少息。其他之问题，则固不必计较焉亦可矣。前日我政府之答复，对于此二者，虽已声明依据条约办理，然实未能详细解释约文以与争辩，今而后吾甚望政府诸氏之注意也，此吾之所谓中策如是也。

虽然，吾恐我政府亦未必能行此策也，则更不得不思其次矣。自咸丰以来，我国与俄所订诸约，大抵皆为偏务的而非双务的，即其他各国与我所订诸约，亦不能及，而伊犁事件条约，则尤为不利之甚者。不言改订则已矣，今既有改订之动机，则预备谋所以另立完全对等之双务的条约，亦根本之要图也。惟是俄人顷者方处心积虑，日日谋扩张其权利，而我国国势极弱，对于各国之条约改正事业，亦未着手，则必不能许我之完全对等矣。故宜用缓进之法，目下不必与争，惟声明仍照原约再行十年，或能商减至三五年尤宜。夫前约既明谓限满前六月，如不请商改则仍照行矣，则今日仍依原例，延展数年，且未尝有背俄人要求之六条，俄人固不至不允者也。然后我一方力为改正之准备，定法律，整军事，修筑张恰库科兰伊诸铁道，振兴蒙古、新疆产业贸易，俟数年之后，显有效绩，国力充实，乃再通告俄人，开改正谈判。尔时既不患俄人之胁迫，可以一举而收奇功，较今日与彼徒为枝枝节节之争议，胜数倍也。特患我当局因循成性，让步之后，犹是无所事事，不能收最后之结果耳，此吾之所谓下策如是也。

以上三者虽各有长短，苟能真实行之，皆足以解决此次之交涉问题而有余，是在当局诸氏之妙用而已。噫！蠢尔俄人，岂足畏哉？

录自《民立报》，1911年3月21日—22日

中国男儿

麟稿

外患日亟，瞬息千变，醉生梦死之老朽，嫁女娶妇，优游自得，附势诸公，日趋权门，奉觞上寿，坐看祖国山河，任人纵横践踏。吾虽为当局者羞，而亦为中国男儿哭也。

中国男儿，时至今日，亦可乘时而起矣！集四万万之心思财力，富者贫者，壮者健者，编练劲师，奋身以斗，以一当百，以十当千，扫荡妖氛，震怖胡胆。黄龙飞舞之时，亦中国男儿吐气扬眉日也。

俄人俄人！汝逐北之师，亦敢占我疆土，辱我国权耶？勿谓秦无人，茫茫中原，龙蛇起陆，行将尽瘗汝于紫塞旁也。

录自《民立报》，1911年3月26日

国民兵

骚心（于右任）

俄之侮我，一而再，再而三，处此无能之政府下，而使我国民一再受人之辱，其何能忍！

国民军之议起也，本以助政府也，而政府疑之。不知今日之世界，武装平和之世界也，即无俄患，亦当利用国民，使人自为兵，以图自立。祸至门而尚防家贼，甚矣其愚也！

政府诸人所自恃者何在？欲以龙钟老朽，而当饥鹰饿虎，不自知其面之麻也。

录自《民立报》，1911年3月28日

呜呼！甘心亡国之政府！

胡稿

国家者，国民之国家，非政府之国家也。俄国要求六款，外部慨然允许，但求顷刻之安乐，而置国家于不顾。呜呼！自欺欺人，尚忍言哉！

时处竞争之秋，决无退让之理。乃眷西顾，俄国内政，议院解散，议员辞职，社会党人深望中俄开战，乘此倾覆政府。俄人自顾不暇，安能战我？进兵满蒙，特虚张声势，恫吓我政府耳！司马昭之心路人共见，外务部何不思之甚耶！

俄人得此意外之权利，可以退兵矣！政府允彼六款之要求，可以高卧矣！殊不知退一俄，继而来者不止一国，允六款，继而索者不至（止）六款。究竟外兵未尝退，政府未得卧，兵端之起，仍不得免也。

呜呼！我国同胞其谛听：政府不可测也。宁赠朋友，勿与家奴。其素志也。我全国同胞，不起而我胜之，将何以慰我祖轩辕在天之灵乎？

录自《民立报》，1911年4月1日

拼将歌舞送河北

孤鸿（范光启）

"最是仓皇辞庙日，不堪重听旧坛歌。"此古来亡国帝王之遗恨也。

无以为欢，苍鹰白鹅。扰人又甚，无可奈何。

今则九重寂寞，而派官赴沪，购办戏装，以预备大内演剧。代价六十万，固为太廉，然能后天下之忧而忧，先天下之乐而乐者，则非天纵之圣明，不足以弥补千古亡国之遗憾也。

呜呼哀哉！"玉玺不缘归日角，锦帆应是到天涯。"吾国苟不亡，则将来民脂民血之耗于此中者，正不知有几许也。

录自《民立报》，1911年4月1日

振臂一呼

志真

西北风云日亟，衮衮诸公犹是酣歌恒舞，不厌不倦，而为民代表之各省谘议局，则除呈请资政院开临时会外，竟别无筹备。我恐议案未决，而敌兵已长驱入国门矣。

中国人号称四万万，我宁愿有四百万能征惯战、发枪开炮之人，不愿有四千万万讲法议政、舞文弄墨之人。乃观今日在朝在野讲法议政、舞文弄墨之人何多，而能征惯战、发枪开炮之人何少也！搔首问天，苍苍者何以语我！

执干戈以卫社稷，纵有热血男儿，能白战不持寸铁乎？安得天地为炉，阴阳为炭，铸四万万快枪大炮，杀尽敌人！

"大风起兮云飞扬，安得猛士兮守四方？"此非汉高皇帝思将帅之歌乎？今日者边土惨烈，猛士果何在乎？不禁馨香祝之，祷祀求之。

"饥餐胡虏肉，渴饮匈奴血。"此非岳武穆从戎之词乎？今日者外强四逼，甚于有宋南渡之后。壮士乎！壮士乎！有步武穆后尘者乎？窃愿执殳为之前驱，垂大名以死也。宁作战场鬼，毋为亡国民。同胞其勉旃！

录自《民立报》，1911年4月2日

呜呼暴俄不仁

胡稿

呜呼！我中国人独非人哉？而何以市中往来，即被捕禁，送之监狱，押之山麓，以辫相结，以枪相击，受尽种种之耻辱，吃尽种种之苦痛。呜呼！胡雁哀鸿夜夜号，胡儿眼泪双双落，不图我汉儿亦亲受之也！

暴俄暴俄！磨牙吮血，杀人如麻，豺狼从目，往来侁侁，土伯九约，其角觺觺。我民朝避猛虎，夕避长蛇，欲求片刻之安竟不可得。黄帝有灵，九原心痛矣！

呜呼！我政府诸公又独非人哉！国民受辱，非一次矣，而从未闻有一保护之策。秦越视我，夫复何言！在我国民视国民，岂亦可如彼之秦越相视耶！故今日不思独立，将永无见天之日矣！

录自《民立报》，1911年4月4日

乙 《时报》评论选

论上海华商组织义勇队事

自英、俄二国交涉之起，留东学生已设救亡机关，江苏谘议局曾通电各省，拟联合电恳速定救亡大计；海外华侨联电警告，亦已数见矣。顾皆空言，无当于事实，而不意上海华商，竟能发起组织义勇队，国民活动之力渐趋于实际，是则记者所深为吾国前途庆也。

上海为租界之地，此等义勇队之性质，究与体育会、救火会不同。外人不知，或致疑虑，有碍于租界之治安，其或疑我华人此举为含有排外之性质，而遽生其恶感。此则吾辈报界负有代表舆论之责任，不可不早为之辩白也。

夫以吾国之弱，至今而极矣！其致弱之因，虽在政府之腐败，而实则在于国民无活动之精神。则上不能出其实力以监督政府，下不能互相切劘，以巩固其团体之势力。其对内也，则乏政治之思想，其对外也，则无世界之观念。故其于政府之政令，非为过分之服从（如粮赋则甘受县令之抑勒钱价，奉旨停止刑讯之后，甘受刑官之拷打是），即为无识之顽抗（如调查户口、钉门牌，则挟众抗阻是），于外人之交接，非为过分之卑屈（如内地贩卖小商之某国人，往往无理强横，其实此等不文明举动，最足以玷辱其国体，苟能控诉于彼之领事，无不得直，而吾国人亦容忍之），即为无识之暴举（如庚子义和团，及各省历年闹教之事是）。夫国民以无活动精神之故，其结果则团体涣散，知识浅陋，此不特在我忧其无以自存，即通商诸友邦亦必因以为累矣。

我国若长此不振，竟至于亡，此固我国之不幸，然亦非各国之利也。今世界列国所最重视者，率为国民生计问题。故外交之目的，以扩张商务为要。世界商务，以我国为其中心，然则必我国富强，而各国货物方有其尾闾之泄；必我国富强，而各国资本家乃能任意投资于我之各省，与我国资本家联合振兴工商业，以分其利润。苟驯此贫弱或至瓜分，则各国在东亚之商业且将立败，而经济立致其恐慌。对外既无扩张军备之资力，对内又无以为镇压社会党之具，其不利甚矣。然则各国不欲维持世界之和平，及增进其国民之幸福则已，否则正勿利吾国之贫且弱或亡，乐祸幸灾，而谓捐人之可以利己也。

据是论点，则今日沪上华商义勇队之组织，在明白事理之外国人观之，当必为我国庆矣。盖上海为通商之大埠，上海商学界之举动，国人恒取为模范。今沪商既有义勇队之组织，全国商学界必竞相效法，将来国民兵之基础，或因是以立，未可知也。夫不费国家之财用，而得国民皆兵之实益，对内可以卫乡里、遏暴动，以使内国人与外国人之生命财产，均获其安全；对外可以御外侮，保疆圉，独力以维持东亚之平和，即间接以消除世界之扰乱。此乃具有世界的政治眼光及抱人道主义者，皆能深赞此举之不谬，无待记者之喋喋矣。

抑更有进者，义勇队之组织，在此时非真有直接作战之准备，不过自促我国民之觉醒，而纳之于秩序而已。吾国教育未易普及，每因外交内政之事故，一二有识者，借此口实，以为警醒国人，而行其短时间之社会教育。如数年以来之拒约会、禁烟会、国民捐会、请愿国会、筹还国债会、接待美国实业团、欢迎美舰各事，或则导其国民为政治之活动，或则导其国民为世界之交际，为时虽暂，而收效实巨，此次义勇队之组织，其果有永久继续之约，耐性与否，各省之人，果能闻风继起与否？犹不可知。要之在上海一埠而论，则其发起诸人，固皆商界有名誉且富于知识之绅商也。其用意之所在，亦不外欲借此外交上之事故，以巧行其社会教育、国民教育之手段，而促国民之觉醒，非有排外之恶意。记者甚愿吾国之政府有以赞助之，并望外国人勿误会我华商之用意也。

录自《时报》，辛亥年二月十日（1911年3月10日）

再论沪商组织义勇队事

宣

记者因上海华商组织义勇队，恐外人不知，疑我排外，故著论辩之。盖前论专为外国人发也，兹更为我内国人告焉。

近年以来，因内政、外交之事故，我国民以一时之感情，组织团体，号召全国，其事不为不多。顾皆未及数月，则烟消而雾灭矣。即以义勇队而论，当癸卯俄约方逼，固曾发起于日本留学界。其时入队者计千余人，以士官学生蓝天蔚为之长。全队分为十二区，记者亦曾奉派为一区之长，留学生之有爱国心与敌忾，以是时为最盛。而其鲁莽可笑，及今思之，殊莫审当时此千余人之心理，何以竟有若是之醉吒也！夫既名曰军队，则必以筹饷糈、购军械为首务，次则讲求战术，研究地理，以为战争之准备。而当时之人于义勇队成立后，诸般应筹之事，毫不措意，一若只此赤手空拳，及其敌忾之心，已足以餐胡虏之肉，饮匈奴之血也。灞上儿戏，当时亦有一二老成者言之，而吾辈则一往无前，反笑其怯懦。义勇队既成立，不数日即改其名曰学生军，又数日则又改其名曰军国民教育会。夫名曰义勇队，似有立时出发之意义，而学生军则缓和矣，而军国民教育会则更缓和矣。卒乃不及数月，此教育会恰如痨瘵之人，奄然物化矣。同会之人，彼此相见，皆互相讳言；他人有问，则羞怒交作。大凡办事无结果之人，其心理皆如是也。

乙巳年，上海绅商亦有禁用美货之发起。此事之是非，姑且不论，而其结果则无可言矣。丙午，又有国民捐之发起，全国从风，报馆从而鼓煽之，亦不数月而寂然无闻。己酉，又有筹还国债会之设，其提倡者皆一时之贵绅，其赞成者，皆南北省之督抚，卒未及三月不见其形影之所在。国会请愿之举，持之最久，然自温世霖被谴后至今无闻。去年剪辫之事，何尝不蓬勃于一时，而今又未见其收局。大抵我国民富有一哄之性，又富有健忘之性，故每遇一问题之发生，皆一哄应之。及问题既过，则又颓然若忘。乌夫民性如此，欲国之不亡难矣！

此次沪商发起义勇队，记者深信其必不至再蹈吾国人一哄健忘之恶习。何也？以发起者，皆有名誉，且有知识之巨商也。商人富有耐久之性质，则此义勇队之能耐久也可知。各省商人苟有感觉之脑筋，必群起相应以期共持于永久。而各省学界今日之号为爱国忧时之志士者，固已甚夥。其平日之自命，方谓视彼商贾中人，犹加一等，然则其必不肯让美于商人，而思有以继其后，与之为竞者，又无待言矣

录自《时报》，辛亥年二月十四日（1911年3月14日）

论英俄交涉之影响

孤愤

自俄人以自由行动之照会，恫吓我政府后，各国报纸，议论蜂起。有谓此举也，反促起中国维新党之进步者。比时记者闻之大惭，以为中国民气淹淹，恐不足以副外人之期望。乃近闻各处消息，则自英、俄交涉事件发生后，大为激刺。其最先发起者，则有云南谘议局之保界会，陕西谘议局之创办团练，十四省谘议局之同电力争中俄条约，东京留学界之组织国民军。近日沪上又

发起全国商团公会、国界调查会，万矢一的，皆以振兴军备、保全领土为宗旨。似以现状，则日前外报所云促起维新党之进步者，非其朕兆乎？虽然，可以乐成，难与图始者，此乃众庶之所为；然靡不有初，鲜克有终者，则又含生之恒性。诸君今日既挺身膺此艰巨，不可不预防尼其后者，亦不可不预备盾其后者，今愿与诸君一商榷之。今日各团体之目的，在于救亡，而救亡之目的，在于练兵。故各省谘议局之拟办团练也，商团公会之拟组织义勇队也，与夫留学界之组织国民军也，皆为军事上之计划。然而自陆军部设立以来，兵权集于中央各省之巡防队，有拟裁者，有拟归中央节制者，有拟由督抚节制者。现部臣与疆臣，为此权限，正在纷议中。夫一巡防队且如此，倘再加之以团练，又加之义勇队，能保部臣不干涉乎？此可虑者一。又军事计划，以购买军械为最先。按军械为犯禁之物，不能自由购买。今日各省乡局之办乡团者，皆苦于购买手续之繁难，若再立一义勇队之名，则行政官胆小如鼷，难保其不从中压抑也。此可虑者二。又此项之团练与义勇队，将以御外侮也，然外人之侮我者，不止陆路可以侮我，海路亦可以侮我，我之与彼争者，不止西北，西南沿海边各省，东南沿边各省，亦与有关系焉。不观于谅山之役乎？彼时发衅者，虽在广西之极边一隅，而战舰且蔽海而入马江矣。倘一有战事，就令目的所期之陆军可以御之于陆，而目的所未遑计及之海军，果可以御之于海乎？此可虑者三。夫记者非好为此消极之言，以沮人意气也；记者积年所持之政见，常以扩张军备为唯一之宗旨。岂有对于创办团练与义勇队等事，而反肆非难者？第以谋国宜统筹全局，陆军可恃，而海军不可恃，则不足以为国；团练与义勇队可恃，而常备军不可恃，并不足以为军。充诸君之力之所能至，不过训练健全之团练与义勇队而已；至于常备军，则不能过问也；至于海军，更未遑计及也。夫竭各省谘议局与夫各埠商团之力，而其效只及此则何如担任租税义务，力促政府振兴海军与扩张陆军之为得计乎？或曰：今日政府不可与言者，就令国民肯担任租税，亦不过供其挥霍而已，于军事何补！是说也，记者闻之，真无从为政府辩护者。无已，则仿瑞士昔时市政府政治，由各省各埠，各自添设军舰，以为自卫之计乎？夫陆军有义勇队，海军亦何尝不可有义勇舰，要在吾人之自为而已。苟能去前二者之所尼，而预备后一说之所盾，亦庶乎可以揸住此危局矣！

录自《时报》，辛亥年二月十五日（1911年3月15日）

敬告全国国民组织义勇队

闵康甫

呜呼！吾国今日危极矣！俄日侵于北，英法攻于南，旁观眈眈，乘机而动者，德、美、意、奥以及欧西各强国，莫不群思染指焉。满洲士民之哀号，伊犁大吏之警报，云南官民之凶信恶耗，日夕纷纭，集于政府之堂，宣于通信之报，其间危机一发，实非吾所能言状。然闻政府大老，方执定和平宗旨，放出退让手段，徒谋一日之苟安，忍使千里沃土，百万子民，尽没入碧眼红髯之麾下，失其人权，蔑其生命，终身犬马而奴隶，延子孙百世而莫能申。噫嘻！吾不知吾三方人民，果何负于政府耶？不然何政府之视之如敝屣也？抑尚有不解者：吾国势如大瓜，伊犁、三省，联蒙古而帽北部，云南为南方之门户，包亘南陲，实如两蒂。今三方之急也如是，而政府之漠视又如是，一若三方之不关国体，而无与痛痒者！夫瓜去其蒂，中部将何自保？强敌之私，欲壑无厌，而中国土地有限；今日得三方而暂退，明日又兵临四境矣。而藩篱既撤，门户尽开，渐割渐小，势力愈微，则当此之时，虽欲奋然有为，亦势所不及矣，如昔之印度，今之高丽，及其既亡，一般志士仁人，奋不顾身，忘危思复，南南萨希伯之革英军，安重根之排日党，徒掷多数头颅，无补亡国大痛。岂不哀哉！是故政府之和平宗旨、退让手段，即亡国败家之代名词，而今日吾国民之身家财产，均已虚悬太空，毫无凭倚，苟不自奋自振，团团合合，以共济斯艰，则断无第二希望之可侥冀，而亡国之苦之痛，正与时俱来，临眉睫而不容缓，而组织义勇队实为万不可缓之根本要事也。

义勇队之组织，不拘等界，不拘地位，只须有志有力，便可入队，以战争上之种种学术，或步或马或炮，身体而习练之。一日有事，则可以各守其土，各卫其方（义勇队之办法范围当另详撰）。小言之，为民团，为商团，为一方自立之基础；推而大之，则为义勇军（英文商团即义勇队）、为国民军，为全国独立之根本。不特吾民之身家财产，可以保存而无虑，即将来一切国民应享之权利自由，以及种种希望，均可团结进行，唾手而得。其关系岂不极重且大！是故当今之时，一方人不办商团，不树义勇基础，即自弃其一方人之身家财产，而甘心于亡国败家、倾身戮体也。

嗟嗟！时势急矣！无复推托语可说，敷衍法可了。有志者，勿俟国亡而徒死；有力者，勿俟国亡而徒争；有财产者，勿俟国亡而徒为人用；有文学者，勿俟国亡而徒受人禁。事机一失，不可再得。吾国民宜兴起！吾国民其兴起！

录自《时报》，辛亥年二月十七日（1911年3月17日）

(八)

清政府的官方态度

中国对俄交涉宣告列国书

因中俄之交涉通告各国，大略谓中国以中俄之友谊，且为互有利益严密遵守两国之条约上条款，并继续平和之态度。其通告书大略已见东报，译如下：

俄政府以本月十六日由俄公使交付六条抗议书于外务部，此抗议书于俄京决议，颇伤国际友谊。昔我政府因我商人之请，对于俄国要求，缓收百里自由区域以外之保护税，至一千九百十一年条约改正时止。俄国半承诺之。然今俄政府以为中国制限俄国之课税，此则其误解也。其余五条抗议条件，则皆俄国曲解条约条款者。两国缔结之条约，我政府严守其条件，而俄国常扩张其权利于条件以外。例如俄国对于其贸易品，不问其间接、直接，一切要求免税。又拒绝中俄共同组合，及设俄国商店于内地，此皆条约上所无之条款。条约上言，俟贸易实际发达，当设置领事而俄国以现在共同采煤为口实，要求多设领事馆。又条约只于科布多有设置领事之条件，乃要求于科布多五百里以外之钦化等设置领事。又中国未尝争俄国之治外法权，俄国乃多要求治外法权之权利。中国之对俄国，与对于各国所有条约上之权利、特权同，故中俄境界问题，我政府向以平和友谊之态度而协议之。虽两国地方官吏之意见，或偶有相违，而此等无不能和平协定之理由。要之，谓我国破坏条约条件，则难理解。今俄国因有挽回条约权利，选最有效之手段，保持权能之宣言，我政府闻此宣言，大为两国之友谊悲也。

录自《时报》，辛亥年二月十四日（1911年3月14日）

呜呼！中国人之言论自由权

中俄交涉，外部抱守宁可亡国，不可使报界得知之秘密主义。后报界得以登载者，皆从外报转载。间有发议论之处，亦系据条约而言，非无理之取闹也。乃俄廓使以中政府易欺，照会外部，谓："报馆肆意诋毁，摇惑人心，请设法抑止。"不知言论自由，报界天职，且为我国内政所关，俄使何人，竟敢假手外部以箝制吾国人之口，直波、印我也。未悉外务部亦能行文请其取缔俄报否？

录自《帝国日报》，宣统三年二月十六日（1911年3月16日）

俄使欲箝我民口

驻京俄使向外部胡侍郎，声称京外各报登载中俄交涉事有碍邦交，请为禁止。闻胡已转知民部，幸肃邸不为所动云。

录自《民立报》，1911年3月11日石印版

国民军乎？拳匪乎？眼光之不同，各如其心理

京函：吉林、奉天各处人民，因某国交涉逼紧，纷纷购备军械，组织国民军，以资警备。年前日使虽照会外部，干涉一次，当被部拒在案。兹闻驻京代理日使，又以此事照会外部，谓近来奉、吉各处商民，啸聚日多，日夜操练，各为防匪，实系排外。若不即时查禁，恐又肇拳匪之祸，务请设法解散，以遏乱萌云云。其立词极为严厉，闻外部接此照会后已允先行查核情形，再行答复矣。

录自《神州日报》，1911年3月18日

政府答俄之全文

中国政府答复俄国要求之条件，前日仅据东报译登大概，兹京友某

国使馆得其全文，再译录如下：

文云：中国政府将宣统三年正月十八日俄国公使呈来照会详细阅读，今按次序照复。

第一，中俄两国交界一百里以内，准两国商民输入本国货物，免予征税一节，已照条约实行，至俄国照会所述，中国限制俄国于一百里以外之地征收货税一节，其词殊不明晰。若宣统元年十一月二十三日中国照会，乃徇华商之意，请俄政府斟酌商情，展期征税，以示友谊。俄政府当时有准请之意，故谓中国限制俄国征税，实为误会。

第二，俄民往中国境内，关于民事刑事之处分光绪七年条约第十款明白规定，中国向来照约办理，未尝别抱异见。

第三，光绪七年条约第十二款规定：俄民得在蒙古指定之处贸易，暂不纳税，并准俄民在伊犁、塔尔巴哈台、喀什噶尔、乌鲁木齐及长城以外天山南北各城，一律贸易亦暂免纳税，并规定至异日商务兴旺，必要征税之际，由两国商妥将免税条文注销。约中载明，俄民于上开各地准将货物自由运输出入，此皆该约规定之款中国已遵约办理，惟间接之税仍须征收。

第四，古城、哈密、承化寺（按承化寺在科布多南一千六百里外，前误译为钦化者，即此地也）设立领事馆一节，按照光绪七年条约第十款，载明哈密、古城、科布多三处，俟商务兴旺，经两国商妥，可由俄国设立领事馆。未有承化寺地方在内。今即欲照约设立领事馆，于约中所载之处，亦当调查目下三处商务情形。是否已经兴旺，再当斟酌办理。

第五，中国地方官与俄国领事会晤礼节。光绪七年条约第十一款业经规定，当照友邦官员应有之尊敬及按同等品级普通之习，订定礼节，总期彼此满意而中国官吏与俄国领事会审定案，互起争议一节应照条约第十一款办理，已续饬地方官注意此点。

第六，张家口及其他俄国设有领事馆之地，仍当按照光绪七年条约第十三款，俄民得移家居住及得建筑家屋、开设店铺等。

以上六款，中国政府悉行按照光绪七年条约办理，未有损及俄国权利之处。至中国地方官，则中国政府当饬令于交际上消除偏见，即或持议少异，互相争执，亦交际上常有之事，两国政府可以时相妥商，公允解决。此次俄国照会所言，中政府不欲遵守条约，与俄敦睦云云，实属难解。又言俄国可自由进行，可便更得条约权利，则有伤两国交谊。俄国出此，良可抱憾。今请俄国公使将中国答复之文，报告本国政府，并请申明中国政府悉照条约而行，且和平调停，以冀保全两国之权利及友谊。

录自《民立报》，1911年3月2日

瑞督饬禁组织国民军

（防民之口甚于防川）

现在英人进兵片马，俄人进兵伊犁，几至四面楚歌，中原将有蹂躏之势。湖北谘议局前接留东学界来电，请其组织国民军队，以期抵制。无如事关重大，迄未发表。兹鄂督瑞制军，昨准外务部来电开：近俄国因西北中俄悬案，照会本部，措辞颇激。业已依据条约，分别照复，彼尚受商。英人进兵片马，因促界务解决现正与滇督协商筹切实办法。外间报纸宣言殊多失实。顷风闻日本留学界开会集款，电各省谘议局练国民军，办自治会，并电欧美留学生赞成。似此举动深恐谣惑人心，牵动大局，希即设法解释谣惑，严密防范，勿任酿生事端，是为至要等因。正拟查办，乃阅汉口某报，果载有留东学生来电云云，实足煽惑人心，淆乱众听。查边务交涉，朝廷自有主持，岂容无知学生开会干预，组织军队，滋生事端。除剳饬谘议局无为谣言所惑，并分行外，并饬巡警道黄道祖徽，传谕汉口各报馆，以后凡遇似此函电，不准再行登载，违即按律究罚以免无知之徒造谣生事云。

录自《时报》，辛亥年二月十日（1911年3月10日）

王克敏之丧心病狂

直隶交涉司王克敏日昨函知津区各报馆，凡关于中俄与片马交涉事件，暂禁登载。此议原发起于科长某，交涉司恐被报馆诘问，难以函复，疑难多时，然因可以见好于外人与长官之故，亦特准如所请。日昨据各馆来函，逐条请示办法。他件均勉强作答，惟问及租界内各外国报馆，若将此项新闻登出，中国报馆能否转载云云该司对于此项，则极难著笔，故数日间，该员司尚未拟出复稿云。

录自《帝国日报》，宣统三年二月初十日（1911年3月10日）

汪大燮电告外务部

近日留东全体学生，以英据片马、俄占蒙古、法人进兵云南，曾电致全国组织国民军一节，已志各报。日昨，我驻日钦使汪大燮见众学生气势日盛，特电致外部。略谓在东学生近日醵款通电，声言组织国民军以救危亡。其势汹汹，不可复遏，诚恐激成暴动，关系大局。请转致学部、陆军部，设法预防云云。

录自《时报》，辛亥年二月十三日（1911年3月13日）

陆军部方禁制国民军也

日前，政府接驻日汪使来电谓，中国留学生一千余名会议，因中俄交涉事，拟设立保国会并自练国民军等情，陆军部大臣深恐各省陆军学生，闻风兴起，多滋事端。特于昨日电致各省将军督抚转饬各该省陆军学堂，严禁学生预闻此事，并不准开会集议。

录自《时报》，辛亥年二月二十三日（1911年3月23日）

请外务部自省

近日中英、中俄交涉案起，天津、湖北各交涉使均擅行禁止主管地方报纸不得登载，闻系出自外务部之意。夫吾国官吏，对于外人无一举不退让，对于国民无一事不强硬。故外人所以之以对外者，吾国乃用之以对内；外人或有应秘密于敌国者，吾国乃独秘密于其国民：其背驰一至如此！且也，各交涉事件，我国民所日日欲登载，所日日希望政府宣布而不得者，而外人及有时容易见之于我外交当局之手（其事见去年天津《益闻西报》）。岂中国之外务部而兼充他国之内务大臣乎？愿外部诸君其自省焉！

录自《帝国日报》，宣统三年二月十四日（1911年3月14日）

又是一道加急电司空见惯

云贵总督李仲帅，有加紧急电一道，致外务部、学部、军机处，仍以片马事宜，该省人士忿英人进占片马，四出抢掠决赶练民团以作后援。各学堂均已罢课，要求主战。惟此事关系甚巨，万一事机决裂益难收拾云云。当道接电后，颇觉惊惶失措云。

录自《民立报》，1911年3月14日

外患急兮防国民

沪道刘观察昨接江督张札，准外部电开：近俄国因西北中俄悬案照会本部，措词颇激。业已分据条约，分别照复，彼尚受商。英人进兵片马，因促界务解决。现正与滇督协筹切实办法（中略）。顷闻日本留学生开会集款，电各省谘议局，练国民军，办自治会，并电欧美留学。

似此举动，深恐谣惑人心，牵动大局。希即设法解释谣惑，严密防范，勿任酿生事端，是为至要等因。准此，合行札行。札到，该道严密防范云云。

录自《时报》，辛亥年二月十六日（1911年3月16日）

禁人爱国之公文

沪道接江督札准外部电开：（上略）顷闻日本留学生开会集款，电各省谘议局，练国民军，办自治会，并电欧美留学生。似此举动深恐谣惑人心，牵动大局。希即严密防范，是为至要。札到，该道应即遵行。

录自《民立报》，1911年3月16日

江督要防范国民军，罢了，罢了，完了，完了

沪道刘观察昨接江督张札准外部电开：近俄国因西北中俄悬案，照会本部，措辞颇激，业已分据条约，分别照复，彼尚受商。英人进兵片马，因促界务解决，现正与滇督协筹切实办法。（中略）顷闻日本留学生开会集款，电各省谘议局，练国民军，办自治会，并电欧美留学。似此举动，深恐摇惑人心，牵动大局，希即设法解释谣惑，严密防范，勿生事端，是为至要等因。准此合行札行。札到该道，严密防范云云。

录自《神州日报》，1911年3月16日

二月二十北京特电

外部不承认有中俄第二次冲突事，谓此谣言悉由报馆所捏造，现已实行禁缔，本国报纸不许滥登俄事。

记者按，我政府近来益尚秘密，遇有重要交涉，往往先为西报刺取揭出，而后吾国报界始有所闻，此固近来一可痛之现象，即如第二次中俄冲突之传闻，亦由欧洲各报所先发，固较著之事实也。今乃不揣其本，而欲禁制其末，虽封尽本国报馆，亦何益于秘密耶！

录自《神州日报》，1911年3月21日

北京电

政府以各省纷纷倡办义勇队，欲极力消灭，某尚（书）倡议，由部中派人督练，某邸不赞成。

录自《民立报》，1911年3月21日

保定消息

前日保定陆军学生有被革党煽惑，将据火药库作乱之信，事前为侦探所知，已捕学生数人，陈督拟以军法从事。惟今日据保定密信云系侦探挟嫌诬陷，且因学生激于边警，将开会集议，竟为官场及监督压抑，彼此意见冲突，致构此狱云。二月廿一日北京特电。

录自《神州日报》，1911年3月22日

保界会又将查禁

留东各学生因边疆不靖，组织保界会，力图自强，业已分电大部，禀请立案。部宪以国家政事不准干予，业已电致沪道查禁。本县田大令现已奉道宪密谕，已饬差调查，并有兼查报界俱进会之说。

录自《民立报》，1911年3月22日

政府通电

政府通电，各省禁止保界会等名目，并著严查开会、演说。

录自《民立报》，1911年3月22日

敢死团消息

敢死团昨有公布到京，枢臣大生惶恐，已密电江督，严查团内主名，速行驱散。二月廿五北京特电。

录自《神州日报》，1911年3月26日

宁学使为国民军着急

宁学李文宗顷奉学部来电，谓留东学界提倡国民军一事，各省士人纷纷从事组织，业经电请各督抚，速为禁止，以免扰乱人心。惟闻年轻之学生仍多抗违情事，饬即严密查禁云云。因思宁垣各校，除军界学堂有此组织外，并无其事，拟即持部电文，往商该学堂总办，饬令取消，并通饬其他各校一体知照。

录自《神州日报》，1911年3月28日

政府电

政府电锡督言，俄事已和平了结，可力戒绅民，勿开会结团，又令锡饬地方官，将疫毙尸棺速行设法妥置。3月5日盛京特电。

录自《神州日报》，1911年4月4日

大老怕老百姓

苏抚程中丞接政务处来电云：近来各省民气嚣张，上海发起义勇队、敢死团，留学生组织国民团，各省谘议局电约倡办民团，各事皆足摇动人心，咨请切实查禁云云。昨特札行沪道刘观察，转饬各属认真查办矣。

录自《民立报》，1911年4月12日

电报中之国民军：官电禁阻，民电速办

江督致沪道电云：接政务处电开：访闻各省留学生，时常聚集开会，提议组织国民军、敢死团、联合会、义勇队情事。本务处惟查各省学生，皆有似此举动，煽惑人心，殊关地方治安，亟应电知各省督抚，饬令严加防范，密查禁阻等因。到本大臣准此，除通行各道、营、局外，并电该道，刻日分饬各属，一体严行查禁。嗣后倘有前项情事，惟该地方官是问。

录自《民立报》，1911年4月13日

湖北谘议局

汉口电

湖北谘议局前因瓜分警报。曾开秘密会议两次，为枢臣所闻。今日严电鄂督，下劄劝戒，并严查境内，有借端集会、演说。

录自《民立报》，1911年4月22日

《东陲公报》被封记　郭宗熙之欺内媚外　连梦清之仇内亲外　姚岫云之逆内顺外

哈尔滨之《东陲公报》于二月十二日晚十二钟,由吉林交涉使兼署西北路道郭宗熙,饬警局谕令停刊。当由总主笔周浩讯问获罪之由。据称,名系俄人要求所致。是夜,即派警兵多名将馆内外把守,至十三日白昼。手犹持枪,如对待就擒之胡匪,不许编辑房之人出门。有误犯者,即以枪指其身。此封禁报馆未有之怪相也。

郭宗熙禁封《东陲公报》,传谕者系傅家甸巡警二区区官王武功。至十三日,全馆之人因不能外出购买柴米以御饥寒,由周君用电话问锢闭之理由。王当赴防疫局见郭宗熙(郭是时适在防疫局,平日畏疫症传染,住在俄租界),请示拟法。郭曰:俄人现在痛恨若辈,欲得其肉而食之。倘令若辈外出,俄人闻知,必与政府交涉。且我之出此,原以俄人将电报拟好,立欲向北京发去。幸我得信尚早,故先行下手。今稍姑息,则前功尽弃。不得俄人之欢心,则未来之事,盖难言矣,宁可使国民埋怨,不可令外人生气。汝可饬巡警戒严,晚间尚须回租界,与俄人会议对待若辈之法。王奉谕后,即赴馆转告周君,少安勿躁。周君答曰:吾辈或打或杀,郭宗熙何不自行主持,乃欲听命于俄人。凡有血气者,闻之俱必羞死。王默默而退,不知若何回复郭宗熙。

俄人在北满之势力,以哈尔滨为集中点。官府昏昏,国民昧昧。俄人种种之阴谋毒计及违背公法之蛮行,从无人道破。自《东陲公报》去年九月出版,抱定对外宗旨,记事立言,俱能搔着痒处。于是俄人畏之如虎,其国首相屡次发电东清铁路总办,问《东陲公报》探有俄人秘密消息否。彼国阿穆尔边防军派人赴蒙古,招选蒙兵,以作夺取蒙古之前导,取道哈尔滨,直向呼伦贝尔而趋。忽被《东陲公报》揭登,立将所派之人撤回,然此犹事之隐而弗彰者也。去年疫祸传至哈尔滨,俄人几将中国在傅家甸防检之权攫去。《东陲公报》拒绝之词，纸为之满，激动官民之心，不肯退让，俄人始行作罢。惟其心终未甘，租界内有《远东报》者，为俄人行使强权之机关，由东清铁路公司年掷数万金钱以维持之，其主笔为浙江钱塘人连梦清（名文行，曩在上海办理南方报事，阿附奸人，为公论不容，遁至哈尔滨），俄人遂嗾令日作诋毁《东陲公报》之词。无如理不能直，《东陲公报》驳之辄败北，延至腊月，乘《东陲公报》在年节休刊之际，连梦清忽大发谬论，谓主权轻而疫祸重，尽可与外人合办防疫之事。今正《东陲公报》续刊，复加痛斥，并将连之历史和盘托出。连遂日求其外国主人翁，要求郭宗熙，从而干涉。《东陲公报》编辑人员不受，全体告退。郭宗熙阴喜其省事，盖报既无人办，而媚外之道尽矣。无如议事会及董事会群起挽留，编辑人员记事立言之宗旨，仍不稍改，且撰有《讨远东贼报奴》檄文一篇，甫及三日，而封禁遂实行矣。

前任西北路道于驷兴尚有硬性，当俄人要求防检傅家甸疫祸，《东陲公报》拒绝之。东清铁路公司及驻哈俄国领事，前后计有照会七道要求干涉于驷兴，俱以言论自由驳复之后。又电由驻京俄使，向外务部交涉。外务部发电申斥于驷兴，仍力为保全，未几竟被撤任，原因实在于斯。郭宗熙即继于驷兴之后，彼先任延吉边道，以媚日得升交涉使，将吴禄贞（前吉林边务督办）所苦心经营者，尽拱手让之日人。今在哈尔滨姚岫云者，本声色恶劣之小人。曩在租界商会办事，吞仍袭延吉之故智，故俄人恨《东陲公报》，彼不得不立为封禁。惟郭宗熙初亦惧众情不服，曾迭传《东陲公报》经理人姚岫云，问对待绅商之法。姚岫云甚以小民易虐，无敢显与大人为难者，于是郭宗熙之意始决。

款及万，被会中驱逐控追，不得已向《远东报》运动俄人，留之馆中，编辑新闻，得此遁逃薮，所吞之款，竟未追出，及商会总理换人，俄人遂辞退之，因其不胜编辑之任也。嗣居傅家甸，逢迎前任滨江厅何厚琦。其间亦有商会，而会中之人，皆忠厚有余。何厚琦硬派为坐办，及《东陲公报》开办，遂夺得经理之席。租界商会则举游少传为经理。《东陲公报》本属商办性质，租界股本较傅家甸为多，由两省商议，定以姚岫云发行报纸，而游少传则专司财政。乃出版无几，姚岫云置报纸于不问，惟将财政权尽行攘去，侵蚀不可数计，从未与人算帐。馆内手民工资，馆外访员薪水，亦陆续拖欠。编辑人员颇非之，于是遂生意见。近复充防疫局庶务委员，四十余万用款，具经其手，侵蚀之事，尤属人言啧啧。恐郭宗熙之清查也，力谋讨好，故封禁《东陲公报》。与之言及，百依百随，并借以酬报从前俄人庇护之恩。当事未发表时，俄人曾命连梦清赴姚岫云处探信，姚岫云告之曰谐矣。议事会及董事会得此恶消息，咸向姚岫云力争，姚岫云不听。众商家婉讽之，亦逆其意而不从，反亲至警局，促之速澂，否则为时已晚，《东陲公报》尚须多延半夜生命也。此为封禁前后之事，编辑人员，究竟治以何罪，现尚难测。容缓续布。

录自《民立报》，1911年3月20、21日

(九)

政府文件与外交文书选

甲　关于片马

滇督李经羲致外部，英藉片马事争野人山界址，请商英使重勘电

申。腾越尖高山以北野人山界，经钧部照会英人，从尖高山起，北过之非河至高良工山脚之西，循九角塘河至扒拉大山岭脊为止。论界当厄定此线。总署原案，未定界前，各守现管小江边界。英国指潞江大金沙江分水岭为界，历年未认。兹茶山、片马各夷寨，距扒拉大山远，如小江内附近高黎贡山，为登燻土司辖地，纳粮征税，有道光时案卷可稽。即英萨郎曾代印度政府声明，登埋向收所拟交界以西各野夷头目礼物税银，该政府愿为补偿，该夷寨属华确无疑义。去岁九月，登坡土司因征片马各寨税银互斗，控保山县在案。奸民辄往腾越英娄领处投禀，该领竟称，土司带兵过界烧抢英民，请饬赔偿。当以土司斗案，应由地方官自理，勿得干涉驳复，并电保山陈令驰往查办。娄以游历为名，先赴片马，电致驻省额总领，请阻陈令勿往。又云，此案听候北京核办，于未核准先，两面官兵均不可到等语。并闻有英员在高黎贡山栽桩立界。查此段界务，英蓄谋内侵，欲达彼以高黎贡山为分水岭之目的。现借片马事出头相争，要求官兵不得前往，仍袭英萨案故智，受其恫愒，即堕术中。除仍饬陈令亲自确查并勘明有无栽桩，续行电咨外，请照会英使，转告缅政府，勿得在我土司治理地逾界干预，并派员重勘划界。盼先核示。羲叩。说。

三月十七日《片马界务档》

使俄萨荫图致外部丞参，报与陆使商议俄约事函

中俄修改商约，前经大部奏派陆子兴星使来俄会议，并饬荫会同与议。此事于商务前途关系至巨，荫自当与子使详细商榷，务期尽善，以副大部郑重商约之至意。子使抵俄后，出示说帖节略等件，筹划一切至为周密，复经列堂斟酌损益，尤见精详，将来开议时抱定宗旨，相机磋商，仍当会同子使随时请示遵行。十二日，荫偕子使往晤署外部尼拉笃甫，据称：俄皇现巡游海面，须下月初方归，届时当请定期觐见；首相斯笃列宾现亦出游，所有议约专员须与首相商酌方能派定等语。荫晤俄廷大礼官，亦称：俄七月二十号左右，俄皇还彼得霍甫离宫，当可觐见云。近适有俄皇叔祖母之丧（公斯当丁亲王之母），十七、十八两日在森都教堂举行殡礼。俄皇乘舟还森，礼毕即行，仍往波罗的海等处。子使现拟俟觐见后，赴海牙换约。日内与荫正在商榷议约事宜，余容续布，敬祈代回邸堂各宪是幸。

宣统三年闰六月初九日《商约档》

滇督李经羲致外部，片马案久无结束，请催重勘电

片马案，饬保山陈令勘办。该夷虽为汉奸诱煽，英领笼络仍坚，以内附投缅。禀系伍徐窃名捏递，初不知情，并拟归登质土司管辖，照完税粮，出具摹结，愿送子弟入学。野夷从未得见流官，此次经羲力持，饬往革除苛敛，优加赏恤，感激意深，当知内向。高黎贡界桩，查无其事，并缉获李三保归案。英额总领托词乞情，谓李为娄领翻译，有伤英国颜面，力求释放。李本匪类，向不在领署，以另有案驳之，饬县迅取确供。片马事不意翻腾，北段界亦久无结束，必作到重勘，方有办法。英使曾否答复？乞查核催议。羲。

四月十二日《片马界务档》

外部致李经羲，片马界务英使不肯派员会勘，希妥筹因应电

片马案，准英使照复：奉政府嘱令声明，俟娄领查明详报方可作复，并嘱先请将光绪二十九年十二月十四日照会多为注意。又三十二年四月初一日萨前大臣照会内，曾向中政府言明英政府之意，合再照会等因。查腾越界务，前萨使坚指潞江及大金沙江之分水岭为界，迭经本部驳斥，并咨滇有案。兹该使仍引萨使前照，不肯派员会勘，语意狡执，一时恐难定议。务希密派干练之员，确探该处地势边情，妥筹因应，并随时电部以备辩诘。外务部。

五月初三日《片马界务档》

滇督李经羲致外部，请与英使提议滇缅界务以便勘办电

申。准大咨开英麻署使照称：南奔江与太平江合流处起，至南帕江与南亭江合流处止，界线早经勘定立石。本国政府决难允许再有辩论等语，咨滇查复等因。此段界线于光绪二十四年会勘竖标，二十六年英立陇川、猛卯界石桩未商滇省，事后索摊费未洽。二十九年缅抚照会修桩时，仅派微末员弁同往照料，非两国正式立碑。计全段九十七号单立者，五十六号双立者，四十一号原图均有标记碑，并应互刊华、英文。现碑只刊英文未刊华文，有违原议。自十号、十四号发现无字私桩后，派永昌府复查，尚有第二十、第二十二、第二十五、第二十八、第二十九等号桩位不符，即三十以至九十六各号均待确查。迭与英领磋议，允撤去十四号下私桩，旋又翻悔。昨该领照会西道称，奉缅抚以滇省迄今并不照案立桩相诘责，若不及时勘办，是彼有界而我无界，何足以重国防。应邀同英员按清单所载方位，坐落远近，丈尺对号挨查。双立者另树华碑，单立者补刊华文，如有出入即当场跟同更正。现秋深瘴退，拟派员

上界。应请钧部与英使切实提议，要允此已定应查之界也。至尖高山北段，英使坚执潞江及大金沙江之分水岭后为界，不肯再勘。本年片马夷民与登埂土司交哄，英领竟指为缅地出头干涉。前已电陈迨羲饬地方官冒险驰赴该处查出证据，并拿办捏报缅奸民伍嘉元、徐麟祥等，其事始寝。近谣传有英兵将实行驻守片马各处，已饬西道密为防探，并拟饬界员贯野人山地寻恩买卡源。明知小江外各夷种类庞杂，言语侏僁，不易深入，但望达此目的，于界务方有把握。谨密陈，祈分别衡核，赐复遵办。经羲。初八日。

九月初十日《片马界务档》

滇督李经羲致外部，缅兵赴腾越驻守，请商英使电缅政府，仍守小江北流为界电

申。腾越北界英领藉片马案进争，滇省惩奸抚夷均占先著，彼始罢议。然当时有俟雨霁瘴消英兵往驻片马之谣。准钧部本年五月初三日电：英使照复，请注意光绪二十九年十二月十四日照会。又三十二年四月初八日，萨使曾向中政府言明英政府之意。查所引两次照会均指高黎贡山为界，并声明如中国不允所请，英即令缅政府驻守该处，治理一切，无须再商。是该国未始不藉派兵为恫喝，顷据腾越税司密称缅派兵五百名往北界巡驻等语，恐其事不尽无因。照原案，我认为边界者在各守现管之小江。英兵如到江内土司地面，听之则失地，拒之则兴战，做何应付，乞秘示方略。界务延不解决，终有恃强侵占之一日。西陲险象岌岌可危，羲夙夜焦思，在界约未划定时，直苦无从措手。故迭请钧部与英使抗议，俾得早有归宿。此界既当重勘，祈速照商英使电咨缅政府仍旧暂守小江北流为界，不得令英兵越江私入华境游弋，以免边民惊惧生衅，迫切至叩。经羲。敬。

十月二十五日《片马界务档》

滇督李经羲致枢垣，英兵抵片马并胁各夷降附，请饬商英使退兵妥议电（附旨）

滇缅续约载：北纬二十五度三十五分之北一段即野人山界，照约应往北划去，不得折而东以求分水岭所在，牵合于英使历次照会所指之高黎贡山。惟彼族目光所注不仅限 4436 以滇边，尤在直通西藏。前两国派员会勘起点不慎，铸错已成，部省合力坚持，六七年来抗辩百端，迄难就犯。以前英兵只在密芝那境一带游弋，从未逾我小江。小江乃总理衙门与英使所定暂守边界，江内皆土司世守治理地也。本年夏间，登埋土司所属片马夷寨奸民捏禀投缅，经羲拿办首恶，其事始寝。后即有印度政府将派兵驻守片马之谣，经羲迭电外务部，请力图界务根本解决，并先止英兵过界挑衅。虽经转照英使，而观该使答词，显露祸心，毫无让步。彼已主自由侵占之政策，兵机已动，即于我全局攸关，何可不决心筹付，早定方针。

前咨部五色线图于滇境已得大纲，名为五线实只两线：一、恩买卡河，一、高黎贡山，利害昭然。部臣当久经熟计，且为国界非省界，在疆臣何敢擅专。而区区愚念以为：宁吃有限之明亏，不甘为极端之默许。不意其竟出强硬手段，径行领占。据永昌知府江蕴琛、署迤西道狄葆煓等先后电称：探闻英兵从密芝那府分两路出发，约兵二千名，马二千五百余匹，有工程、辎重各队，其前锋直抵片马，事已的确；在该处遍挖地营，为久屯计，并胁派赖各夷寨降附，宣言高黎贡以西为该国固有领土；统兵官闻系游击佛梦能，总办其事则知府郝慈等语。经羲前闻英兵巡界，即拟以巡察为名派兵往赴小江，特虑其执前此华兵不得逾岭原案引为口实，先发挑衅，曾电请部示。又以西鄙空虚，营队夙少分扎要地。值中甸大姚乱后，影响所及，在在需兵镇慑，勉强抽调只能分成近边。复派驻大理之陆军第七十六标两营克期开拔赴界，惟计程约二十日，师行虽速，我兵在途而彼兵先已过境。

议者谓：彼意在占界，未必遂往内侵。然揆之现势，有万不能不争者三：

岭西各夷供赋应役初非不毛瓯脱，并英国允给租价、允偿冈银，明明认为土司辖境，遽为外兵所据，国体何存，一也。茨竹、派赖、片马等寨分隶左杨段各抚夷，均执有道光年间兵部劄付，证据确凿。若我力不能保护，沿边土司愈受影响，边计所失已大，二也。从高黎贡山脊北往西藏，此线为英政府所定，彼兵既擅进片马，即循山而北以至丽江之兰州、维西之白汉、洛巴境之擦瓦龙，扼险设戍，以后则争无可争、让无可让，坐收此千余里之地，三也。

经羲责在守土，虽自顾兵援薄弱、饷械匮虚，而事关边域，存亡牵连川藏，诅忍以一隅而误大局，更何敢惜一死而辱疆寄。目前民情惊惧，不仅外侮，尤虑内订，已饬标营暂驻腾永弹压地方，先求靖内。至派兵上界一节，此则关于战局，断无兵已上界而能不启战衅之理，尤断无将启战衅不先预筹全局，后继而即冒然前进，徒取溃辱之理。应请朝廷决定宗旨，密示机宜，内外合筹，力图援济，命下乾行，经羲决无退缩。

伏维经羲受命危疆，才庸识暗，既不能先事防杜，上释主忧，以致敌兵犯界；又不能立时抵御，力却强邻；罪无可辞，恳请皇上明降谕旨，先予处分，敕部严议，以存国体而谢滇人。庶经羲得以峻岸张维，力求自赎，并恳敕下外务部与英使严重交涉，务先退兵而后妥议。部意拟交驻英使臣与英政府直接磋议，若留兵示威，据地为质，恐协商未就，战祸已开，岌岌边情，不胜悚迫。乞代奏。李经羲谨叩。

附旨

十二月十九日奉旨：李经羲电奏悉。滇缅北段界务久未划清，兹据探闻英兵将抵片马，意图占据，审时度势，究未便轻启兵端。应由该督密饬地方文武妥慎防维，勿任卤莽偾事，一面镇抚汉夷，免生惊扰，并着外务部磋商办理，以维边局。钦此。枢。养。

十二月二十日《滇缅界务档》

外部致刘玉麟，英兵直抵片马，请商英外部撤回电

滇缅北段界务准滇督电谓：英兵两路出发直抵片马，为久屯计，并胁派赖各夷寨降附，宣言高黎贡以西为该国领土。查片马确隶华土，在小江以内为我土司治理之地。此事争持已久，现英又派兵逾界。昨曾照会英使，由执事与英外部协商根本解决办法。除钞案电达外，先向该外部切实诘问，如未派兵即行作罢，若已派往即应撤回，以便和平商结，并电复。外务部。养。

十二月二十二日《滇缅界务档》

滇督李经羲致枢垣，英占片马，拟督军备战，誓以身殉乞示电

界务肇衅急迫情形，十八日已电请代奏。日来迭接边报，英兵设卡筑垒，径兴工役，节节布置，不独立意久占，骎骎有沿界进戍丽维之举。边民夷众风鹤惊惶，益以愤激。尤虑外侮内讧相因而起，经羲严饬沿边文武设法镇抚，静听主张，如有奸人生事，即行严惩，目前尽力镇压尚可无事。滇人固乏能力而仇外最烈，若缅兵日久不退，筹备一无方略，土司解体，绅民怨恫，欲弭内变亦颇费手。

目前英使照复外部并无派兵过界之举，意狡而诈若不承认；屡以派兵询诘英领，英领推宕不复，固属不肯先泄，亦若有应难出口者；可知强硬施为，未始不自知其悖滇约。小江为暂守之界，缅未明拒滇约，缅兵不得过岭，滇不派兵先驻片马，原为守盟杜衅。乃彼于中国土司治理地方，滇尚守约不遽驻兵，缅独公然占之，又不先知照，即谓片马在彼指定界内。究系执而未定之界，又有中国治理证据，充此而行，何处不可强占。彼恒以公理制人，文明自诩，而先肆强权，如此质诸列国，当有公评。此时先请退兵而后妥议，中

国所持理正当先力争。惟印缅政府既以兵占，冀遂要求，空请退兵未必听允。中国既不能遂彼极端目的，徒请退兵别无一策，势必待有解决乃准退兵。允之，则堕术中，国体何存，效尤可虑；不允，坐听彼必日展兵力，沿岭步步设戍，为自行收界之计。滇人能日久忍受不起变端，中国能到底退让承此耻辱乎？

似宜分三层办法以重交涉，先请退兵仍如部议，由刘使向英政府解决，各派大臣重勘，虽终须酌量吃亏，事宽则圆，可免决裂。万一此议不行，应另有二策：一、预行布告各国，声明其曲在彼，用兵在先，若两国巡兵于未定之界，因冲突而互有伤损，中政府不任肇衅之咎，即隐为将来交会公断地步。二、朝廷决定宗旨，预筹边备。就滇缅一面战局而论，我专取守势，但能准调兵将为援，宽筹饷械以济，虽无优胜把握，或可勉强相持。赶紧经营三四月，先堵丽维，然后派兵上界，彼不相迫，则两抵阻其进步。彼只能占片马前后一隅，要挟之计不行则自定国界目的即不能达，可以徐俟调停另图收束。万一相迫则战由彼成，业经公布在先，收局当不至离谱。无论战否，先作战备，国家多费岁一二百万饷需，影响中挽回不小。较之束手默许，愈退愈觉不堪。近则法人长智，远则失边心，利害两权，一筹略胜。

经羲明知国步艰难，苟经挫失，滇力尤薄，一无可恃，仓促而谋边备，窘困多而把握少，而经羲仍贡此言者实处于万不得已，势不可以坐误。窃料英缅姑挟一策而辍两端，果我以进抵之功阴行勉让，似不至大为决裂，全无收拾。袁世凯有术能兵，若能出而莅滇，抗难魄力必胜经羲十倍。此经羲为大局谋者，倘朝廷以经羲责在守土，才虽庸劣，分应捐糜，则经羲避贤乞谴于平时，决不忍畏难惜死于此日。筹略既定，后路有托，即当出驻永腾，亲督三军，誓以身殉，决无退缩。经羲躬当其厄，忧愤怦怦，不敢不渎，事关重大，惟赖宸谋毅断，训示遵行。乞代奏请旨。李经羲谨叩。

宣统二年十二月二十五日《片马界务档》

军机处致李经羲，滇缅界事已诘英使，希遵旨规画计出万全电

申。二十七日电奏已进呈，二十五日电悉。滇界事执事虑近图远，意在筹防备战而不遽用兵，固系就滇言滇。但所谓知我有备，界事稍松；如系势均力敌，尚可据此立论。现在我国情形彼所洞悉，若声言设备，转恐彼藉为迎战之据，不独患中一隅，并将牵动全局。以执事公忠体国，明察时势，谅必熟计及此。又闻尊处电达他省，有请旨备战、设法援救之语。现在人心浮动，万一消息流传，内讧外侮因之而起，后患何可胜言。

时局至此，全赖内外协筹，勉支艰巨。仍希遵照上次谕旨，妥慎规画，计出万全。至电奏内所称英使照复外部并无派兵越界之举，查该使原照乃谓不越彼所执分水岭脊之界。英领与英使同一推宕，用意固属狡诈，但非自认理屈。现外部已照诘该使，并电刘使先商退兵，尚未得复。其界线情形仍望详酌电部，以备因应。枢。

十二月二十七日《片马界务档》

外部致刘玉麟，英兵确抵片马，希商退兵再议界务电

申。二十七日电悉。迭准滇督电称：英兵二千名，马二千余匹，有工程、辎重各队直抵片马，事已的确等语。是此时重在退兵，本部业经照会英使，惟彼必转报政府，周折需时，仍应由执事直接切商，先行电饬退兵，务期得其确实意旨。至界务问题，将来在英、在京商议均无不可。切盼电复。外务部。

十二月二十八日《片马界务档》

使英刘玉麟致外部，译送英外部面交滇缅界案节略函（附节略）

上年十二月二十七日寄英字第六号函计达典签，二十八日接部电只承一是。弟于正月初一日晤外部，业将诘问情形于初二日电达冰案，兹译送英外部面交节略请览。滇缅界案英政府已有得寸进尺之势，其节略措词几视恩买卡一段为彼所属之地，冀乘机占领；并称赔偿土司贡税应示凭据，尤为无理。应如何据理直争，务祈钧部指示机宜，毋任企祷。

正月二十一日《片马界务档》

附：英外部大臣面交滇缅界案节略

按照一千八百九十四年及一千八百九十七年条约，滇缅边界除（甲）南汀至那拉一段及（乙）恩买卡一段外，其万难逢以北者均已划清。

恩买卡一段即本月二十四日中国公使来函所争论者，英政府前以中政府迁延作难，故于一千九百零六年照会中政府谓：厄勒瓦谛江与希为黎河间之分水岭以西，中国若不实行治理之权，则英政府即认为两国土地在北纬二十五度三十五分以北之希为黎河源以上者，以分水岭为界，自此直至西藏则循厄勒瓦谛江与三尔温河中间之分水岭脊为界。英政府并代印度政府允偿还登埂、明光两土司所失在该界线以西所有之各村落，向例进贡之税物若中国再不允，则令缅甸政府不俟磋议即将该地土占领治理。

经此照会，然中国官吏于一千九百零六年以来侵犯英国政府所指之边界不止一次，近登埂土司又剽掠分水岭西之一村落，致英政府不得不以此时为实行一千九百零六年警告之时。

今者不过实行一千九百零六年所预告之办法，故遣一文官前往，并带护兵自卫，因此情形英政府已饬北京驻使照复中政府如下：所争之地曾于一千九百零五年由烈领事与石道台会勘，英政府并未查出有与照会中政府之意见前后相异者。故一千九百零六年萨使又于照会中重申此意，乃中政府四年以来除拟复勘已勘之地外，别无办法。故英政府即实行萨使一千九百零六年之预告，已遣兵至片马。嗣今以后，分水岭以西之土地可保平安治理矣。

英政府以为中政府若不以此举为然，则应由中国指出理由以辩是非。至分水岭以西各村落之赋税应当如何赔偿，中政府示以凭据，英政府愿在北京阅验。

西历一千九百十一年正月三十号

外部致汪大燮，中俄悬案本持认真商定之旨电

本多代使奉其政府命令交来节略，内称：闻俄使以中俄悬案解决办法照会中国政府，又闻俄政府决意贯澈主张。中国政府如不以应允者速允，不应遽允者即协商妥定，恐两国间发生危机，日本政府深望迅速设法定局等语。希密向小村致谢关切之意，并告以中俄悬案应允速允、不应允认真商定，中国本持此宗旨，已照复俄使，以期共保和平。再，准二十一日电具悉，英进兵片马正与磋商界务解决办法，总望妥结，余详另电。外务部。

正月二十一日《防务档》

外部致各督抚，英人进兵片马事报传失实，请解释电

申。近俄国因西北中俄悬案照会本部，措词颇激，业已依据条约分别照复，彼尚受商。英人进兵片马，因促界务解决。现正与滇督协筹切实办法，外间报纸喧腾，言多失实。顷风闻日本留学生开会集款，电各省谘议局练国民军、办自治会，并电欧美留学会，似此举动，深恐摇惑人心，牵动全局。希即设法解释谣言，严密防范，勿任酿成事端，是为至要。外务部。

二月初一日《片马界务档》

使英刘玉麟致外部丞参，陈滇缅界务暨禁烟办法函

初八日寄第十六号函，翌日并因滇缅界务暨禁烟事迭电钧部，计均承察及。顷晤外部，据称：片马现届潮湿，所驻该处英兵，自西历四月十号以后当陆续撤退。弟答以此案中国政府极愿速结，拟即派大员到界会勘。彼称：容与印度政府商议。弟又与商禁烟事，将按省禁运一层促其早允。彼称：除广东、上海两处外，其余当可商议，请转达贵政府等语。查广东、上海为运烟最要口岸，此二处未允照办，其余彼即允之，于事何裨？弟管见不如明定禁吸年限，明降谕旨，饬各省一律实行，次年印烟即行停止来华。如此办法转较理正言顺，未识卓见如何，务祈转陈堂宪为荷。麟。

四月初二日《片马界务档》

督办粤川汉铁路端方奏，滇边界务请于片马交涉未定之际，端方片与英使商撤兵片

再，滇边界务交涉，英人相持甚急，若始终峻拒，必将横生枝节，不能不权予通融。各省谘议局于外交政策往往不悉，当事为难，辄复横加訾议，而民情浮动时或受其影响。似不如于片马交涉未定之际，以撤兵一事与英使密商，必当出为协助。且闻某国换防之兵其军械并不运回，储积甚富，各国亦颇深忌。如能就此全撤，在外交既可得互换之利益，于国防亦可弭无形之隐忧。至撤兵如能办到，较之片马一隅事体尤关重大。各省绅民闻之，必当翕然悦服，于滇案不至更有实词，互相煽动。惟与英使磋商，只在利用滇案交涉，其撤兵与界务仍当划为两事，以防他人藉口。外务大臣熟于因应，必能妥速密筹。臣一得之愚，是否有当，谨附片密陈，伏乞圣鉴。谨奏。

宣统三年五月初九日奉朱批：览。钦此。

《界务档》

滇督李经羲呈内阁，滇路收归国有，请旨饬下迅议电

内阁总办协理大臣钧鉴：

申。滇、黔必一面筹办交通，一面振兴实业，交通告成，实业萌动，两极相需，两不相待，舍此，穷边无起死回生之术，朝廷无长驾远驭之方，明者皆知，无待赘渎。

滇人以英蹙于西，法侵于南，越路先成，又直贯中心，知非自谋路策不救，竭力筹维，经营数年，事虽难成，志则甚苦。经羲莅滇力赞，而开明之滇人谅经羲之心，于是正绅陈荣昌等暨京官均有收归国有之请。滇蜀迟而滇桂速，将来由桂接通粤汉，早成一大干路，国家收湘、粤、桂、黔四省于堂奥，兵谋饷计，悉出于此，较之仅通滇蜀，再议黔桂，枝节而为，实操胜算。果使粤汉尽通，滇蜀又多一路，使干路双包环接，视力所至，亦足与始计相维。经羲于是有国有先营滇桂之奏，绅士迭次所请，则仰蒙朝廷鉴许。经羲专奏则交部议准，业经派勘。近则内阁议复经羲电奏，允准借款兴修，徒以隆兴毁议，事成中搁。滇人责经羲筹措无方，反致阁部延待，不能速行计划，势将两误。

滇京官、议员闻亦以此呈请于朝，大意均谓：滇路请归国有，输诚居天下先。今粤汉、川汉迭奉明诏，而滇路为干、为支，未经议定政策，宣布宸谟，众情无不遑迫。前此建议，诸绅深受士民责问，且干、支不定，滇人不能就已集股款，专力以营商办事业，粮股一项受亏已深，亦不能与川、湘人民同邀恩免，均无以安边心而餍愚望，恳请电奏交议，请旨前来。经羲谕以滇路既经阁部议勘议款，滇人请归国有又奉俞允在前；邮传部盛大臣议复干路收归国有奏中极言滇路当办，谋边宜急，是以认为干路，引为部责；奏奉诏旨，更有顾念边局之明文，何可因经羲筹议无功遂生他虑？

该绅民等仍复再三沥陈，谓：既皆晓然于心，而办理实有为难。朝廷广布仁施，当蒙俯鉴下忱，明旨宣布，俾一切赖有解决。经羲察其词意恳迫，事关边计，舆情当非怀疑妄渎，用敢据实恳恩，饬下内阁迅速核议，请旨定夺，早

赐宣示。至筹款办理实业，查与路政、矿约两事均有密切关系，绅民并以为恳，容经羲悉心筹议，另奏详陈。恳切待命，敬乞代奏。经羲。

宣统三年闰六月十七日《滇桂铁路档》

李鸿章奏，俄使请以天津河东为俄租界，请旨办理折

李鸿章奏，自京津失守后，洋兵充斥。外洋通例，凡兵力所到之处即为该国所有之地。现在天津一带均插各国旗号，虽将来和议成时陆续归我侵地，而码头繁盛之区彼必专为租界。天津城外各国租界极多，惟俄国无之。现俄使指定河东一带拟作为该国洋场，援照各国通例来请，不能不允。惟内有盐丁盐坨一段，为长芦盐商筑盐、存盐之所，乃该处小民产业。当告以盐法为我国课饷大宗，不容废置，且系商人世业，断不能价卖与人。应即议明此段仍划还盐丁管业，不入租地之内，不得侵占，其余地段准令俄人认租，作为俄国洋场。俄使亦已照允，欲先立草约，以便日后再商。查各国在天津均有租界，俄独无之。今既以礼乞请，又值东三省商议交还，自应准如所请。谨拟草约二条，请旨办理，伏乞圣鉴。谨奏。奉旨电李鸿章：着照所请，该衙门知道。单并发。

交片马安良[1]。奉旨：着该总兵统带全营于秦陇间择地就食，认真操练。

二十三日驻跸西安府城。

1　安良，马安良，清军军官。

中英交涉遣使设领

英吉利最重商务，光绪以前，对华交涉之政策，莫不悬此以为的。至领事裁判权之订定，租界势力范围之划分，则利用机会以造成，或根据约章而均利，英初不自为戎首焉，足见其外交手段之圆滑矣。此外若教案，若命案，是固在所必争，乃于偿恤之外，要求订约，既允订约，则又牵连其商务上进展之事，而图增益其利权；如马嘉理，一书记官耳，被戕之后，轩然大波，结果签订《烟台条约》，不特增开口岸，垄断长江，即后日藏缅交涉，亦伏根于此；而缔结关税管理权、铁路经营权、军舰行驶内河、陆军驻扎京奉沿线等条约，遂引起列强之不平等对华政策。至侵略西藏，所以防俄；占据缅甸，所以防法；香港既得，旋及九龙，俄租旅大，便借威海，则防俄又即以防法；自俄败于日，辄与日同盟，则联日又即以防日，而均势之局成矣。教案虽似无关商务，实兆杂居贸易之先声，拳匪之乱亦缘是而起，实为清末巨患，因另立一门以表异之。他如路矿之利，英国最所注意，初则垂涎长江流域，迨议建筑京奉、津浦、京汉、粤川汉、广九、道清等路，复贷款于我，扩充其华南、华北之势力焉。且英自三C[1]政策完成，沟通欧亚非三洲交通线后，即计划远东交通线，又因此线有被日本截断之势，乃注意陆上交通线，欲由印度沟通我长江以下太平洋，是为横断大陆以直达大洋政策。于是干涉西藏宗主权（光绪三十二年《藏印续约》），侵片马（宣统二年），占江心坡（民国十五年），近复有垂涎班洪之计划，是英人处心积虑，可谓无微不至。盖其政策，皆智取术驭，率以时势为转移，故光、宣两朝之交涉，亦惟英人最为得利也。

1　3C政策：指第一次世界大战前英帝国主义为进一步侵入非洲和亚洲而提出的修建铁路计划。从非洲南端的开普敦开始，经过埃及的开罗到印度的加尔各答。该三地的英文拼音均以C字为第一个字母，故称三C政策。

乙　关于隆兴公司

邮部致外部，钞送滇督李经羲请办滇桂、滇蜀两路向四国公借二千万元来电，请查阅函（附钞电三件）

径启者：

本部接到滇督来电三件，兹特钞录，函送贵部查阅可也。

宣统三年五月初三日《滇桂蜀铁路档》

照录。滇督李经羲致邮部，隆兴公司因滇桂造路借款，要求派员查账，力拒未允电

邮传部鉴：

洪。真电敬悉。路款与隆兴商允，四国公借，由滇经手，由部出名，指盐保息。以国家之产，抵国家之债，本无区别。惟内夹有取销矿约一层，绅民狃于偏见，闻抵款在滇，辄疑及矿回路失，奔走骇告，谓于滇必伏极大危险，即做到不押本路，不侵路权，仍不足以祛惑憾。请切商度支部，将盐课移抵他款，隆兴借款另指别项为押。路名滇桂，本应两省负责，滇有为难隐衷，无论桂能否筹抵，既属中央主办，权自内操，似不必再与桂商。全路实需工资若干，罗道尚未勘竣，难估确数。然得此二千万为基本，购地、采料已足周转，不敷续借，届时或可冀得稍轻利息，应否再加借若干，仍请钧酌。

此次借款由四国另组一公司，举代表经理，不问何国为首。隆兴英人，大约英占多数。应付年息，羲前谓量滇、桂之力分认，以朝廷既不惜贷巨款以实边，又不责以还本，自为该绅民等应担义务。现熟审情形，合力通筹全数，仍

恐断难做到。滇固万窘，桂已久亏，何能岁储百万的款待支，终当重劳部虑。且奉旨，干路、边路均为国有，则与前拟政策施行又有不同。滇款仅以铁路为名，未专指某路，高林士要求派员查账，聘工师，均力拒不允。现部借四大款已成，所订条件若何，彼不免意存观望。前议于应得扣息外别无利益，遂怏怏不满。冀部约得有可援，应请将大纲附件密速钞寄。隆兴索特别补偿，其目的在于赎约，动称数百万。羲只以在滇所费之数为衡，距离太远，借款成否，须视此事能否合拢。高近日口气较松，详细推敲，或可就范。为此谨复。羲。铣。

照录。滇督李经羲致邮部，滇路收归国办，恐争路者反唇相稽，请裁察电

邮传部鉴：

辰。迭上三电，企盼复示。昨见简员免捐及交会谕旨，词严义正，失其抵据，藉定一时，开会时反足用其效力，以防任事者放纵，至为钦佩。两路一大臣自为，利于通变，端恃才敏境熟，再能力戒虚糜，少用调客，舆论藉口自无。阁部宜预有匡画，滇人于外债，但重失权，不重空谈。惟两见明诏，规画所在，滇蜀、滇桂国办无疑，环求奏恳谕旨明白宣布，将来局议、院议必为注点。隆兴矿路借款，成与不成，为期不远，赎矿如仍决裂，丢开另借，焉用隆兴，诸俟决定即达。以前因滇桂较滇蜀成速费省，贯通桂、粤，故谓宜先请朝廷路策改定归一。滇桂接通粤汉，旁干之路线较迂，滇蜀接通川汉，正干之路线较直，蜀则利商，桂粤兼利兵，均属边要干路，早迟必修。滇之官民，不论何路，惟以速成、早通为宗旨，二者先后缓急，须视粤汉、川汉成期早迟。而滇越已通，外人亟求进步，若不提前赶办，难保不乘机干预。阁部全局在胸，自宜早为审决，而断非借款不成，断非抵押他部厘租不妥，此则可预决者。若目前图为粤汉、川汉解纷，遂忘却两次谕旨，与滇路极相关连，要求剧烈，各省从而助之，大波复起，恐亦不易支吾。

再，滇蜀铁路先有农田，路股较湘蜀更重，民以为苦，禁烟后勒收甚难，热心路事者力抵，议决勉强以二两减收，怨诅不息，迤西尤甚，界事更起，指为驱民入英政策。今有收归国办之明诏，又有农捐害民之誉黄，滇捐早晚必停，而一班执滇路生死以争者，更以免捐国办四字责疆臣，更责阁部，反唇相讥，行将无词以对。经羲待罪之身，不敢不告，伏乞裁察，此电幸乞转申阁鉴。羲。沁。

照录。滇督李经羲致邮部，滇路须加借巨款，请商度支部并赐复电

邮传部鉴：

辰。借款只言兴办滇路，不指路线，其故有二：一、英、法均望通蜀，滇人亦多执前说，此时宜示浑涵；二、通蜀利在商，通桂粤兼利兵，为滇计，重在速得海口出路，不争桂蜀办、滇桂办。滇蜀须视阁部主画，择一速成，羲无成见。前舍滇蜀而议滇桂，亦有二故；一、滇桂先至百色，即通水道，路短费轻，其成效速；二、滇蜀一路。滇力不办，又不欲官办，川汉工险道长，任蜀〈能〉自办，其成无期。成都至叙州一节，蜀必俟川、藏全通乃办，更不知何时？滇线接叙，不通成都何益？滇通蜀而蜀犹未通汉，何益？由百色兴工，水线近速；由叙府兴工，水线险远。以理势论，粤汉能成又当在蜀先也。

今阁部主定计画，干路、边路收归国有，局势一变，阻隔堪虞。是借款订立合同，当预留阁部通筹地步。羲于未奉旨前早料及此。盖此等大路非国办不成，但见百难俱起耳。筹边大局，滇蜀、滇桂两路并办最宜。今国力单薄，不得不谋次第，无论桂蜀，均非借款二千万所能竣事。今仅议借二千万，亦有二因：一、恐多借议者更多，度部难筹抵押；二、仅谋滇色，以二千万计，所缺不过四五百万，另借似尚不难。若谋通邕，更须加千万以外。各省筹议多分畛域，急于图成，置难趋易，则滇情也。部电眼光极远，议院成后，借债更难，羲

亦信钧部肯一意图成，免生枝节，无论滇邕、滇色、滇叙、滇成，均须趁此加借巨款。此关预定计画，非滇所敢僭议，请与度支部切商赐复。

至若隆兴一面，借款不成则已，成则多多益善，无所为难。津浦续约二十万镑，仍有查账、勒聘工师利益。福公司废约，范围较狭，赎款已二百七十余万。羲援津浦续借并办，而更欲减少之。隆兴股索六百万，磋磨数月，羲许加至八万镑，合银六十余万。彼谓尚不敷支费，何论利益。日夕磋持正苦，如内能协助，羲必苦心办结，而后去滇，虽不中不远矣。万一决裂，羲惟有听候严劾，实难止其入京。一切急盼指示，余请查照前电核复。再，此电可否并申阁览，祈酌办。羲。效。

外、度、商三部奏，议结滇省隆兴公司矿案，取销原订合同折

外务部、度支部、农工商部奏，为议结滇省隆兴公司矿案，取销原订合同，恭折会陈，仰祈圣鉴事。

窃光绪二十八年五月初十日，臣部具奏遵议滇省矿务章程一折，奉朱批：依议。钦此。钦遵由臣部派员与法员弥乐石将议定云南府等七处矿务章程二十四款，于是年五月十六日在臣部画押，并照会法、英两国使臣在案。

该章程内载：法、英两国设立隆兴公司，纠集资本，开采云南澂江、临安、开化、楚雄、元江、永北七处矿产。云南大吏允奏请国家给该公司承办，以六十年为期限，开矿之股本不过关平银五千万两，公司事业亏累自行担任，与中国国家、云南大吏毫不干涉。倘照办时或有争执，应由云南大吏、法国公使、英国公使各派一员会议剖断各等语。嗣该公司履勘矿产时启争端，滇省绅民数次集会，建议呈请废约。经云贵总督李经羲与该公司商议，承办大宗借款兴修滇路，即将前项矿约作废，意在筹边、弭患，两益交资。惟虽经该省商办多次，迄无成说。该公司代表高林士忽置借款修路于不议，专就赎约一层，要

求酬款四百万两，滇省仅允给一百万两，遂致所议中辍。

高林士旋即来京，经法、英两国使臣出而争论，坚请速定矿案办法，即行议结。臣等公同商酌，借款关系重大，断非可轻易成事。此时若仍将路款并提，彼必不肯续议，不如就矿约一节先与解决，藉省轇轕。经臣部电商云贵总督，亦以路矿分办为然。当由新任云南布政使高而谦秉承臣部、度支部筹拟应付方法，与该使臣等晤商多次，竭力磋磨，议定由中国以库平银一百五十万两给与隆兴公司，取销原订合同。其款分作六期归付，每期付银二十五万两，第一期一月内归款，余五期每六个月交一次。所有该公司暨分公司一切产业物件均交还中国，永与该公司无涉。款项由度支部垫给，滇省分十年陆续归还。业经臣部照会法、英两国使臣声明作据。该使臣等均先后照复，允认备案。

伏维滇省幅员寥阔，矿产之饶久有著闻。近日该省屡议集款开采，只以隆兴成约在先，一有设施，动多牵制，而该省绅民亦时以原定合同范围太广，引为隐忧。现经该布政使相机因应，得将原约议废，庶可消除宿案，永断葛藤。嗣后仍应由云贵总督随时鼓励该省绅商，将一切矿产实力筹办，务期成效昭著，款不虚糜，以辟利源而兴实业。除电该督就近确查，该公司如有物产即派员妥为收回外，所有臣等议结滇省矿案缘由，理合恭折会陈，伏乞皇上圣鉴。再，此折系外务部主稿，会同度支部、农工商部办理，合并声明。谨奏。

宣统三年七月十四日奉朱批：依议。钦此。

《矿务档》

外部咨度支部，云南隆兴英法公司偿款请拨付文

为咨行事。

接准法马使照称：西历去年八月间，云南隆兴英法公司允将原立合同作废，曾经允许付给补款，以六个月作为一期，每期拨付库平银二十五万两，声

明：每临付款期限，应于前一个月由英、法两公使照会贵部，以便筹备。西历本年三月二十六日系付第二次款项之期，是以先行照会，查照迅将应付英法公司第二期库平银二十五万两先期备齐，知照本部派员关领，以便如期拨付可也。

宣统三年十二月二十九日《借款档》

以上资料，均录自王彦威纂辑、王亮编、王敬立校《清季外交史料》，国家图书馆出版社2015年版。

丙 关于《伊犁条约》

关于《伊犁条约》

1878年（同治十年）7月，有"中亚屠夫"之称的阿古柏在沙俄和英国的支持下，派兵侵占我国新疆伊犁地区。1875年（光绪元年），清政府派左宗棠率兵进入新疆，击退阿古柏匪帮，索还伊犁。沙俄提出，必须取得中国内地的通商权利，割据中国帖克斯流域和伊犁以西土地。1879年（光绪五年），清政府派崇厚使俄，在沙俄威胁下，崇厚擅自签订《中俄交收伊犁条约（里瓦吉亚条约）及《陆陆通商章程》，全国大哗，要求改约，崇厚一度被清政府定为"斩监候"。1880年（光绪六年），清政府派驻英公使曾纪泽出使俄国谈判改约。1881年2月24日，签订《中俄改订条约》及《改订陆路通商章程》，用以代替崇厚所订原约，但是，沙俄政府仍不餍足。

1911年（宣统三年）1月12日，沙俄驻华公使廓维慈诬称，清政府没有严格遵守《改订陆路通商章程》，提出35项侵略要求。2月16日，廓索维慈照会清朝外务部，将35项要求归纳为6项：即允许俄国在新疆、蒙古继续进行免税贸易、增设领事、购置土地等。这样，中国各地的爱国运动就又增加了拒绝俄国要求等内容。2月25日，沙俄政府提出最后通牒，限清政府于3月28日以前答复，否则，"俄政府即行所谓自由行动主义"。3月27日，清政府不顾全国人民的反对，复照"承认俄国按约一切要求。"

伊犁条约（崇厚所订）

（1879年10月2日，光绪五年八月十七日，俄历一八七九年九月二十日，利洼底。）

第一条，大俄国大皇帝允将一千八百七十一年，即同治十年，俄兵代收伊犁地方，交还大清国管属。此约第七条所载伊犁西边及帖克斯川一带地方，应归俄国管属。

第二条，大清国大皇帝允将伊犁扰乱时及平靖后该处居民所为不是，无分民教，均免究治，免追财产。中国官员于交收伊犁以前，遵照大清国大皇帝恩旨，出示晓谕伊犁居民。

第三条，伊犁居民或愿仍居原处，或愿迁居俄国入俄国籍者，均听其便，应于交收伊犁以前询明。其愿迁居俄国者，自交还伊犁之日起，与一年限期，迁居携带财物，中国官并不拦阻。其已入俄国籍之人，将来至中国地方贸易、游历等事，凡有两国条约许与俄民利益之处，亦准一体均沾。

第四条，交收伊犁后，俄国人在伊犁地方置有产业者，应准照旧章管业。

第五条，两国特派大臣一面交还伊犁，一面接收伊犁，并遵约内关系交收各事宜，在伊犁城会齐办理施行。该大臣遵照督办交收伊犁之陕甘总督、图尔克斯唐总督商定次序开办。陕甘总督奉到中国御笔批准条约，将通行之事派委妥员前往塔什干城，知照图尔克斯唐总督，自该员到塔什干城之日起，于两月内应将交还伊犁之事办竣。会办交收各事，宜无可议。

第六条，大清国大皇帝允将大俄国自同治十年代收、代守伊犁所需兵费，并将补恤在中国境内被抢受亏俄商及被害俄民家属之款共银卢布五百万元，归还俄国。自换约之日起，按两国所定次序，一年归完。

第七条，中国接收伊犁地方后，其伊犁西边及帖克斯川一带地方归俄国管属，以便入俄国籍之民在彼安置。今将两国交界，明定如左：

两国交界，自别珍岛山，顺霍尔果斯河，至该河入伊犁河汇流处，再过伊犁河往南，至乌宗岛山廓里扎特村东边，顺阿克不尔塔什山岭上，即帖克斯川北分流之处往东，其哈拉凯及察普察勒等山口，归俄国属。过帖克斯河，仍顺阿克不尔塔什山岭，至廓克苏打湾山口，自此往南，至艾什克巴什山，再往西南，顺天山之哈雷克岛、罕颠葛里、萨雷雅萨、库库尔特留克、廓克山、喀拉帖凯等山，至苏约克山口。

从前浩罕地方，即今俄国属之费原干省，与中国喀什噶尔等处地方交界，明定如左：

由苏约克山顶（此山口应归俄国属）往南，顺有阿来廓勒及萨乌业尔得二山口之山脚，至业精与那格拉察勒得二卡中间之地，由此往伊尔克什唐卡东之齐吉勒苏河，再往南，至玛里他巴尔山。

第八条，一千八百六十四年，即同治三年，塔城界约第一、第二两条所定交界，有不合宜，拟将此界，改定如左：

两国交界，自奎峒山顺喀巴、布尔崇二河中间山岭分流之处，过黑伊尔特什河，至萨乌尔岭内堪迭尔雷克河源。此条及前条所定各界，在此约所附图上，用硃笔作线，注以俄国字母。

第九条，以上第七、第八两条所定两国交界地方及从前未立界牌之交界各处，应由两国派大员勘定，安设界牌。所有应行分界立牌之处分定几段，分行派员勘定，安设界牌。各大员等会齐地方、时日，应由两国酌严定拟。

第十条，俄国照旧约在伊犁、塔尔巴哈台、喀什噶尔、库伦设立领事官外，选在嘉峪关、科布多、乌里雅苏台、哈密、吐鲁番、乌鲁木齐、古城设立领事官，其哈密、吐鲁番、乌鲁木齐、古城四城，共准设领事官二员，其嘉峪关领事兼管甘肃、陕西通商事务。照依一千八百六十年，即中国咸丰十年，北京和约第五、第六两条，应给予所盖房屋、牧放牲畜、设立坟茔等地，以上应设领事官各处，亦准一律照办。领事官公署未经起盖之先，地方官帮同租赁暂住房屋。俄国领事官在蒙古地方及天山南北两路往来行路、寄发信函，比照天津和约第十一、北京和约第十二两条，可由台站行走，地方官妥为照料。

第十一条，俄国领事官驻中国，遇有公事，分别情形，或与本城地方官，或与地方大宪往来，均用信函，画押盖印；彼此往来会晤，均以友邦官员之礼相待。两国人民在中国地方贸易等事，致生事端，应由领事官与地方官公同查办。如因贸易事务致起争端，听其自行择人从中调处，如不能调处完结，再由两国官员会同查办。两国人民为预定货物、运载货物、租赁铺房等事所立字据，可以呈报领事官及地方官处画押盖印为凭。遇有不按字据办理之人，领事官及地方官令其照依字据办理。

第十二条，俄国人民准许在中国蒙古地方贸易，并不纳税；其蒙古各处及各盟设官与未设官之处，均准贸易，亦不纳税；并准俄民在伊犁、塔尔巴哈台、喀什噶尔、乌鲁木齐及关外之天山南北两路各城地方贸易，均不纳税。以上所载中国各处，准许俄民出入，贩运各国货物；其买卖货物或以钱易货，或以货换货俱可，并准以各种货物抵账。

第十三条，俄国应设领事官处及张家口，准俄民建造铺房行栈，或在自置地方，或照一千八百五十一年，即咸丰元年，伊犁、塔尔巴哈台通商章程第十二条办法，由地方官给地盖房亦可。

第十四条，俄商自俄国由陆路贩货入中国内地，准许经过张家口、嘉峪关前赴天津、汉口，并准在张家口、嘉峪关、通州、西安府、汉中府各等处销售，或由各处运往内地销售俱可。俄商在以上各城、各口及内地贩买货物，亦准由此路经过张家口、嘉峪关运往俄国。

第十五条，俄国人民在中国内地及关外地方陆路通商，应照此约所附章程办理。其约内通商各条及陆路通商章程，自奉到御笔批准换约之日起，于五年后会议酌改，如五年限满，前六个月内未经知照酌改，应仍照行五年。俄国人民在中国沿海通商，准照各国总例一律办理。如将来总例有应修改之处，应由两国会议酌改。

第十六条，将来俄国陆路通商较旺，出入中国货物，如要定立税则较为合宜，应由中俄两国会议定立，进口、出口货物，均按值百抽五纳税。惟未定税则之前，先将现照上等茶纳税之各种下等茶之税酌减定拟，应由中国总理衙门会同俄国驻北京全权大臣，自批准换约后，一年内会商酌定。

第十七条，一千八百六十年，即咸丰十年，北京所定和约第十条，至今讲解各异，拟将此条声明追还牲畜之条，其意应作为：凡有牲畜被人偷盗、诱取，一经获犯，应将牲畜追还，如无原物，作为向该犯追偿；倘该犯无力赔还，地方官不能代赔，两国边界官应各按本国之例将盗取牲畜之犯，严行究治，并设法将自行越界及偷盗之牲畜追还，其自行越界及偷盗之牲畜踪迹示知边界兵并附近乡长。

第十八条，此约两国御笔批准后，各将条约通行晓谕各处地方遵照。将来换约应在彼得堡，以一年为期，能于期内互换亦可。两国全权大臣将此约议定，备汉文为俄文、法文各两份，画押盖印为凭，三国文字校对无讹，遇有讲论，以法文为证。

录自《中外旧约章汇编》第1册，王铁崖编，生活·读书·新知三联书店，1957年9月版360—363页。

1957年9月版381—385页。

使俄崇厚奏，与俄国议明交收伊犁修定约章，谨陈办理情形折（附照会）

　　出使大臣崇厚奏，为与俄国外部议明交收伊犁修定约章，盖印画押，谨陈先后办理情形，恭折具陈事。

　　窃臣自行抵俄国后，与外部商办各事大概情形，已于本年三月二十八日奏明，其紧要情形电报总理衙门代奏各在案。闰三月初间，外部尚书格尔斯随其君赴南省巡阅，其驻京使臣布策告假回国，奉其君之命与臣商议一切。布策在中国年久，取益之处，知之有素，臣度其万难允许者细为辩论，择其尚无妨碍者量予通融。查格尔斯初次送来节略所称各节，皆系俄国君谕令外部遵办之件，臣因逐款与布策议明，每议一事，动阅兼旬，并与格尔斯会商十余次，计前后晤商数十余次，辩论不下数万言，半年之久，始订定条约十八条，其大端曰：交收伊犁，曰兵费恤款，曰分界，曰通商。

　　第一条，首将交还伊犁地方与伊犁分界两事提明，其所重已可概见。第二条载，伊犁居民乞恩赦免，此事经臣两次具折奏请，业经奉旨将伊犁回人从宽免罪，谕令左宗棠明白晓示。第三条载，伊犁居民已入俄国籍者，愿留、愿迁，均听其便，照俄人一律看待。第四条载，俄国人在伊犁所置产业，照旧管业。第五条载，接收伊犁之大臣前已奉旨简派塔尔巴哈台参赞大臣锡纶，会商大学士左宗棠等，筹办接收各事宜，现拟俟御笔批准条约后，由左宗棠派员至塔什干城，知照俄国图尔克斯唐总督高甫满，于两月内将交收伊犁办竣。以上五条皆系指交收伊犁之事而言。

　　第六条载，代收、代守伊犁兵费暨补恤俄人之款，共银卢布五百万元。查兵费与恤款本属判然两事，前据外部开来俄商亏款及俄人被害清单九十余案，请为补恤，嗣布策面称，续查边界咨报之案尚不止此。至代收、代守伊犁八年有余，所需兵费头绪过多，外部统为核计，将两项合为一款。从前倭良嘎理（哩）曾向总理衙门，有俄国代收伊犁伤人费饷之语。经大学士文祥告以中国素重报施，此款谊应筹及。臣初次致外部节略，即允以筹还，以觇其意。追再三询问，始行说明，察其所言尚系实情。此项银两，议明自交还伊犁之日起，换约后一年内归完；另立专条，核计金磅（镑）数目，匀为三起，次第归完。泰西各国通用英国金磅（镑），皆有一定市价，现已核明共用英金磅（镑）七十九万五千三百九十三磅（镑），即银卢布五百万元，约核库平银二百八十余万两。若由总理衙门转饬总税务司办理，必能核实。

　　第七、第八两条，内载分界之处有三：一、伊犁界。前据外部送来节略，其国君首以伊犁西南界为请，注意甚坚。旋据格尔斯面称，伊犁系形胜之区，自俄国收取后控制回部，声势颇壮，论者咸谓必不可还，而国君与外部敦崇睦谊，故有是举；特交还后力量不免稍弱，故不得不稍分其界，以为自固疆圉之计。臣于三月二十八日折内，业将此情奏明在案。嗣布策来议交还之事，又有交还之后，仍令俄兵暂扎绥定城，保护回民之说。事有关碍，未与定议。追图尔克斯唐总督高甫满来，特议谓绥定屯兵，两国易起争端，请将格得满岛北数村，即霍尔果斯河西南地方，分归俄国安置回民，绥定城屯兵作为罢论。伊犁八城要地均归中国，有山河为界。一、喀什噶尔果（界）。浩罕地方近属俄国，为费尔干省，议将界址划清，以期久远。一、塔尔巴哈台界。该处哈萨克冬夏游牧，往来无定，稽察难周，议将人地分清，永安边境。此皆外部节略声请，格尔斯、布策屡次议明，均系为两国安边起见。另备分界地图两分，画押为凭。第九条内载明安设界牌之所，应由钦派分界大臣会同俄国大臣酌定。以上三条系指分界之事而言。

　　第十条，系为添设领事官。查伊犁、塔尔巴哈台、喀什噶尔、库伦，旧约皆准设领事两员，科布多、乌里雅苏台准设领事。嘉峪关领事地当冲要，兼管西安、汉中，商务较繁，若有交涉事件，地方官与之相商公事有益。第十一条，系为领事与地方官往来礼节。查两国官员本不相统属，各国公法两国官员往来，多以客礼相待，因允其遇有公事通用信函，会晤时以友邦官员之礼相待。第十二条，系总论通商。第十三条，系设立行栈等事。第十四条，载明陆路通商行走之路。第十五条，声明定章修改年分。第十六条，为会定茶税之事。查俄商以贩运茶叶为大宗，分种类之高下，别价值之低昂，向有下等茶数种按上等茶纳税，俄国驻京大臣屡向总理衙门声请酌减。现拟俟批准条约后，于一年内由总理衙门会同俄国驻京大臣酌定。

查通商一端，同治八年总理衙门与前驻京大臣倭良嘎哩改订章程，行之数年。前届修约之期，布策拟出多条，在总理衙门会议修改，因其所请过奢，数年未能定议。臣此次修约又申前说，头绪纷繁，相持数月，始仿照旧章议定《陆路通商章程》十七条。如俄商准由嘉峪关至汉口。查西路运茶一事，其驻京使臣屡向总理衙门声请，曾允俟关外军务肃清后方可议办。该关距汉口数千里，沿途山路崎岖，布策屡以汉中、西安为必由路，准俄商行走为请。因援照张家口、通州、东坝旧章，准其择路行走，而仍以汉口为归宿。又，俄商准由张家口、嘉峪关运货入内地。查海口通商总例，本许洋商入内地买卖，该关口现既作为通商处所，自应按照总例办理，以免偏枯。又，俄商由尼布楚暨由科布多过归化城进张家口，本系蒙古地方俄商贸易之所，准其行走，俯顺商情。另附清单开列过界卡伦。查中俄沿边万余里处处接壤，过界之路过多，若不定明卡伦，无从稽查。现定两国边界官查明后，报由总理衙门与俄国驻京大臣核办。

第十七条，系更正旧约之语。乾隆五十七年《恰克图市约》载明盗窃之物加倍罚赔。至咸丰十年北京定约时，俄文改为不加倍赔偿，汉文翻译为不管赔偿，以致遇事争论。今特为声明拿贼追赃，官不代赔，以符总例。其商务之另立专条者，松花江行船一事。咸丰八年《瑷珲和约》内开松花江准俄国行船并准贸易，嗣经该处地方官禁止俄人前往松花江上游行船贸易。布策将约内松花江添写上游字样，臣以上游之地直至吉林，所包太广，再三辩论，仅允其至伯都讷行船贸易，议立专条。其余约章所载，或变通办法，或推广旧章，第有便于商情，要无妨乎大体。

窃念两国邦交之重，万里连界之遥，在伊犁之交还，固大局所攸关，而约章之定明实伊犁之所系。前者大学士左宗棠督师西下，将士用命，转战多年，将天山南北路全境肃清。人心望治，今出水火而登衽席，休兵息民诸事可从容布置。臣迭承恩命指授机宜，统筹中外之情形，审慎事机之轻重，惟愿我国家收回伊犁，安边民以副苍生之望，允开商路睦邻国以宏怀远之谟。所有与俄国外部商定约内紧要各条，声明统俟御笔批准后开办施行，缮就汉文、俄文各两分，另备法文两分以资考证。俄国外部尚书格尔斯随其君主至黑海地方，离俄都四千余里，臣乘火轮车至该处，于八月十七日与格尔斯、布策将条约、章程盖印画押。谨将议明《交收伊犁等事条约》一份、《陆路通商章程》一份、卡伦单一件、专条两件，钞录呈览。谨奏。

光绪五年十月十九日奉旨：该衙门议奏。并著咨行李鸿章、左宗棠、沈宝（葆）桢一并妥拟具奏。

附注：查本案所附《交收伊犁条约》《陆路通商章程》、卡伦单及专件等，业经分载光绪六年二月二十二日总署奏俄国分界通商折，并七年闰七月初九日总署奏中俄换约折内，兹特删去，以免重复。

光绪五年十月

照录崇厚致俄国外部照会

为照会事。

本大臣奉命前来通好修约，承贵国大皇帝、外部笃念友邦，讲信修睦，本大臣感谢之至。今将约章定妥，本大臣亲带条约应回本国复命。现留头等参赞、二品衔即选道邵友濂署理钦差出使大臣，仍驻俄京，务祈贵外部推诚相待，优礼有加。此本大臣所厚望也。相应照会贵外部王大臣查照，须至照会者。

总署奏，遵议崇厚与俄定约损失国权折

总理各国事务恭亲王奕䜣等奏，为遵旨议奏事。

出使俄国大臣崇厚奏，议明交收伊犁，修定约章先后办理情形一折。光绪五年十月十九日奉旨：该衙门议奏。并咨行李鸿章、左宗棠、沈葆桢一并妥议具奏等因。钦此。钦遵由军机处钞交到臣衙门，除由臣衙门遵即分咨李鸿章等妥议外，查崇厚原奏内称：自行抵俄国后，本年闰三月间，外部尚书格尔斯随其君赴南省巡阅，其驻京使臣布策告假回国，奉其君之命与臣商议一切。臣度其万难允许者力为辩论，择其尚无妨碍者，量予通融，半年之久，始订定条约十八条。其大端曰交收伊犁，曰兵费恤款，曰分界，曰通商。其商务之另立专条者，松花江行船一事。布策欲添写上游字样，臣仅允其至伯都讷行船贸易。其余约章所载，或变通办法，或推广旧章，第有便于商情，要无妨乎大体，声明统俟御笔批准后开办施行。谨将议明《交收伊犁等事条约》一份、《陆路通商章程》一份，卡伦单一件、专条两件，钞录进呈等语。

臣等伏查此次崇厚与俄国议办交收伊犁一事，以偿费、通商、分界为三大端。本年七八月间，迭接崇厚将所议分界情形暨条约款目，先后摘要电报臣等。当经详加复核，利害兼权，先将最难允者分界一层等语电复崇厚，并请饬下李鸿章、左宗棠、沈葆桢等，各将与俄国新定界务、商务各条款，分别酌核，密折复陈。并以界务尤关紧要，由左宗棠、金顺、锡纶等统筹全局，一并核议等因。奏奉上谕：着左宗棠等分别详细密陈等因。钦此。嗣据沈葆桢、李鸿章先后复陈，沈葆桢以俄人要挟太甚，应将所议作为罢论。李鸿章以通商各款耗损已多，分界之事，心殊叵测，业经定议，惟有竭力补救各等语。十月初四日奉上谕：李鸿章所奏各节，著左宗棠一并妥议具奏等因。钦此。

今据崇厚将详细条款具奏前来，臣等查俄人代收伊犁八年有余，前据崇厚电报，中国允还卢布银五百万元。今专条内载明：此款自换约之日起一年内归完，议定匀作三次，约共库平银二百八十余万两，此项系归还代收、代守伊犁兵费，并补恤在中国境内被抢受亏俄商及被害俄民家属之款。偿费一端，综计尚不为多，似可照议。通商一端，前据崇厚电报，俄商运俄货，走张家口、嘉峪关、天津、汉口，过通州、西安、汉中，运土货回国同路。嘉峪关、乌、科、哈密、吐鲁番、乌鲁木齐、古城酌设领事。凡设领事处及张家口准设行栈。俄商在蒙古、天山南北路贸易，均不纳税。其由尼布楚、归化城运货行走，今于《陆路通商章程》内叙入。以上各条，惟嘉峪关通商以便茶运由楚达陇，左宗棠前曾议及，其余运货、设官、免税、设栈各条扩充既广，流弊易滋，且亦有碍华商生计。俄国使臣布策等前在中国议论修约，屡以为请，臣等均未允许。今崇厚已与议定列在约章，其应如何补救之方，据李鸿章复奏以立法、用人为要，是否确有把握，应由左宗棠等，凛遵谕旨，再行妥办。分界一端，据崇厚声称，俄君首以山南之地为请，注意甚坚，前次电报，陬尔果斯河西及伊犁山南之帖克斯河归俄属云云，但约略言之。今条约内详载伊、塔、喀分界之处，而山名、地名多与中国图册不符，无凭稽核。崇厚所寄伊犁分界图，内称由俄国兵部舆图摹出，并有俄国从前占去东西七百余里、南北三百余里，今收回者除去西南之帖克斯川外，南北宽处二百四十五里，窄处一百七八十里等语。臣衙门均已随时函寄左宗棠等详细确查在案。查伊犁等处分界关系回疆全局，若任俄人侵占要隘，是名为收还伊犁，而准部与回疆形格势禁，反不如不收还之为愈。左宗棠等久在西陲，情形洞悉，必能通盘筹画，何者尚可通融，何者实多窒碍，权其轻重利害，一一分晰具陈。

窃维伊犁各城俄人占据多年，此次崇厚衔命西行，原为商办交收之事。今俄人允还伊犁，崇厚以为复我旧疆不虚此行，故于分界不免轻率与之定议，而于通商等事亦未免多所迁就。现在钦奉谕旨，由李鸿章等妥议，自必权衡得失，直陈所见。应俟李鸿章复奏到后，再行折衷定议，以昭慎重。除将崇厚先后所寄地图两张恭呈御览外，所有臣等遵议缘由，理合恭折密陈。谨奏。

光绪五年十月二十七日奉旨

改订条约（曾纪泽所订）

（1881年2月24日，光绪七年七月二十五日，俄历一八八一年二月十二日，圣彼得堡。）

大清国大皇帝、大俄国大皇帝愿将两国边界及通商等事于两国有益者，商定妥协，以固和好，是以特派全权大臣会同商定：

大清国钦差出使俄国全权大臣一等毅勇侯大理寺少卿曾；

大俄国钦差参政大臣署理总管外部大臣萨那尔特部堂格，参议大臣出使中国全权大臣布；

两国全权大臣各将所奉全权谕旨互相校阅后，议定条约如左（下）：

第一条，大俄国大皇帝允将一千八百七十一年，即同治十年，俄兵代收伊犁地方，交还大清国管属。其伊犁西边，按照此约第七条所定界址，应归俄国管属。

第二条，大清国大皇帝允降谕旨，将伊犁扰乱时及平靖后该处居民所为不是，无分民、教，均免究治，免追财产。中国官员于交收伊犁以前，遵照大清国大皇帝恩旨，出示晓谕伊犁居民。

第三条，伊犁居民或愿仍居原处为中国民，或愿迁居俄国入俄国籍者，均听其便。应于交收伊犁以前询明，其愿迁居俄国者，自交收伊犁之日起，予一年限期；迁居携带财物，中国官并不拦阻。

第四条，俄国人在伊犁地方置有田地者，交收伊犁后，仍准照旧营业。其伊犁居民交收伊犁之时入俄国籍者，不得援此条之例。俄国人田地在咸丰元年《伊犁通商章程》第十三条所定贸易圈以外者，应照中国民人一体完纳税饷。

第五条，两国特派大臣一面交还伊犁，一面接收伊犁，并遵照约内关系交收各事宜，在伊犁城会齐办理施行。该大臣遵照督办交收伊犁事宜之陕甘总督与土尔吉斯坦总督商定次序开办，陕甘总督奉到大清国大皇帝批准条约，将通行之事派委妥员前往塔什干城知照土尔吉斯坦总督。自该员到塔什干城之日起，于三个月内，应将交收伊犁之事办竣，能于先期办竣亦可。

第六条，大清国大皇帝允将大俄国自同治十年代收、代守伊犁所需兵费，并所有前此在中国境内被抢受亏俄商及被害俄民家属各案补恤之款，共银卢布九百万圆，归还俄国。自换约之日起，按照此约所附专条内载办法次序，二年归完。

第七条，伊犁西边地方应归俄国管属，以便因入俄籍而弃田地之民在彼安置。中国伊犁地方与俄国地方交界，自别珍岛山，顺霍尔果斯河，至该河入伊犁河汇流处，再过伊犁河，往南至乌宗岛山廓里扎特村东边。自此处往南，顺同治三年塔城界约所定旧界。

第八条，同治三年塔城界约所定斋桑湖迤东之界，查有不妥之处，应由两国特派大臣会同勘改，以归妥协，并将两国所属之哈萨克分别清楚。至分界办法，应自奎峒山过黑伊尔特什河至萨乌尔岭画一直线，由分界大臣就此直线与旧界之间，酌定新界。

第九条，以上第七、第八两条所定两国交界地方及从前未立界牌之交界各处，应由两国特派大员安设界牌。该大员等会齐地方、时日，由两国商议酌定。

俄国所属之费尔干省与中国喀什噶尔西边交界地方，亦由两国特派大员前往查勘，照两国现管之界勘定，安设界牌。

第十条，俄国照旧约在伊犁、塔尔巴哈台、喀什噶尔、库伦设立领事官外，亦准在肃州（即嘉峪关）及吐鲁番两城设立领事。其余如科布多、乌里雅苏台、哈密、乌鲁木齐、古城五处，俟商务兴旺始由两国陆续商议添设。俄国在肃州（即嘉峪关）及吐鲁番所设领事官，于附近各处地方关系俄民事件，均有前往办理之责。按照一千八百六十年，即咸丰十年，《北京条约》第五、第六两条应给予可盖房屋、牧放牲畜、设立坟茔等地，嘉峪关及吐鲁番亦一律照办。领事官公署未经起盖之先，地方官帮同租觅暂住房屋。俄国领事官在蒙古地方及天山南北两路往来行路、寄发信函，按照《天津条约》第十一条、《北京条约》第十二条，可由台站行走。俄国领事官以此事相托，中国官即妥为照料。吐鲁番非通商口岸而设立领事，各海口及十八省、东三省内地，不得援以为例。

第十一条，俄国领事官驻中国，遇有公事，按事体之关系、案件之紧要及应如何作速办理之处，或与本城地方官，或与地方大宪往来，均用公文。彼此往来会晤，均以友邦官员之礼相待。两国人民在中国贸易等事，致生事端，应由领事官与地方官公同查办。如因贸易事务致启争端，听其自行择人从中调处，如不能调处完结，再由两国官员会同查办。两国人民为预定货物、运载货物、租赁铺房等事所立字据，可以呈报领事官及地方官处，应与画押盖印为凭。遇有不按字据办理情事，领事官及地方官设法务令照依字据办理。

第十二条，俄国人民准在中国蒙古地方贸易，照旧不纳税，其蒙古各处及各盟设官与未设官之处，均准贸易，亦照旧不纳并准俄民在伊犁、塔尔巴哈台、喀什噶尔、乌鲁木齐及关外之天山南北两路各城贸易，暂不纳税。俟将来商务兴旺，由两国议定税则，即将免税之例废弃。以上所载中国各处准俄民出入贩运各国货物，其买卖货物或用现钱，或以货相易俱可，并准俄民以各种货物抵帐。

第十三条，俄国应设领事官各处及张家口，准俄民建造铺房、行栈，或在自置地方，或照一千八百五十一年，即咸丰元年，所定《伊犁、塔尔巴哈台通商章程》第十三条办法，由地方官给地盖房亦可。张家口无领事而准俄民建造铺房、行栈，他处内地不得援以为例。

第十四条，俄商自俄国贩货，由陆路运入中国内地者，可照旧经过张家口、通州前赴天津方或由天津运往别口及中国内地，并准在以上各处销售。俄商在以上各城、各口及内地置买货物，运送回国者，亦由此路行走。并准俄商前往肃州（即嘉峪关）贸易，货帮至关而止，应得利益照天津一律办理。

第十五条，俄国人民在中国内地及关外地方陆路通商，应照此约所附章程办理。此约所载通商各条及所附陆路通商章程，自换约之日起，于十年后，可以商议酌改；如十年限满前六个月未请商改，应仍照行十年。俄国人民在中国沿海通商，应照各国总例办理。如将来总例有应修改之处，由两国商议酌定。

第十六条，将来俄国陆路通商兴旺，如出入中国货物必须另定税则，较现在税则更为合宜者，应由两国商定，凡进口、出口之税均按值百抽五之例定拟。于未定税则以前，应将现照上等茶纳税之各种下等茶出口之税，先行分别酌减。至各种茶税，应由中国总理衙门会同俄国驻京大臣，自换约后一年内会商酌定。

第十七条，一千八百六十年，即咸丰十年，在北京所定条约第十条至今讲解各异，应将此条声明，其所载追还牲畜之意，作为凡有牲畜被人偷盗、诱取，一经获犯，应将牲畜追还，如无原物，作价向该犯追偿。倘该犯无力赔还，地方官不能代赔。两国边界官应各按本国之例，将盗取牲畜之犯严行究治，并设法将自行越界及盗取之牲畜追还。其自行越界及被盗之牲畜踪迹，可以示知边界兵并附近乡长。

第十八条，按照一千八百五十八年五月十六日，即咸丰八年，在爱珲所定条约，应准两国人民在黑龙江、松花江、乌苏里河行船并与沿江一带地方居民贸易，现在复为申明。至如何照办之处，应由两国再行商定。

第十九条，两国从前所定条约未经此约更改之款，应仍旧照行。

第二十条，此约奉两国御笔批准后，各将条约通行晓谕各处地方遵照。将来换约应在森比德堡，自画押之日起以六个月为期。

两国全权大臣议定，此约备汉文、俄文、法文约本两份，画押盖印为凭，三国文字校对无讹，遇有讲论以法文为证。

光绪七年正月二十六日
1881年2月12日
订于森比德堡都城

专条

按照中俄两国全权大臣现在所定条约第六条所载，中国将俄兵代收、代守伊犁兵费及俄民各案补恤之款，共银卢布九百万圆，归还俄国，自换约之日起，二年归完。两国全权大臣议将此款交纳次序办法商定如左：

以上银卢布九百万圆，合英金磅一百四十三万一千六百六十四圆零二希令，匀作六次，除兑至伦敦汇费毋庸由中国付给外，按每次中国净交英金磅二十三万八千六百一十圆零十三希令八本士，付与伦敦城内布拉得别林格银号收领，作为每四个月交纳一次，第一次自换约后四个月交纳，末一次在换约后二年期满交纳。此专条应与载明现在所定条约无异，是以两国全权大臣画押、盖印为凭。

附注

本条约及专条均见"光绪条约"，卷5，页15—21，30。俄文本及法文本见"俄外部：俄华条约集"，页225—237。

本条约于1881年8月19日在圣彼得堡交换批准。

录自《中外旧约章汇编》第1册，王铁崖编，生活·读书·新知三联书店，1957年9月

谕曾纪泽，到俄后必须力持定见，妥慎办理以全大局

上谕：前因崇厚与俄所议《交收伊犁条约》等件，俄人占我伊犁，其理甚曲，崇厚奉命出使，任其要求，遽与定约，殊出意料之外。曾纪泽到俄国后，察看如何情形，先行具奏，此次前往另议，必须力持定见，慎重办理。现已颁

发国书，由总理衙门递寄，并令该衙门将条约、章程等件详细酌核，分别可行及必不可行之款，奏准后知照该京卿，以便与俄人另行商办。纵或一时未能就绪，不妨从容时日，妥慎筹商，总期不激不随，以全大局。特此谕令知之。

二月初一日

签注《中俄陆路通商章程》

第一条　两国分界在百里内，准许中俄两国民人任便贸易，均不纳税。其如何稽查贸易章程，任便两国各按本国所定边制办理。

同治元年八月两次定章，此条文义皆同，专为限制边界贸易而设，东界久已照行。今将限制二字改为边制，去一限字，尚无碍，缘有百里内明文可以遵守也。

第二条　俄国商民，前往蒙古及天山南北两路地方贸易者，但能由章程所附清单内指明卡伦过界，该商应有本国边界官所发中俄两国文字并译出回文、蒙文执照。汉文照内，可用蒙古字，或回回字，注明商人姓名、货色、包件数目若干。此照应于入中国地界时，在附近边界中国卡伦呈验。该处查明后，卡伦官盖用戳记为凭。其无执照商民，任凭中国官员扣留，交附近俄国边界官，或领事官照例惩办。遇有遗失执照，货主应报明附近领事，或地方官，以便请领新照。其运到蒙古及天山各处之货，有未经销售者，准其运往张家口、嘉峪关，或在该关口销售，或运往内地，其征收税饷，发给运货执照，查验放行等事，均照以下章程办理。

查旧章，此条专为蒙古贸易而设。元年只准小本营生前往蒙古贸易不纳税。俄国迭以限制本银为不便，往复辩论，至八年改章时，始允删去小本营生四字。近年常有大帮买卖前往各盟，均不纳税。又咸丰元年，伊犁将军奕山奏定《西疆贸易章程》，准俄商在伊犁、塔尔巴哈台设立贸易圈，与中国商人交易，亦不纳税。查设官、不设官之蒙古地方，已统内外蒙古在内，所有库伦、乌里雅苏台、科布多三处大臣，皆辖蒙古者也。庚申约内试行贸易，又有喀什噶尔在内，即在天山之南，伊犁、塔尔巴哈台即在天山之北。今拟准其路过之巴里坤、哈密、古城等城，指定一处，留货销售，连已准之伊犁、塔尔巴哈台、喀什噶尔贸易地方，是天山南北两路已有通商地方，何必统天山南北而言，为一网打尽之计？拟删去天山南北两路六字，改为西路二字，庶几截清界限。且华商赴俄界贸易者，百里外无不纳税。近日库伦大臣咨报，俄人加税有案。其拟准路过之哈密、古城、巴里坤等城，指定一处，本系中国内地，并非蒙古，又非边界，既准留货销售，应照张家口纳一正税，实为至情至理。旧章此条内有无执照商民将货入官，照被逃之法办理。光绪元年布策与总理衙门议约时，坚称被逃字面不光彩，请为删去。今不特将被逃句删去，并罚货入官一句，亦改为扣留惩办，未免太宽，致查验皆成具文。拟将被逃之法句照删，仍添入罚货入官四字，方昭平允。再，入边卡伦，旧章只有恰克图一路准其行走，前年布策议添入边之路单开二十一处，经库伦大臣拟定四处，未经照允。前年面与布策说过，添开卡伦、设官稽查、保护三者，所费不赀，故不能多添。今开清单三十六处，声明可以酌减，自应俟交收定议后，由各边界官会商再定。此有驳有准可与商议者。

　　第三条　俄商由恰克图、尼布楚运俄国货前往天津者，应由张家口、东坝、通州行走，如由科布多过归化城，运货前往天津，亦由此路行走。其由俄国运货，经过伊犁、塔尔巴哈台、喀什噶尔，前往汉口者，应由嘉峪关赴西安府，或汉中府行走。该商应有俄官并中国该管官盖印执照，内用两国文字注明商人姓名、货色、包件数目，沿途任凭各关口中国官员迅速点数、抽查、验照、盖戳放行。抽查之时，如有拆动之处，仍由该关口加封，并将拆动件数于照内注明，以凭查复。该关查验，不得逾一个时辰。其照限六个月在天津、汉口关缴销。如商人以为限期不足，应预先报明该处官员。倘有商人遗失执照，应行报明原给执照之官，请领新照，注明补给字据。一面至就近关口报明，查明所报是实，暂给凭据，准其执此前行。如查所报货色、件数与原照不符，该商有隐匿沿途私卖货物，或希图逃税情事，应照第八条章程罚办。

查旧章，俄商运俄货进口，只准由恰克图，过张家口、东坝、通州，直抵天津一路。其查验之法，设有三联执照，注明货色、包件，沿途不准销售。今于东路添出尼布楚一路，北路添出由科布多过归化城一路。查俄人向来只有恰克图一路入边，则在东路、北路之俄商，相距各有数千里，道路纡回，多添脚费，欲由尼布楚一路入边，已向总理衙门争之数年，皆驳斥有案。若止因过路起见，沿途查验得法，则由尼布楚与由科布多过归化城，仍归于张家口，事尚一律，流弊亦少。至运货赴嘉峪关一层，光绪元年俄国议改章程第六款内指出，由古北、杀虎等口并嘉峪关等处入中国，迭经驳斥有案。后据左宗棠来函，以俄官过兰州时，谈及由嘉峪关运茶一事，尚无大损，将来肃清后可以商办，并奏明在案。昨又函称，华商囤积茶箱太多，若俄商运货至关，再向华商买茶回国，实为两利。如能只准其运俄货至嘉峪关为止，似与前议相符。其入边时，即照恰克图办理，经过之哈密、巴里坤、古城，指定一处，即照张家口办理；到嘉峪关时，即照天津办理。则路途一贯，防弊尚易。其余领照查验之法，与旧章无异，自可照准。至于赴西安府，或汉中府行走，前往汉口等语，是扰及陕甘两省，山路崎岖，运行不易，必至百姓惊疑，时多口舌，难行保护之责，万难准行。

第四条　俄商运来之货路经张家口、嘉峪关，任听将货酌留若干于口销售，限五日内在该关口报明，交纳进口正税后，中国官发给卖货准单，方准销售。

查元年定章以后，俄商屡欲在张家口多留货物，屡经辩驳，以此处并非指定通商处所，不能多销货物。由二成加至四成，八年改章时加至任听酌留若干。并声明无庸设立领事官及行栈，因张家口系路过之地，只准留货销售，并非议定通商口岸可比。十余年中，俄国屡以无处存货为言。再三设法，只准租房存货，不得悬挂字号，以符定章。今酌留字样，尚与旧章相同，惟删去无庸设立领事及行栈字样，直以此为通商口岸，各国必闻风而至，实于俄商不利。此处拟仍照旧添写无庸设立领事官及行栈字样。若准由伊犁、塔尔巴哈台、喀什噶尔，过哈密、古城、巴里坤等城，指定一处到嘉峪关，则此款内，应将路经张家口、嘉峪关字样，改为路经张家口及哈密、古城、巴里坤等城，指定一处字样，并凡俄商经过之地，皆可照此办理，无庸设立领事官及行栈。此条内，删去无庸设立领事、行栈，不能照办。

第五条 俄商由陆路运货物至天津、汉口，应纳进口税饷，照税则所载正税三分减一交纳。

查元年定章，运俄货至天津以及张家口，留二成货，皆纳税三分减一。八年改章，张家口改为酌留，因而交一正税。此条运至天津之货纳税三分减一，与旧章相符。汉口二字拟改为嘉峪关，其纳税即照天津三分减一，亦无不可。惟运货物应照旧章注明运俄国货物字样，方免混淆。此可以照办者。

第六条 如在张家口酌留货物，已在该口纳税，领有税单，而货物有未经销售者，准该商运赴通州或天津销售，不再纳税，并将在张家口多交之一分补还俄商。该关于张家口所发执照内注明，其在嘉峪关未经销售货物，准运往西安府、汉中府或汉口销售，其税饷照张家口一律办理。

查此条前半系八年章程内所有，后半添出，其在嘉峪关未售货物运至西安、汉中、汉口，照张家口一律等语。今若准以嘉峪关照天津办理，经过之哈密、古城、巴里坤等城，指定一城，照张家口办理，则此条后半，即应改为其在哈密、古城、巴里坤等城，指定一处，完过正税之货，有未经销售者，准其运至嘉峪关销售，其税饷照张家口办理。将在哈密、古城、巴里坤等城，指定一处，多交之一分补还俄商。再查三分减一，章程原因俄商陆路运费较大，与别国水路来者不同，故定此章程以示体恤。今既拟添嘉峪关一口，照各国总例，洋货进口自应完纳正税，亦是正理，援照减一之例，实已格外体恤。再，此次若议定以嘉峪关照天津办理，经过之哈密、古城、巴里坤等城，指定一处，照张家口办理，是经过之地只留货并酌留几成，均不得作为口岸，不得设立领事官及行栈，如能载明，方免混淆。

第七条 俄商如欲将所运俄国货及洋货，由张家口、嘉峪关运赴内地销售，照各国总例，除已交正税之外，应再交一子税即正税之半，该关口发给运货执照。此照应于所过各关卡呈验。如无执照者，则逢关纳税，遇卡抽厘。

查各国总例，洋商运洋货到通商口岸，交过正、子各税，领有税单，方准运赴内地销售，即张家口未销之货，只准运赴天津，不准径运内地。此条所称由张家口运赴内地等语，是货未运到通商口岸，在经过地方，即可四通八达，各国均无此例，亦俄国元年、八年两次章程所无。应改为俄国货由天津运赴内地销售，除补足正税外，再交一子税，方与旧章第八款相符。嘉峪关既照天津办理，则此条内由张家口、嘉峪关字样，拟改为由天津、嘉峪关运赴内地，交足正税外，再交一子税，方与各国总例相符。此照改后可以照准者。

第八条　俄商运俄国货至天津、汉口，除报明酌留张家口、嘉峪关之货外，查有原货抽换，或数目短少，与执照不符，即将所报查验之货全行入官。但沿途实系包箱损坏必须改装，装毕行抵就近关口报明，如查验原货包相符，即于单照内注明，方可免其议罚。倘有沿途私售，一经查出，其货全行入官。如仅绕越捷径，不按第三条之路行走，以避关卡查验，一经查出，罚令完一正税。如系车脚运夫作弊，有违以上章程，货主实不知情，该关应体察情形，分别罚办。其罚令入官之货，如果商人情愿将原货变价交官，自应与中国官妥商，按照原货从公估价交官亦可。

查旧章，运俄国货至天津，报明张家口酌留之货，其查验罚办之法皆与此相同。今既不准运至汉口，只准运至嘉峪关，应将汉口二字改作运至嘉峪关，其酌留嘉峪关字样改为酌留哈密、古城、巴里坤等城，指定一处之货。其罚办之法，旧章只有罚货入官，今添出货主不知情、分别罚办二语。查海口通商，常有船夫作弊，货数不符，一经查出，推为货主不知情，不肯照罚，极费唇舌。在俄国商人海口买卖无多，何必添出此二语？势必致各国皆援一律均沾之例，在海口任意作弊，是虽有罚办明文，皆为虚设。且俄国两次定章皆无此二语，此次俄国实不必为各国开方便之门，损中国无限之税，关系甚大。此二语不能照办。

第九条　俄商如由天津、汉口运俄国货及洋货，由水路赴议定南北各口，则应按照各国税则，在天津、汉口补交原免三分之一税银，俟抵他口不再纳税。如由天津、汉口及他口入内地，均应按照各国税则，再纳一子税。

查此与旧章第八款相同，惟不准运俄货至汉口，只准运俄货至嘉峪关，应将如由天津、汉口运俄国货及洋货由水路云云，删去汉口二字，并及洋货三字，改为由天津运俄货由水路云云。其由天津、汉口及他口运入内地，删去汉口及他口字样，改为由天津、嘉峪关运入内地。此可以照准者。

第十条　俄商在天津、汉口贩买土货回国，应由第三条所载张家口、嘉峪关行走。俄商运货出口，照各国税则交出口正税，如在他口全税交完，至此不再重征。如在天津、汉口贩买复进口土货，该商交税后在一年内出口回国，将在天津、汉口所交复进口半税仍行给还。俄商贩货回国，领事官发给两国文字执照，注明商人姓名、货色、包件数目若干，各该关盖印。该商务须照货相随，以凭查验放行。其缴销执照限期并遇有遗失执照等事，均照第三条章程办理。该商应照第三条之路行走，沿途不得销售。如违此章，即照第八条所定章程罚办。沿途各关卡查验货物，应照第三条办理。

查此贩买中国所产土货回国章程也，旧章第十款、第十一款所载，运回国之土货，并贩运复进口之土货，一切办法皆与此相同。惟既不准由汉口陆路回国，应将在天津、汉口字样改为天津、嘉峪关。其由张家口、嘉峪关行走字样，改为由张家口及哈密、古城、巴里坤等城，指定一处行走。载明俄商在天津、嘉峪关贩买土货回国应由第三条所载张家口及哈密、古城、巴里坤等城，指定一处行走云云，其如在天津、汉口句改为天津、嘉峪关。将在天津、汉口句改为将在天津、嘉峪关。此可以照办者。

第十一条　俄商在通州、西安、汉中贩买土货，由陆路经由张家口、嘉峪关回国，应照各国税则完纳出口正税。如在张家口、嘉峪关贩买土货出口，应纳一子税。如该商由内地贩买土货，运往通州、西安、汉中、张家口、嘉峪关回国，照各国在内地办理土货总例，再交一子税，由各该关口收税发给执照。

其在通州买土货回国，应预先报明东坝，由东坝收税发给执照。其运货出口发给验货（单）等事，应照第三条所载章程办理。

查旧章第十一款，在天津、通州买土货回国，完一正税，领有税单执照，沿途不得销售。十四款，在张家口买土货回国，交一子税。十三款，在通州买土货，在东坝完一正税。今并为一条。应删去西安、汉中字样，改为在通州、嘉峪关贩买土货，由陆路经由张家口及哈密、古城、巴里坤等城，指定一处回国云云。如在张家口、嘉峪关字样，改为如在张家口及哈密、古城、巴里坤等城，指定一处贩买土货回国云云。其如该商由内地贩运土货，运往西安、通州、汉中字样，改为运往通州、嘉峪关、张家口及哈密、古城、巴里坤等城，指定一处回国云云。再，回国土货照内均须载明沿途不得销售一语，方与旧章相符。此旧章所有，可以照办者。

第十二条　俄商在天津、汉口贩买别国洋货由陆路回国，如别国已交正税、子税，有单可凭，不再重征。如别国只交正税，未交子税，该商应按照各国总例，在该关补交子税。

查此与旧章第十五款相同，惟多汉口二字，应将汉口二字改为嘉峪关，载明俄商在天津、嘉峪关贩买别国洋货，由陆路回国云云。此与旧章相同，可以照办者。

第十三条　俄商贩运洋货土货出入中国，应照各国税则，及同治元年议定俄国续则纳税。如各国税则及续则均未备载，应照各国值百抽五总例纳税。

查此与旧章第十九款相同，惟添出入中国四字，语意太觉宽廓，易滋流弊。如能照旧写俄商贩运土货、洋货出口字样，较为周密。此与旧章相同，可以照办。

第十四条　凡有金银、外国各等银钱，各种面、砂谷、米面饼、熟肉、熟菜、牛奶酥、牛油、蜜饯，外国衣服、金银首饰、搀银器、香水、碱、炭、柴薪，外国蜡烛，外国烟丝、烟叶、外国酒、家用杂物、船用杂物、行李、纸张、笔墨、毡毯、铁刀利器、外国自用药料、玻璃器皿，以上各物，由陆路进出口，通商各口皆准免税。倘由章程所载各海口及各城运往内地，除金银、外国银钱、行李三项仍毋庸议外，其余各货，皆每百两之物完纳税银二两五钱。

查旧章第十六款内载所有各国税则，第二款所载俄商由陆路贩货亦按照一律办理。八年改章，第十七款仍照旧。今照各国总例第二款内全文录出，与旧章同意，此可以照准者。

第十五条　凡有违禁货物如火药、大小弹子、炮位、大小鸟枪并一切军器等类，及内地食盐、洋药，以上各物概属违禁，不准贩运进出口。敢违此例，所运货物全罚入官。俄国人民前往中国，准许自备军械护身，填入执照，每人各带鸟枪或手枪一杆。又硝磺、白铅均为军前要物，应由华官发给准单，方准洋商运进口，或由华商特奉准买明文，方准销售。中国米、铜钱不准运出，外国米谷及各种粮食皆准贩运进口，一概免税。

查旧章第十八款内载，俄商如有偷漏及挟带违禁之物，如各国税则第三、第五两条所载各物件，均应将货入官。揣其文义，似单指违禁之物而言，此次不知何以将总例第三、第五两款逐字钞录。左宗棠来函谓，此条恐别国借以运洋药入关。查俄国陆路独专之利他国不能援引，俄国商人向不贩卖洋药，所言似属过虑。然能照上两次旧章囫囵一写，更无流弊。末言每人各带兵器一件，与旧章相同。查各国由轮船运货进口，所带器械枪炮，向无定数。因与俄国边境毗连，俄商由陆路入口，故立此条以示限制。此可以照准者。

第十六条　俄商不得包庇华商货物运往各口。

查此与旧章第二十款全同，可以照准。

第十七条　凡有严防偷漏诸法，任凭中国官随时设法办理。

查旧章第二十一款内载，凡有严防偷漏诸法，按照各国总例，任凭中国官随时设立办理。两次皆同，今删去按照各国总例字样，应令照旧添入，以符定章。此可以照办准行者。

签注中俄爱珲专条

按照一千八百五十八年五月十六日，即咸丰八年，中俄两国爱珲定约，准许俄民在松花江行船，并准与沿江一带地方居民贸易。嗣因《爱珲条约》讲解各异，致生阻难。今欲免去阻难，不废原约本意，两国全权大臣彼此商酌，意见相同，议定如左：

《爱珲和约》准其行船贸易仍旧全留不改，今欲遵照此章，如有开办行船贸易等事，于两国未经商定之前，准许俄民在松花江行船至伯都讷，并与沿江一带地方居民贸易，或运货前往，或由该处贩运各种土产货物亦可，中国官员并不阻止俄民与该处居民贸易。此专条，均应进呈，恭候两国御笔批准，彼此知照。今两国全权大臣将此条约画押、盖印为凭，各存一份。

查《爱珲城条约》载：黑龙江、松花江左岸为俄国属地，右岸为中国属地，两国交界之间作为两国共管之地。黑龙江、松花江、乌苏里河，此后只准中国、俄国行船，别国船只不准行走。又载：两国所属之人，令其一同交易各等语。并未限制以何处为界。自元年定有百里内一条，外间遵行已久，稍示限制。上年黑龙江买粮案内设法通融，饬商人运粮至百里交界，以便俄人前来承买，不致显违定章。近年每因外间分别上下游界址，俄人不服拦阻，公然闯越。若竟见之明文，则章程第一条百里限制即为无用，且东三省后患堪虞。是行船至伯都讷，与章程相背，不能照准。拟与言明：与中俄公共之江面自应准行无碍，其为中国独管之江面，自有元年百里内之约。此条不能照准。

总署奏，俄国分界通商各事，经审订签注拟议办法折

附签注条约陆路通商章程专条 附议专条及约章总论

总理各国事务恭亲王奕䜣等奏，为俄国分界通商各事，权其轻重利害，分

别拟议事。

　　窃查，崇厚与俄国所议约章各件，前经王大臣等会议奏称窒碍难行，奉旨派曾纪泽为出使俄国大臣。旋于二月初一日钦奉上谕：曾纪泽到俄国后，察看情形，先行具奏；并令该衙门详细酌核，分别可行、不可行之款，奏准后，知照该少卿商办等因。钦此。伏查曾纪泽此次衔命赴俄，重议约章，挽回已然之局，而收未竟之功，其责倍重，其势尤难。正月间，据少詹事宝廷奏称，曾纪泽若由英赴俄，必当严切寄谕，恪遵办理；又据洗马张之洞奏称，曾纪泽奉命另议各事，须授方略，请饬将另议之方迅速妥筹会议后，谕知曾纪泽遵办各等语，均为慎重使事起见。臣等查，崇厚所拟约章、专条既多窒碍，自属毋庸置议。惟此次曾纪泽赴俄，在我固以索地为重，在彼必藉修约为词，其所注意要求者，仍不外约章、专条内数端。臣等因权其轻重利害，再三酌核，其中有必不可行者，有尚属可行及旧章已行者，分别拟议，逐款申说，并拟总论七条，附议专条，虽俄国能否就范，尚难逆料，而曾纪泽于辩论时，或较得所依据。谨将总论七条并条约、章程、专条，分别可行、不可行，及附议专条，分缮清单，恭呈御览。可否饬下原议王大臣等阅看，伏候圣裁。一俟复奏钦定后，臣衙门当即转寄曾纪泽，遵照办理，仍令随时请旨遵行，以昭慎重。谨奏。

光绪六年二月二十二日

新疆巡抚联魁致外部，新省于俄防不胜防，请饬萨使侦察电

　　十四日电敬悉。新省幅员辽阔，防不胜防。查俄由新入藏，以科布多、塔城、伊犁、乌什为入境必由之路。以哈密、罗布淖尔、屈莽山为由新赴青海、西宁一带必由之路。应即遵饬委员设法探访，并密电各道，严饬各要隘遵照，总在商货及游历两种上着意。惟科布多、伊、塔等处为入新要道。自哈密往西

宁，必经甘肃入青海，新、甘交界之地半多荒漠。已密电甘督，伊犁、青海、塔城、科布多各将军大臣，以期周密。再请密饬驻俄萨大臣，就近侦察，俾得确实。除将访查情形随时电陈外，合先缕达，敬候钧裁。联魁。十八日。

宣统元年闰二月十九日《西藏档》

伊犁将军长庚复枢垣，报俄由新疆赴藏路程地名电

十五日钧电谨悉。查俄商由新疆赴藏，北路必由伊犁之灾堪卡伦、塔城之苇塘子入境，南路必由喀什噶尔之明约路、乌什之依布拉引卡伦入境。北路距藏尚远，购运军火现无所闻。南路由喀什噶尔至莎车、于阗均有通后藏之路，然皆山险，且近藏属之北印度，转运军火恐亦非便。惟由乌什经阿克苏、库车、焉耆，咬达维布淖尔东南之柴达木。该处系青海所辖和硕特西右翼中旗牧地，北通安西敦煌，东南通青海西宁，西南通前藏，为蒙番入藏熬茶要路，止能马行。现拟派熟悉情形通晓语言之人赴该处访查，如有其事，即行禁阻。并商新抚，电饬喀什噶尔、阿克苏两道督饬明约路、依布拉引二处卡员，留心稽查，以期周密。如探有虚实，续电奉闻。长庚。个。

宣统元年二月二十六日《西藏档》

科布多办事大臣锡恒奏陈，俄商违约私盖房屋已商令拆去，恳饬部立案折

科布多办事大臣锡恒奏，为查明俄商违约私盖房屋，饬属和平商令拆去，密陈办理情形，叩恳天恩敕部立案，恭折仰祈圣鉴事。

窃维阿尔泰地方等，鸿荒之初辟，迫虎视之强邻，内治之弼教设防，固应规筹久远，外交之信孚术驭，尤贵因应咸宜。溯奴才奉命西来，正俄人发端，诈索科属边界阿拉克别克河。之后，彼族既蓄意险固，侵占是图，而科城复徒

事委蛇，挽回无术。比年以来，视俄外貌，似仅经营贸易，未肆狼贪，而揆其鲸吞蚕食之心，何尝一日少辍。稽诸以往，诡计万端，始则贸迁之所，潜造房屋，预为占地张本。继则稍稍展拓，借故责难，必至据为已有而后已。我总兵舌敝唇焦，终归无补，前此之失地盈千，徒成恨事。而后之得步进步，更不胜防。即以阿拉克别克河一案而论，该处距科城约二十余站，当光绪二十年以前，窥我幅员辽阔，觉察难周，纵令彼属人民越界修盖房屋，托言照料税务，中属蒙、哈无敢过问。即有一二明白事理，冀生阻力者，尤不难贿嘱势逼，强其缄默。迨至喧宾夺主，局势已成，乃谬指阿拉克别克河迤东之黑水塘名奇台喀河者，称为交界。翻谓中哈越境住牧，设词恫吓，逼胁迁腾。绳之以约而不遵，按之以图而不顾，遂使险阻地利一旦轻掷于人，弋敦睦谊之虚名，受无穷之实害。抚今忆昔，愤懑殊深。西北沿边似此疏于远略者，如光绪年伊犁之霍尔果斯河界务、近年塔城之奇布勒嘎什草场，何莫不然！

窃念阿山逼处俄疆，从前属科属塔，相距均形弯远，所有交涉案件，俄官率多袒护，未能两得其平。而在蒙、哈游牧贸易之俄人，有无违约举动，亦未随时清查。前鉴匪遥，亟应预为防范。奴才曾通饬各属查明，倘有俄人盖房占地之事，据实呈报去后，旋据各属报由中俄蒙汇单，呈经奴才核阅，除无俄商盖房之处严申禁令以杜将来外，计科布多河之库布克及乌梁海左右翼游牧、察罕河之毕拉奇尔萨克赛河、布拉喀河、图鲁巴淖尔等处俄商，均盖有土房木房各二三间，委系私修，并未禀明有案。据该管昌吉斯。

台卡伦侍卫玉龄、散秩大臣额尔克舒、诺巴勒丹、多尔济、哈萨克比、阿哈拉克齐、苏喀尔拜等呈请核办前来。查光绪七年中俄条约第十三条，内开张家口无领事，而准俄民建造铺房行栈，他处内地不得援以为例等语，约章具在，自应据理商令拆毁。且阿尔泰正值开办伊始，如再仍前坐误，诚恐后来迎拒掣肘，更有甚于从前者，年复一年，势必愈难结束。奴才前次道经科塔、新疆一带，访闻洋务案件。凡于我有益者，动辄借故推缓，而于我无益者，又复坚韧要求。即如占地盖房之事，几至无处无之，一经官中盘诘，辄贿华人承认。虽赖历任各疆臣力顾时艰，让小争大，不令过有亏损，然卒未能使彼遵约更正，盖亦由来久矣。奴才反复熟思，与其文牍相商，必仍归无济，何若先责中属、蒙属官目，听其违约建房，并不呈报之咎，仍饬各与俄商，和平商令拆去。如此权宜办理，或可弭患无形。奴才非不知外人之性情狡狭，难保必无后言，第念国家疆土所系，万不敢畏难苟安，但顾眉睫。况当年该俄商盖房时，既未禀经两国官员照会允准于前，则今日之不待照会，饬属商办于后，其曲似不在我。奴才规定方针，复即严饬该蒙、哈官目及卡伦侍卫等妥慎商办，并加面谕，不准稍涉孟浪各在案。该官目等自奉文后，随向该俄商等委婉告知条约，均皆俯首无辞，惟其中间有因贩货回国者，有恳求缓以时日者，以故退之又久，始于本年春夏间先后呈报。已将查出各俄商违约私盖房屋和平商明拆去，均取有该商字据存案。此外尚有卡伦侍卫玉龄续报，俄人玛塔庇等于察罕哈巴河南库博克地方砍伐树木，就河之北岸建造房屋一起，已饬详细查勘，是否中国界内，尚未禀复。昨者新设驻乌里雅苏台俄领事官多罗贝业福来阿时议及此案，曾有因迁房损失财物之语。奴才随令局员据理照复，并与面辨曲直。该领事官亦经承认，彼属商民擅自越境盖房，委系违约。已商订分饬中国蒙、哈官目与俄商照前和平商议，不必遽成交涉，其续报新修房屋，如在中界亦允照约阻止等语。奴才惟有督饬属员随时相机办理，总期将已占地址一律收回，有益边局，无碍邦交为准。无论嗣后蒙、哈倘有私许外人潜盖房屋，及中属人民所盖房屋，阴与外人合伙，一经查出，立予分别奏咨惩办，用儆效尤。惟是案关边地重计，亟当据实密陈，恳恩敕部立案，以昭慎重。所有查出俄商违约盖房，饬属和平商令拆去各缘由，除咨部外，理合恭折具陈，伏乞皇上圣鉴训示。谨奏。

宣统元年七月二十七日奉朱批：外务部知道。钦此。

《防务档》

使义钱恂奏，外交政策宜遵谕旨公之舆论折

出使义国大臣钱恂奏，为外交政策，宜恪遵谕旨，公之舆论，恭折仰祈圣鉴事。

窃臣伏读光绪三十二年八月十三日明诏，大权统于朝廷，庶政公之舆论两语，本民视为天视，法唐虞三代之隆，以众议辅上议，采东西万邦之宪。大原既定，薄海同钦，不但全国国民敬谨仰体，凡百臣职所应恪遵。

臣在官言官，请以外交论，我国咸丰以前中外情形相隔，往事姑置勿论。臣曾遍读《同治夷务始末》一百卷，查始末一书，本故大学士曾国藩奏请编纂，以为卧薪之鉴者也。同治一代之书成于光绪初年，其中所载。固多无可如何之事，然观故大学士文祥所办各事，独为有力，独为有益。臣曾谒见文祥，当时以年少书生进谒宰执，乃荷虚怀询问，商及时政，毫无秘密可见，爱国名臣未有不以采及刍荛为首务者也。

近年外交失败，年甚一年，任事者多诿咎于国势太弱，不知国势之弱，正由任事者弱之，而非国之自弱也。任事者之弱国，半由于一已之无学无识，半由于询谋之未佥同。今者外交人员，多以秘密二字为唯一之政策，此在庸懦无能者，以秘密为卸过地步，而在诡悍罔顾者，尤以秘密为媚外手段。平日先把定一秘密主见，每每与外人秘密往还，其所谈论，罔识事理重轻，恒露可乘之间隙。当其露时，旁人受其秘而不及知，而外人以利其秘而持其后矣。一旦交涉事起，迎拒两难，论持正则识力不足，欲通融又人言可畏。始也未尝不发其良心，未忘忠爱，继也终以例守秘密，不顾是非，利输于外而不争，害归于国而莫挽，此外交之失败于秘密者一也。

外交场上将有所探听，必曰今以私交密询不作公谈，务须秘密。将有所诱惑，必曰今以私交密告，不作公谈，务须秘密。此等语臣闻之熟矣，用之亦习矣。彼以密尝，我以密应，如是而已。若窥澈不透，误徇彼密，不但受其愚，抑被其笑，今任事者不知此诀，惴惴焉惟恐以不密见责于外人。卒也仅能密于共

患难之本国人，不能密于攘利益之外国人，徒遏民忠，无救实际，此外交之失败于秘密者二也。

顾此二者误国，固无所逃罪，而尚非出于本心。又有甚者，遇外交棘手事件，明知一经徇外必损国权，一损国权必负众谤。然不媚外则富贵莫保，于是悍然不顾借用秘密二字，以济其私，甚或与外国宾主对谈，不令本国第二人在座，务使本国人一概不知，乃可以为所欲为。而舆论不及伸，弹章不及上，即其上闻于黼座之前者，亦是牵甲扯乙，不忠不实之谈。加以挟外为重，故作危词，一若不秘密即恐决裂者，恫吓蒙蔽，深虑隐衷一露，即所图不成。此其用心，不但愚国民，并且愚同官，更且蒙圣主。一旦弊害显露，众论沸腾，非巧护前愆，即推诿国势，而深恨痛疾于知此源委之人，以为不密之故，皆秘密二字阶之厉也。此外交之失败于秘密二字，而罪不容诛者也。

我国外交上第一秘密事件，莫如光绪二十二年中国秘约成于一氏之手，诚无漏泄，然横贯满洲之路权随约而去，南通旅大之路权并旅大海口相继而去，皆受祸此约。设使当时采及众论，则枢臣如故大学士翁同龢，疆臣如故大学士张之洞，必将起而力争，东三省根本重地，将不至如今日之无所措手。徒以坚密之故，著著失败，安任其为利也。况此秘密之文字，虽不传于世，而此密约之大旨，遍登各报，又安任其为密也。此秘密之有害无利，事征既往者也。

我国外交上第一不秘密事件，莫如光绪五年收回伊犁之役。当时崇厚割弃格登山地，士论愤发，天威震怒，力主改约，几欲置崇厚于重典。夫以边外数百里远地之故，郑重如此，以视要隘、路矿之输弃者，轻重悬殊矣。一时大小臣工各抒所见，以图补救，尤以张之洞所议最为详核。臣时正列张之洞幕下，预参末议。厥后出使大臣曾纪泽卒凭公论，以折服强邻，收回霍尔斯河地。约已画押，而该地已割弃而争回，为中俄交涉最占胜著之事，所仗者公论争持耳。设使当时以业经画押，无可更改，一经宣布必开罪邻邦为虑而秘密不宣，即外臣无由而知。外臣不知则公论莫伸，而一约弃地永久莫挽矣。此又秘密之有害无利，事征既往者也。

至于今路权、矿权、债权相逼而来，交涉日繁，且于国脉民生较寻常外交事件更为切肤，断非三数人之知识所能肩此重任。欲求于国脉民生稍稍维持，稍稍补救，自必开诚布公，不尚秘密，与关切国脉民生之人互相推敲，互相商榷，则思虑益加周密。即部臣为难情形，亦可表坦白无私而共谅，而外人要求无状，又可仗舆情未洽以为词。故秘密而不与人商，则三数人独任其责，且独为其难。不秘密而广与人商，则全国分任其责，利害既全国共担，功罪亦全国共负，较之三数人独断，失败相去不可以道里计。

彼东西各国法律完备，宪政巩固，尚且于大小行政无不由会议而行。此会议乃各部相会，初非国会，在日本多内阁会议，在各国多各部会议。盖除各部小事件可以专主外，凡关国政，无不由会议决行，所以昭大公也。况我国法律未备，宪政为始，合众智以谋之尚虞失挫，而可以秘密从事乎？或谓外交事与内政不同，宜用秘密，则臣昔年襄使历英、法、俄、德四国，习见彼邦政府办事之法，迨监督日本留学生，驻彼最久，即与彼政府直接办事，奉命使和、使义，更以代表资格相往还。凡有交涉，彼外交官必曰尚与某部互商再行决答，可见一部之不克专主而必出于公议，公议即不秘密之谓。此臣所亲历而可举为不秘密之证者也。

此犹曰寻常交涉也。庚子年联军事起，张之洞方总督湖广，与故两江总督刘坤一共谋保障。臣承张之洞之委任，驻日本与彼外务省、陆军省及参谋本部有所商酌。此关于军务机密，在臣一面，自不轻以日本真情潜输于外，而彼政府固时相通知，不以事关外交之秘密于同政府，且秘密于全国民也。又客腊今春间，巴尔干半岛事件起，义、奥学务事件起，臣约见义外部大臣，往往以会议无暇，特订改期。该（每）次均以会议议论参差，不易调洽为词，可见外交事务无不公同会议，而议论参差初非不可调洽，且愈以见国步之进也。况我国近来路矿借款等事，悉关内政，悉关国计民生，更非外交可比，而谓可以一部专主加以秘密乎？外交关系重大如此，外交之办理艰难又如此，在部臣亦宜呼将伯之助，收众长之效，以求共谅于天下。

臣以为宜饬外务部，以后外交事件，无论与某部某省有无干涉，必须与内而部院，外而各督抚彼此互商决定。若遇各部各省意见不同，可由外务部详细辩论，务使通国内外大臣尽行允洽而后对外施行。如此，则同居局内者可以相得而益彰，不居局内者亦可相观而益善，免彼此推诿之病，即塞秘密失败之源。此仿用日本之内阁会议及列国之各部会议，有百善而无一弊，乃筹备宪政之一大关系者也。至于谘议局为宪政第一根本，现在甫经开办，所举人员诚未必深明政体，但目下留学归国之人日渐居多，虽其中亦多知识浅陋，学术无称之人，然苦学有造者亦必不乏，于内地民情未必窥及细微，而习于外事，于外交上知识较富。此种人归国以来，亲友耳聆其论说，乡里目击其举动，其感动之力亦非浅少。故今日沿江海省诚不得谓民智果开，然亦不可谓民智未开，臣所虑者在官智未开耳。

年来朝廷兴教育、奖留学，以开民智。今民智之开，略有成效，更请朝廷用民智之力以开官智，官智果开，于宪政前途裨益匪细。开官智之法，以注重谘议局员为先，慎其选举，广其闻见，准其献议，许其调查。用十分之工以培养议材，七年期届或可收五分之效。今若遏之，不使预闻政务，安望其上佐圣世立宪之举乎？此培养议材之说，必为力主秘密者所不许，目今未加培养，业已阻路约有人，阻矿约有人，阻款约有人。部中以种种掣肘，不克遂其私计，若一旦议材加多，则所阻事件亦必加多，部中方且用秘密为防川之计，安可推诚相布？不知果竭力培养，知识加增，于部中乖谬事固陈阻必切，而于部中为难事亦体谅必曲。部中苟无私见，何异公诟？国家仗此公论，正防私见。

外国政府有所谓放风筝者，政府遇更改一旧章，或创办一新事，在僚议已略有端绪，但不知民情之向背与邻交之好恶何如。于是托为报馆主笔语气，发为议说，或故抑故扬，或庄言名论，更或借用嘲讪，刊之报中，以听本国人、外国人之评论如何，而默为操纵。此是用报纸以观风气，故以风筝为喻。其不敢迳行有如是者，凡以顺民情、固邻交耳。我国报馆良莠不齐，未堪恃信，此第不适用于今时。然邻交不可不固，民情亦不可不顺，世未有不顺民情而可以固邻交者。彼专用秘密不问民情，以为可以固邻交，其实非固交也。乃近来民间往往倡行排货，是诚有损邻交，亦因任事者一味秘密，致民间不知交涉之原委，愤任事者之无可理喻，徒害国政，致有激而成者耳。若使任事者不宗秘密，将办理情形公之舆论，则事前既可仗民情以挫外焰，事后又可藉民情以恕委曲，是亦任事者之利也，而秘密者反是。

臣二十年来所见外交大小事，无不以秘而失败，无不以不秘而挽回，今当去任，实有不忍不言于黼座之前者，披沥上陈，但愿圣明垂教，俯赐采纳，则天下幸甚。此后所有外交事宜，应公诸舆论，请饬部与诸部院大臣、各督抚将军商议，以为宪政上议院之基础。再请饬下督抚将军向谘议局剀切公布，以为宪政众议院之基础。事关圣世立宪之预备，是否有当，伏乞皇上圣鉴。谨奏。

光绪（宣统）元年十二月十五日奉朱批：外务部议奏。钦此。

《出使义国档》，《清宣统朝外交史料》卷十一

使俄萨荫图致外部，俄开商约六款请示对付宗旨电

俄密。啸、效电计达。报载，俄开六款俱关商约，不俟开议，藉端先发。许之，则议约时我所应争之权利，彼几一网打尽；不许，则彼沿边调兵较速，难保无占地之虞。此间朝野议论颇激，去冬八十一、八十六号函中所侃陈，彼竟出此。窃以如彼允将各款归入商约，提前开议固善；否则熟权利害，总以和平商结为宜。大部对付宗旨可否密示？荫。号。

宣统二年正月二十一日《商约档》

使日汪大燮致外部，闻俄调兵赴伊犁，英议有事滇边，诸宜直接交涉电

隆密。闻俄调兵赴伊犁颇确，奥、瑞使俱以询。按俄政府意见素歧，今外部直是与户、兵一致，尤暱武人政策。非昔比约外要求，当拒则拒。论者谓：有关成约事早图结束，庶免意外枝节。又闻英议踵其后，有事滇边。万祈注意诸宜直接，勿托他人缓颊。近情可否密示。燮。

宣统三年正月二十一日《防务档》

外部司员富士英、管尚平呈外部丞参，查报塔城中俄通商利弊禀（附清折二件）

敬禀者：

窃士英等于去腊初十日抵伊犁时当发一电，二十日又发一禀，计已俱蒙钧察。在伊调查事毕回古子沟，业已封山，仍假道俄台于二十二日起程赴塔，诅行至萨玛尔地方被俄官多方留难，不得已折回，改由华道赴塔须涉古子沟、老蜂口两险，古子沟尚可冲雪而过，老蜂口万难行走。爰由广将军电致塔城忠大臣，请其派承办之员由马道赴库尔喀喇乌苏，而令士英等即在乌苏接洽。士英等旋于腊月二十八日由伊起身，除夕过古子沟，步行一夜，如不赶过，又恐被大雪封在山中。一路冰山，共计翻车七次，幸人不在车中，尚无受损情事。昨晚抵乌苏，忠大臣所派印务章京巴君今日亦到，彼此商酌事毕。巴君即于明日回塔，士英等不再赴塔，亦即于明日向新省进发矣。查忠大臣所具节略共计两份：一系塔属，二系阿属，俱极详细，兹谨附呈，伏乞代回堂宪为叩。

阿属前曾有节略咨部，兹更将前次略而未备者另行报告；塔属尚未咨部，此次节略亦已大端毕具；而最要问题实为设置税关、议订税则二事。塔城进出

口货物与伊犁大致相同，自可并议，不再赘述。设关一事，即如士英等伊犁报告所陈，塔属总以巴克图卡伦为宜，阿属总以济木乃卡伦为宜。忠大臣阿属节略内所云：吉木乃哈巴河，即济木乃也。济木乃一地历任阿、哈两大臣屡欲争为己有，迄未定议。此次忠新阿尔泰办事大臣、额新任塔城参赞大臣两大臣拟为议妥，归阿、归塔未定之前，约中宜参活笔。设领一层，俄使屡次向部要求，拟改科布多为承化寺。诚以承化寺地方极为繁盛，较之在科布多贸易更为有望，且系接近边界，洋货入口益形便捷，故彼久已垂涎。忠大臣节略内亦以勿许为宜，兹谨引申其意而重言之。

再，忠大臣阿属节略内所云诺果依，即塔属节略内所云瑙朵夷，亦即伊犁将军说帖内所云脑盖夷是也。富士英、管尚平谨禀。

宣统三年二月十三日《中俄议约档》

谨将查明塔城中俄通商利弊大概情形开具十条，以备察夺

一、中俄陆路通商以来，溯自光绪初元时，俄人在塔贸易者仅三四十家，迄今商务日增，洋行林立。其运入腹地销售各货，向由塔城中俄通商局照约填发护照，每年运销新疆南北两路各色洋货估值俄银二三十万不等。在塔坐销者约数百万，其运往伊犁、科布多暨塔属蒙哈各游牧内销售者亦十之七八。华商无可抵制，种种吃亏别无挽回商权之法。若非乘此改订约章，明定税则，实属莫塞漏卮。此俄人商业勃兴、中国利源外溢之情形也。

一、查光绪七年改订约章，约内载：俄商由某卡入境，前往某处贸易，设立领事驻扎地段，指分贸易圈，并给予牧放草场、葬坟处所，中官妥为照料。睦邻优待，无以复加。塔城贸易圈原在汉城北梁，定有丈尺，今则

逐年侵越，渐至西门外龙王庙后，均已建筑墙屋，栽植树株，得步进步，莫可究诘。此俄人违约罔利，狡谋占地之情形也。

一、华商前往俄国贸易，约内笼统注载，并未明列专条，既未设有领事，亦无管商头目，遇有交涉事件任凭俄例处理。即约会俄官辩论，亦难执约而争。即如光绪二十八年塔城厅骆丞任内，有俄商索柏列夫承买全厂房屋，计价银二千二百余两，久欠未交，历经塔城厅各前任与驻塔前后各领事索格福鲁吃车等面质追索，初允变卖清还，嗣乃任意拖延，仍属画饼。嗣后迭向其理论催缴，乃指哈密缠商纳乌什札特欠款作抵，终属子虚。若华民欠有俄款，则向地方官严行追取，百端要挟，令人难堪。此华商受累，华官棘手之情形也。

一、中俄商民银钱往来，自光绪十六年起纸币互相交易，以俄帖换华帖，每两由俄帖加水四五钱，俄商颇重视华帖；至二十八九年以迄近年，俄帖洋元渐昂贵，以华帖换俄帖每两反有华帖加水七八钱。中属蒙、哈、缠、回亦争用俄帖，华商买卖窒碍诸多。且洋货到哈销售，俄商多接华帖，所购华货甚少，华帖任意储存。即如本年俄商熟木栈存有华帖八九千两，向地方官成建换银，因加水辩论，未克及时办妥，即电达中国长官索兑银两，图占便宜。嗣经前任屡与领事磋商，始允以俄帖抵兑，刻又加换数千，挟制无已。此华商银色失利，近日买卖之受亏情形也。

一、塔城毗连俄境，中、俄哈萨克种类混淆，任意出入境内，无可限制。哈萨残酷性成，每以窃掠为生，塔属明火抢杀案件层见迭出，地方良善不得安居。即如上年驻户马老六、小马在高家墩被劫之案，支解二命，惨不忍闻。嗣经查明，原系中、俄哈萨伙同拦抢，中哈塔亦克等三犯业已获案，讯取确供，羁禁待质。其俄哈正犯都特拜克乃生恰克里克，屡经照会驻塔俄领事行文缉捕，迄今未据送交，此案久悬未结。嗣后俄属贼哈劫杀华民，或与中属哈萨同犯重案，几至莫可究诘。若非早定严办专条，莫就范围。此边境贼风日炽，地方受害无穷之情形也。

一、新省茶引国课尤为商务要政，严禁私贩，部有明文。自光绪三十二年俄人凯觎其利，贩运茶斤，始以假道为辞，由中俄交界之苇塘子倒灌入境。经伊犁将军长、塔城参赞大臣札奏定立约有案，虽准假道，然必报明中国官，照数先交押款，由中俄通商局发给护照，注明茶数并出境日期，载有不准沿途洒卖字样；一俟原茶出境，然后退还押款，如茶数不敷，即将押款扣留，其条款极为周密。近来俄商运茶入境，不独不交押款，且不知会，中官无从知其数目。其已经中官查知者，则藉词假道任意填注数目，敷衍出境，其实私销不知凡几矣。即在贸易圈内，各俄商号铺随处堆积茶块，彰明售卖，固理谕势禁之俱穷。此俄人贩茶违约，明夺利权之实在情形也。

一、新省抽纳洋税原有十年之约，俟俄商贸易兴盛准与议约抽收，今则已逾二十年矣。俄商贸易亦极畅旺，每年如塔城一隅不下数百万两。昔年许其享我利益者，在我重在睦邻；今则独揽利权，在彼殊失交谊。查中属缠商与俄属之朶璏夷原系同类，交相贿赂，诱取俄符贩遂各货，分赴各处贸易，致使中官莫敢过问。甚有假托俄商者，有时经中官查明，俄官且反多方袒护，或称为俄属璏朶夷雇工，或称为璏朶夷亲戚，通同包庇，罔我税权。若不趁时换约，议收洋税，不但利权外溢，此弊且伊于胡底。此俄人包庇奸商妨我税课之情形也。

一、俄人牧放牲畜，约章只给与空旷之地一块。细释一块云者，盖有限之谓；且是给与贸易圈内之俄商，并非泛指凡俄之民而言也。今塔属南湖地方俄哈毡房约三百余顶，牛羊驼马以十数万计，禁之不去，麾之旋来，诚为边要一大关系。查俄国收我中国歇山之税每年不下万金；今俄哈盘据中土，牧放牲畜，聚族而居，亦应照俄章收税，使之就我范围。否则年久月深，彼将视为固有。此牧政利权渐失，中俄界限必争之情形也。

一、塔城东北之察罕鄂博为俄国属地，该处俄设卡伦派兵驻扎，其稽查极为严密。查该处系我中属阿、塔两城官商、蒙哈人等往来必由之大道，即我塔城所属之吐尔扈特亲王部落驻扎阿城邻近，遇有紧要公文及伊等赴塔往来诸多不便，此官商人等往来不便之情形也。

一、塔城参赞所辖地方应设收验俄商出入货物税关者，其地方有二：一在新设巴克图卡伦，该卡伦距城六十余里，地当孔道，凡中俄陆路商人等必由之路；一在附近贸易圈傍汉城西边绰克楚河岸尤王庙左右。若能在巴克图、绰克楚河岸龙王庙左右实行设立收验税关处所，其俄商出入货物丝毫不能走漏。此设立税卡地段，挽回利权之情形也。

谨将阿尔泰应行调查各节，遵就管见所及，择其最要未曾详对者九条开具节略，用备采择。

一、俄属诺果依在阿营各蒙哈游牧、零星贸易不过二十余人，毋庸议设领事，有领事则必索贸易圈地段。塔城俄商贸易圈紧迫，汉城一举一动在彼如策藏铃。况阿营系照军营体制，一切尤宜慎密，塔城可为殷鉴。议换约章时，彼若请设阿尔泰领事官及要索贸易圈地段，望勿许可。此其一。

一、阿拉克别克河本属华境，俄人强行侵占，前科布多参赞大臣瑞洵迭经辩驳，俄人妄指河汉为阿拉克别克河，互相争执。前任大臣锡恒到任以来，俄人终未提及。边界攸关，未便再涉迁就，应请与俄使磋商，以清界务。此其二。

一、俄人越界种地，马呢图嘴图勒干卡伦官兵莫奈伊何，不得已移会俄官勘明，委在中属界内。始则请展期限，俟收获后即行出境；继则以该俄官系边界微员，无此权力为词展转迁延，止之不能，驱之不去。边民无知，日久倘或生事，俄官必多方袒护。定约时务与俄使磋商，请饬俄属边界官员即将比年越界种地之俄人悉数收回，毋庸再蹈前辙，以清界务。此其三。

一、俄商在阿属各蒙古游牧，擅搭土房，囤存货物，账目去来自便，并无定踪。万一一旦失和，则彼族必以失去货物、账目若干为词讹索赔偿，何所不至。应请与俄使从长磋商，务将俄商诺果依在蒙古各游牧所搭土房一律拆毁，以清界务而重商政。此其四。

一、俄商运货在各游牧发卖并无厘税，而中商赴俄境贩运货物及买卖牲畜亦不得抽收厘税。中、俄本属友邦，未便歧视。应请与俄使磋商，以重商政。此其五。

一、俄商人华境贸易再不得夹带华茶、华货，任意洒卖，致防华商生计。应请与俄使磋商，以重商政。此其六。

一、将来阿属设关西北路，应在吉乃木、哈巴河一带适中要隘；东路冬、春两季应在沙紫盖，夏、秋两季应在乌西岭酌设分卡。他处与俄境毗连，头头是道。应请与俄使磋商，均不准擅行出入，以重税务。此其七。

一、俄人入华境并不呈验护照，擅行往来，且往往单身行走，贪取便捷小道，华官无从稽查。或已自回国，或被野兽及风雪所伤，遂指为被华民所害。前者俄属诺果依阿布都恰得尔迷路无著一案，迭次派员，毫无影响，并经与俄领事会询数次，原告哈三所呈字样竟属子虚，俄领事亦自知理屈。乃尔拖累数年，大费唇舌，索偿动以万计。其同行之要证荒古斯等始终抗不到案，又欲调塔、调乌，往返数千里，实强边民所难。现虽照回礼议结，原系委曲求全。所虑援此为例，将来更难办理。而中民被俄人戕毙者非只一案，且已由俄官验明属实，比年未了一案。中民太觉偏枯，人情向背之机所关匪细，应请与俄使磋商，以肃边务。此其八。

一、中俄边民互相偷盗习以为常，中民赴俄境偷盗牲畜亦所不免；而俄人往往持械越境劫掠，中民恐肇交涉，哑口退让，边民殊不聊生。应请与俄使磋商，此后两国边卡官员各严约束，勿再越境滋事，用笃邦交者。此其九。

其余详情，已由阿营缮具说帖呈部，合并声明。

《清宣统朝外交史料》卷十九

新抚袁大化咨外部，伊犁中俄民籍混杂，撮叙户口总数酌拟办法，请核复文

为咨呈事。

案据署理新疆伊塔道潘震详称：窃照伊犁通商在光绪八年，俄人代收交还之后，民籍混杂，多碍主权。往年已入俄籍迁赴俄境之本地缠民，恋其故

土，逃回中境者为数甚多。俄人则执为逃户，纷纷向索，中国不能不为按约查送，而旋送旋归。彼则索不胜索，我则查不胜查。嗣商领事作为留户，免其查送。三十二年始有除俄籍交还中国之议，由领事造具花名清册送交前来，经前任庆道详请宪台，会同伊犁将军电达外务部代奏，奉旨：准收。钦遵饬行照办在案。

嗣经宁远、绥定两县按册接收，数年以来，辗转仍未能已。盖此辈来中种地，多已一二十年，娶妻生子，子又生孙，迄今一家有多至十数丁口者。俄领事但以原入俄籍之花名照交，故册内不过一、二丁口，其册内无名者则仍认为俄籍，遇事不论是非曲直，两国先以属中、属俄断断争较，此交还中民之尚多混淆也。其领事并未册交之民，亦有在中居住多年，领有门牌，亦有俄票，无事则认为中民，有事则呈出俄票，更有显认俄民种地不纳钱粮，以及手艺、小贸、佣工散处城乡，属中、属俄无从究诘之户亦复不少，此俄民居住中境之亦多纷杂也。

职道于宣统二年五月初莅署任，适奉调查改订条约之文，业于议复说帖内首列户籍一条，详陈各节。诚以人口以户籍为定，户籍不清，不特深碍自治法权，且比屋连阡，动多交涉。况值预备立宪，调查户口尤为最要机关，即无更约之事，亦应设法清理。当即遴派熟悉中俄情事、精通俄语之头目海力立一名带同毛拉人等，月给薪粮，前赴绥宁各县城乡，详细挨查；自二年七月初一日起至本年正月底止，一律调查明晰。

按照原议，将俄册原交丁口不符者列为一类，共册四本，计缠民九百零九户，男二千五百五十三丁口，女一千六百五口，原交男一千三百四十五丁口，女四百八十八口；回民三十八户，男六十七丁口，女三十七口，原交男六十一丁口，女二十六口。此项民人既已销除俄籍，则按依世系凡妻室子女自应一并归入中籍，拟即将查明户口数及男女丁口年岁、在何地何项营业照钞清册，分发两县，造入户籍，从新给发门牌，永为中民；并另造一份送交领事存查，以清辗搞而杜藉口。

其俄册未交而在县已领门牌者列为一类，共册一本，计缠民一百八十一户，男四百六十丁口，女三百五十三口。此项人民在中种地，入册承粮，久已安居。特有一二狡黠之民遇有案件往往恃俄票以为护符，首鼠两端，巧于趋避，即俄领事亦有时为其播弄。拟商领事转报俄国政府，以既领中国门牌，即一律销除俄籍，以断葛藤而减交涉。

至显系俄民在中种地务农者列为一类，共册二本，计缠民五百四十七户，男一千二百二十五丁口，女七百二十六口。此项人民亦皆在中多年立业，不过领有俄票，俄册未交，不得认为中民。若按照光绪七年改订条约第三条办理，既入俄籍自应遣归俄国，但历年既久，安土重迁，恐非所乐，即领事恐亦未能就范。况欲令迁回，凡租项田产或易交割，若系典卖之业必须退还原价，当此财政困难，恐公家急难筹此巨款。如能商之俄国，以该民等安居中土有年，与前经销除俄籍之户无所区别，亦应一律除籍交还中国，固属甚善；否则，惟有按照改订条约第四条，应照中国人民一体完纳税饷，以顾邦交而挽主权，亦惟听候大部钧裁商办。

此外，城乡散处回、缠人民并无俄票者列为一类，共册二本，计缠民三百三十户，男六百六十三丁口，女四百四十八口；回民一百二十三户，计男二百四十四丁口，女一百五十二口。此项人民或私行过界，或因事逗留，亦多历年所。其中安分之民有租种、顶种中、俄民人地亩为生者，有工匠、手艺、小贸为业者，若游手无业佣趁度日之赶徒则不免良莠不齐，时或行窃滋事。查俄民人出入国疆，均须领票以备稽查，兹既查出无票俄民回、缠两种共四百数十户之多，为时过久，从前既漫无考查，此时实难一律驱遣，况内亦有良民，非可一概而论。拟一面商之领事，除无业游民或素为非分者仍照无票不准越界，（照）约章分别解送出卡外；其实在安分之民由领事分别查明，补票安居，以示限制而靖地方。

又，俄已除籍交册有名其人未来中土者列为一类，共册二本，计缠民九百八十四户，原交册开男女一千八百一十九丁口；回民七十一户，原交册开男女一百一十六丁口。此项人民俄国系按初迁有名除籍册交，现已三十年，其间病故、流徙或在彼安业不愿归来均事所恒有，拟他日如有来中之户查明册内实系销除俄籍有名者，仍由地方官收入户籍，妥为安插，否则亦不指索，以免纷扰而省枝节。

此查明各项户口及分别酌拟办法之大概情形也。若夫正当有票俄商此次一并清查，计缠商二十三家，男女一百一十四丁口；安集延商三百七十八家，男女五百六十二丁口；脑盖依商九十七家，男女四百七十一丁口，分别各造清册备查，不在各项俄民之例。

职道上年说帖内拟清查民籍为改订条约之预备，声明俟清查明晰另文详咨等情在案。兹谨按依所查清册撮叙各项户口总数，分别酌拟办法，倘蒙大部准予分别商订，似于交涉不无裨益。是否有当，理合摘抄各项册式具文，详请俯赐鉴核，准咨外务部采择核办，批示遵行，实为公便等情到本部院。准此相应咨呈，为此咨呈贵部，谨请鉴核商办，见复施行。

宣统三年闰六月初一日《法律档》

科布多办事大臣忠瑞咨外部，呈送会议修改俄约调查表文　附界务、商务、税务、杂务表

为咨呈事。

据行营调查局会案呈称，案奉外务部咨行准东三省总督案照修改中俄陆路通商条约一事，内称：内外蒙古、天山南北等处调查报告请咨沿边各省督抚、大臣、将军、都统一律派员会查等语。并准外务部文，内开：宣统三年为修改中俄通商条约三次届满之期，贵大臣如有所见，亦希各抒己意，以期集思广益等因，附调查纲目表咨行前来。蒙批发交卑局会同中俄局办理等因。奉此查此案前奉部中电饬后，业于宣统二年十一月十九日拟具说帖呈请核咨在案。兹奉前因，自应查照界务、商务、税务、杂务，按据款目问题逐条分晰调查报告，以备采择。惟阿尔泰岩疆僻处，风气未开，历年辟治草莱，一切外交犹须审慎，言贸易则难开商埠，论税钞则概免征收。凡条约中所谓设官建署各事，

宜尤非阿尔泰所急务。其他俄国之官警制度、殖民情形以及籍产、防维、学校、风化，为荒徼所难知，即蒙、哈各游牧中间有工商受雇俄国者，向不呈报前来，亦无从悉其底蕴，是以类别之中商务、税务、杂务三项，为阿尔泰所报告者实属寥寥。界务一类，则阿尔泰紧接俄疆，调查自关郑重。此中情势有须研究其由来者，应即谨依来表仍分四类，摘举款目，查对问题，于界务中稍加详注，以示区别。理合据实陈明等情，并填注调查各表汇集成帙，呈请核咨前来。

本大臣复查阿尔泰地同瓯脱，与科布多划界分治后，一切内政尚须极力经营，以言外交，诚多顾虑。该局等此次所呈各节及对问俄约调查纲目表，均属实在情形，相应备文转咨大部，谨请查核施行。须至咨呈者。

十月初一日《商约档》

会议修改俄约调查表

款别	纲目	调查问题	所据何本	何处担任调查研究
		第一类界务		
一	交界百里区域	两国边界百里，照约应以华里计算。两国有无划定区域，其区域分明否？ 查阿尔泰所属与俄交界地方，其北面区域即大阿勒台山后，自科布多所属杜尔伯特西界之索果克卡伦起，迤西由哈屯山达坂过查罕河源、霍木河源哈喇斯淖尔之北，接阿克哈巴河源。是为同治三年旧界，续于光绪九年复勘之时此段界务仍循其旧。又，自阿克哈巴河源起，向西流至喀喇哈巴河交会处，由河西过山出萨斯山湾至伯勒哲克毕尔爱喇巴什河源，又循此河西行过克森阿什奇克真山梁至阿克塔斯河与阿拉克别克河交会处，向西南顺流以河为界直入额尔济斯河。是为光绪九年勘改新界，其划定区域左右一里之间均有确鉴证据。若限定百里以华里计算，查沿边各界均系高山深涧，多为人所不到之区；若逾越丈量牵算转虞失实，且营中既无矩器，亦无深悉测绘之员，更不能任意登临凭虚推步，是两国区域既自分明，即边界百里自有方隅可守。 惟阿拉克别克河东岸，光绪二十八年俄官因该处鄂博左边一里余中国地面俄人潜盖房屋，藉此希图侵占，捏改河名。经前任科布多参赞大臣等辩驳有案，迄今未结。又，克哲勒阿什地方俄人越界种地，亦经迭次投文查问，终未接到复件，其案亦遂久悬。此次修改条约，拟请同时并案研究，永断葛藤，实为清查界务要义。	光绪七年续章第一款	各省调查员国外调查员

二	卡伦	中俄卡伦三十五处（雍正五年条约有六十三处）系在何处，起于何方，讫于何地，现在存废如何？并详查卡伦制度。 查中俄卡伦三十五处，原单内开各名属于阿尔泰昔年边境者约有二处，曰攸斯提特，曰苏鄂克。系因迭次划分疆域，该卡伦今在何处无从确指。若雍正五年条约有六十三处，分属于阿尔泰边界者更不可考。但就阿属边境现在卡伦言之，起于阿境北面哈头里达坂之西曰霍洞淖尔卡伦，又西曰胡木苏托罗盖卡伦，又西曰乌松呼吉尔图卡伦，又西曰呼吉尔图布拉克卡伦，又西曰萨斯卡伦，又西南曰克咱勒阿斯卡伦，又西南曰阿塔斯卡伦，讫于阿境西面之阿拉克别克卡伦，共计卡伦八处，此系阿属所存者。 其卡伦制度每处设台吉一员，兵十名，分计四卡伦设侍卫一员、协理台吉一员，合计八卡伦共设侍卫二员、协理台吉二员、散台吉八员、卡兵八十名。所需各项支给银两由科布多参赞大臣核发，其各台吉在卡伦一年无过，准予议叙加级，由乌里雅苏台将军汇案办理。每岁巡查卡伦由阿、科分起派员前往。	光绪七年续章附单	各省调查员 国外调查员
三	界牌	中俄交界之界牌记号有无废置移设，伊犁、塔城与俄交界之界牌两国已特派大员安设，究其所定新界是否妥密，有无别项关系，设立界牌处之形势及其他之组织建设两国有无区别？ 查阿尔泰与俄交界之界牌记号自光绪九年勘改界约后，并无废置移设，其所定新界尚属妥密。惟俄人于阿拉别克河左边一里余中国地面潜盖房屋，又于克哲勒阿什沃饶之地越畔而耕。该两处界牌稍有关系，此外形势及其他之组织建设现在虽略有区别，尚无妨碍。	光绪七年改约第七、第八、第九款	各省调查员
八	盗取边界牲畜	边界盗取牲畜之罚办方法现在是否实行？照约办理有无障碍？牲畜而外，如木、石、鱼、草、矿产之盗取如何罚办？ 查阿尔泰毗连俄境，彼此牲畜被人越界盗取亦所时有，现在罚办方法多不持平照约办理，亦不免有所障碍。查光绪七年《中俄改订条约》第十七款内载：凡有牲畜被人偷盗诱取，一经获犯，应将牲畜追还，如无原物，作价向该犯追偿。倘该犯无力赔还，地方官不能代赔。两国边界官应各按本国之例，将盗取牲畜之犯严行究治，并设法将自行越界及盗之牲畜追还。其自行越界及被盗之牲畜踪迹可以示知界兵并附近乡长等语。 查追还牲畜一节，常有于示知踪迹后不分真伪、已否追获，一味要索赔偿，其中屈枉多端，在所不免。今宜声明：示知踪迹后，仍由该边界兵或乡长带同失主跟踪追获，送交边界官，按约惩办，方得水落石出，即不能追获，失主亦无可施其强横。至木、石、鱼、草、矿产等类之盗取，现尚无罚办方法，拟请大部核议通章，俾各遵照办理而弭争端。	光绪七年改约第十七款	各省调查员 国外调查员

续表

十	重案犯互交	照约犯罪人不可彼此妄拿存留，究竟洋文原约是否单指在华而言，能否挽回，是否实行？ 查咸丰十年《北京条约》第八款，据中国官本内载：遇有大小案件，领事官与地方官各办各国之人，不可彼此妄拿，存留治罪。又据俄文官本重译此款，内载：不论犯案之重大与否，领事官与地方官长只能设法惩办本国之犯，彼此皆无权拘留及查办非本国所属之人，至于罚办更不待言矣各等语。按此款上文，中国官本有云：系中国人犯者，或在犯事地方，或在别处，俱听中国按律治罪。又，俄文官本译云：犯者华人，或归犯事地方官长惩办，或须发往他县，抑省治地方官办之处，悉按国法规则办理各等语。其中或在别处一语，俄文译出或须发往他县、抑省治地方字样，显系单指在华而言。惟俄人犯事之在华者，中国并无拘留及查办之权。若华人犯事之在俄者，俄国任意拘留及查办，甚至罚办亦有之，是彼此办法未能两得其平，非所以挽回而重公法。 又，俄人入华境冒险私行，走失无着，强索华民认赔，动以万计。华人被俄人戕毙者非只一案，且已由俄官验明属实，比年全未了结。华民负屈太多，人情向背之机所关非细，拟请声明：以后遇有重案，彼此一体办理，毋相悬远致碍实行，庶于边氓稍有裨益。	咸丰十年续约第八款	国外调查员
十一	游历护照	越南边界两国人民过界应照两国章程领取护照，中俄交界是否照行，并须声明游历护照不能作为买卖货物免税之凭据否？ 查阿尔泰西北两面紧接俄疆，路径纷歧，头头是道，而荒凉偏僻，觉察难周，俄人越界往来并不呈验护照，常有单身行走小道或被野兽残食及风雪所伤，遂指为华民所害。前俄商阿布都、哈达尔二人迷失无着落一案是其明证。且近来轮船探水，弋猎牲牲，结党纷连，阑入华境，越界每至数百里以外，倏来倏去，讯问殊难，似此情形实于边务人受影响。拟请声明：阿尔泰边界，中俄两国人民应照各国章程领取护照方准过界，凡有人民之未领护照而过边界至五十里外者，其在中国则听中国地方官扣留，其在俄国则听俄官扣留，彼此即交各本国官员酌量情形审办。至游历护照不能作为买卖货物免税凭据，应俟阿尔泰将来议定税则废弃免税之例，再行声叙。	中越章程第五款	各省调查员各抒意见
十二	会同查办	边界查办事件照约由两国边界官会同查办，究竟彼此在何处设有边界官，是何名称，能否办理允洽，应否添设会同查办之员，有无会讯之嫌？ 查阿尔泰与俄接壤地方所设边界官员，其在中国于阿拉克别克河及昌吉斯台二处各设卡伦弁卫一员，又于哈巴河设分防营务处一员，其在俄国于宰桑斯克及乌斯喀明各设乌牙孜一员。所有边界事件该官禀报，或径由阿尔泰行营添派中俄局总办及管务处全员会同查办。惟会讯之嫌或所不免，然俄人果予和平衡权，可争者争，可让者让，当亦办理允洽，而无不了之案。拟请大部与俄使核议，务令彼此遵照条约悉心研究，持平办理，以弭猜嫌。	咸丰十年续约第十款	各省调查员各抒意见

续表

十五	国界河流	中俄国界江河及其支流若干，能通航者若干，现在不能通航者若干，外蒙古之乌鲁克木河（即俄叶尼赛省之叶尼赛河上游，在我乌梁海。）及黑伊尔特什河（即克喇额尔济斯河，入俄斋桑淖尔湖）。尤宜详细查明。 查中俄国界江河属于阿尔泰境内者，一曰额尔济斯河，该河有东西二源。西源为喀喇额尔济斯河，即黑伊尔特什河，其源起于喀喇温尔常山口，向东南流百余里，有东源花额尔济斯河自东北来注之；花额尔济斯河源起于青吉斯达坂，自北而南数十里，有库尔图河水自东来注之，又西南流百余里，汇于喀喇额尔济斯河，台而西南流数十里，有喀喇电克水自东来注之；又西北流百余里，有苏布图水自北来注之；又折而西流二百余里，经嘻勒扎尔巴什淖尔之西北；又西流约五十余里，有克林河水自东来注之，克林河之源起于阿尔泰山前乌西岭、额鲁木图达坂之中，分数派自北而南迁折流一百余里，经承化寺行营西北合而东南流过汉民庄约百里，有罕达盖图水自北来注之；又西流约八十里，经喀喇通古，有克木奇大小二水自达兰鄂博发源，由西北分流注之；又西南流约六十里，有固尔图水自北来灌于薮泽，会而西流三十余里，入于额尔济斯河；又西流百余里，经帖列克得山，有布尔津河水自北来注之，布尔津河源起于阿尔泰山前霍木苏托盖，由东北而西流约一百八十里，有喀那斯淖水自北来注之；又折而南流约百余里，有松都鲁克山诸水东来注之；又西南流约五十里，有海琉滩水西来注之；又西南流约八十里，入于额尔济斯河；又西流经通浣下游约一百五十里，有哈巴河水自东北来注之，哈巴河之源不一，起于阿尔泰西山中俄交界地方，即阿克哈巴河源，自东北而西南流，左右纳诸水，过克木里，西经防营约三百里，入于额尔济斯河；又西北流约八十里，有毕勒折克河水北来注之，毕勒哲克河源起于阿尔泰西麓中俄新界地方，自北而南流四十余里，有爱喇克巴什水自东来注之；又西南流约三十里，有萨斯水自东北来注之；又西南流约四十里，有布果里水自东北来注之；又西南流四十余里，入于额尔济斯河；又西北流约七十里，有阿拉克别克河水自东北来注之，阿拉克别克河源起于新界之俄境四十里地方，流入中界十余里，有阿克塔斯河左右二水自东西分来注之，又西南流约七十里，入于额尔济斯河，达俄境宰桑淖尔。以上交界河流，仅有阿拉克别克一处其河源除阿克哈巴、毕哲勒克二处系属联界外，其余各处河源亦均与俄无涉，以外并无支流至通航水道。惟额尔济斯河上驶能至布尔津河口，曾有俄轮潜越来此，探试水道，经阿营禁遏报告在案。若乌鲁克木河系在唐努乌梁海境内，归乌里雅苏台管辖，应由该处将军饬属详查报告。		各省调查员国外调查员
十七	国际邮电	中越章程载：中国官商所寄往来公文、书信、电报，法国邮政、电报各局一律递送，并不阻止。俄国对于我国此种邮电能否一律递送，送费等次若何，电码应用何种，有无阻隔？应购译其邮电章程。 查阿尔泰尚无邮政局所，其电报通达新疆正在创议，尚未成立。所有中国驻俄官商寄发公文、书信系由台驿各路发行，并无由俄道往来之事，其邮电章程暂亦无须购译。	光绪十二年中越章程第四款	国外调查员

续表

第二类商务					
款别	纲目	调查问题		所据何本	何处担任调查研究
一	百里贸易					
甲	百里内任便贸易	其物品以何种类为多，适用何国货币，有无一定市场，我之与彼贸易孰大，彼我贸易利益孰多？ 查阿营汉、缠各商运出货物以牛、羊、马匹等为多，即在交界百里内销售，或尚不及百里；蒙、哈在游牧内以牛、羊、驼、马、皮毛贱价与俄商易物，为数甚巨；适用俄帖，然不甚多，并无一定。市场各商贩运土货在边境销售之后，随将原带俄帖并其卸货银两仍购运一切洋货回店发卖。故贸易以俄为大，利益亦以俄为钜。		光绪七年续章第一款	各省分任内外调查
乙	稽查限制	既云任便贸易，自不应再有稽查限制之法，而原条下文又有任凭两国限制办理等语，有无抵触之处，现在俄界百里内限制方法若何，有何定章可查？ 查百里内任便贸易均不纳税，下又有稽查限制等语，盖稽查限制系验货盖戳（戳）及不准包庇等事，如光绪七年续章第三款、同治八年改章第二十款各条暨本纲目表十四款通商限制问题。居住两国通商日期应随该商人之便不加定限，及两国商人至通商之处准其随便买卖等事，就他处边境界百里外仍须纳税者而言，其章语意自无抵触。若蒙古地方百里外均暂免税，则情形似有不同。今就阿尔泰之遵守中俄约章，于所辖地方均未设立税卡，以至俄商潜来蒙、哈游牧，无论距离边界远近，各地方既系任便贸易，使中国无从稽查，更无限制之法。而俄国显违约章，一则于乌里雅苏台洋卡征收牲税，再则设卡阿拉克别克河东，均在百里之内。其限制方法虽无定章可查，然于我华商人入境征税之外，并将中国银钱扣留，查核甚严，且有迫令出境之事，似此歧异缘中国对于俄商遵守原条上文任便贸易均不纳税等语。而俄国对于商华〔华商〕，误会原案下文稽查贸易任凭限制语意，以至于此，是稽查限制之法与任便贸易一语不免有所抵触。拟请同时研究酌改，俾持平允而维公法，实于商务有裨。		光绪七年续章第一款	各省分任内外调查
九	运道					
甲	运道之一	内外蒙古及天山南北路之俄商过路，又其过界是否均照卡伦单所定卡伦行走，有无绕越情弊，所设卡伦及卡伦官有无变更废置，并查明华商入俄通道。 查阿尔泰一带地方，俄商过路甚多，其过路界处所强半不照卡伦单所定卡伦行走，其绕越实所难免。惟所设霍洞淖尔等八卡伦官尚无变更废置。若华商入俄之通道，以承化寺行营西南之阿拉克别克及济木乃等处为常；而蒙、哈小贩以零星土物运销俄国者，则又于行营北面之昌吉斯台等数卡伦随冬夏之宜以为便捷。		光绪七年续约第二款	各省调查员

续表

十二	不准出口物件	不准出口物件仅止中国米及铜钱两种，应否酌加米之外关于民食主要物品，尚有何种铜钱以外之地金、地银及金银币，应否一律禁止？俄国进出口之物件若何？应将其律令觅送。 查民食主要各物品，米之外为数甚多，凡五谷之属均在其内。阿尔泰地方土性宜小米尚属相宜，是宜酌加禁令，不准出口。至铜钱以外之地金、地银及金银币，虽阿尔泰菁华未发，风气待开，然自内地及各处商贾流通而来者，亦所常有，自应一律禁止，以免利源外溢。若俄国进口物件以中国蒙、哈牲畜及皮毛为大宗，出品物件有煤油、胰子、各种洋酒、毡毯之类。虽俄之律令不得其详，然其利益实非浅鲜。	光绪七年续章第十五款	各省及国外调查员
十七	内地购货单照	洋商入内地购土货，照《中越通商章程》必须请领三联执照，无照逢关纳税，遇卡抽厘。俄商入沿边一带及往来三省、蒙古、天山南北路等内地购办土货，有无请领三联单之举，应否分别仿行，华商入俄界购货有无此等单照？ 查俄商入阿尔泰地方购办土货无请领三联单之举，华商入俄界购货亦无此等单照。如欲分别仿行，宜俟设立税卡之后方能议及。	中越章程第七款	各省并出国调查员
十八	交易方法	俄民在蒙古、伊犁、塔尔巴哈台、喀什噶尔、乌鲁木齐、天山南北路各城贸易，照约得以货相易，并准以各种货物抵帐（账）。现在是否仍旧，有无行用俄币之处，以货抵帐（账）何以清算，有无不动产扣押借贷情事？ 查阿尔泰地方向有俄国行商以货相易，以货抵帐（账）之事，现在尚仍其旧。俄国货币亦到处行用，以货抵帐（账）大都视货值若干即抵帐（账）若干。惟俄商狡黠于蒙、哈，清算时俄商强半独占便宜。至以不动产扣押借贷，现尚无此情事。	光绪七年改约第十二款	伊塔新乌调查员
二十三	运输机关	中俄贸易之运输机关若何？ 查阿尔泰实业风气未开，虽有少许货品，不知织造，故运输入俄仅得贱价。俄人则货物极多，备极精致，往往即以其收入之皮毛一经造作毡毯，颜色鲜明，花样华美，即以善价鬻于华人。举此一端，余可概见。故同一运输，而机关有发达、不发达之别。		各省及国外调查员
二十六	蒙古、天山等处贸易	中国贸易之情形及十年内贸易额之比类。 查阿尔泰所属蒙古各地方，哈萨克亿万众，汉户仅数十家。历来商贾仅有俄国边界人民潜来，各游牧为数无多，户中每年偶有一二人前往新疆贩运零星货物。自光绪三十一年创设重镇，现在承化寺附近汉、缠市肆成立，月异而岁不同，故其贸易现情比较数年之内额数大有起色。		伊塔新调查员

续表

款别	纲目	调查问题	所据何本	何处担任调查研究
\multicolumn{5}{|c|}{第三类税务}				
十一	百里免税	边界百里内免税，现在俄界是否实行？免税必有凭证，必有稽查方法，应一一查实举明。若将此例破除，于我有利益否？ 查阿尔泰西面俄界百里内，俄人于乌里雅苏台征收牲税，又设卡于阿拉克别克河东，是俄界于百里内征税确有凭证，此可为查实而举明者。而中国对于俄国现在蒙古及天山南北等处一概免税，是百里内免税自不待言。将来废弃伊蒙免税之时，能将百里免税之例一律破除，似于中国略有裨益。	光绪七年续章第一款	国外调查员
十二	伊蒙免税	俄人在蒙古地方及各盟贸易照旧不纳税，并准伊犁等处天山南北路各城贸易暂不纳税，其关于税务、经济、商业各方面上必有极大之影响，照约俟商务兴旺可即议定税则，废弃免税之例。现各处商务兴旺否，应否废弃免税之例，酌议相当税则？ 查伊蒙免税条款，关于税务、经济、商业方面上原有极大之影响。伊犁、塔尔巴哈台、喀什噶尔、乌鲁木齐等处现在商务业经兴旺，固可废弃免税之例，酌议相当税则。即阿尔泰地方初创，然中国商人由阿地赴俄境贩运货物及买卖牲畜，俄卡往往收税银，则揆之公理订立约章，两国应无歧异。惟阿属将来设立税卡，其西北路应在济木乃哈巴河一带适中要隘；东路查验放行之所，冬、春两季应在沙扎盖台，夏、秋两季应在乌西岭各设分卡。所有俄人过界之处，拟请商定西由阿拉克别克河及济木乃两处，北由昌吉斯台，此外不准擅行出入，以防绕越而重税务。	光绪七年改约第十二款	伊蒙各路及沿边各省调查员调查研究
\multicolumn{5}{|c|}{第四类杂务}				

款别	纲目	调查问题	所据何本	何处担任调查研究
十一	租地	张、库喂养牲畜地及喀、伊、塔三处畜牧地之幅员若干，是否缴纳地租？ 查咸丰十年续约第六款内载：俄人试行贸易并照伊犁、塔尔巴哈台给与空旷之地，以便牧放牲畜等语。阿尔泰与塔尔巴哈台地毗连，同治、光绪年间曾经借与塔城管辖。俄商缘此麇入，潜牧所在时有，姑不计其已否缴纳地租，而所关实非细故。且阿属幅员褊小，各蒙旗牧地因本国哈萨克户蕃多，已形拥挤，更何堪任外人之分占。现在阿尔泰尚未设立领事，此等情节，似应查禁，以安游牧而弭事端。	咸丰十年续约第六款	库、张、新、伊、塔五处调查

续表

十四	交涉行文	边界大臣文书转送方法是否仍照约行？东三省已有邮政之处，例应联络，应否设法改良？ 查咸丰十年续约第十一款内载：各处行文未列科布多等处；惟同治三年塔城界约第九款内载：自今勘定边界之后，乌里雅苏台、科布多二处遇有会同俄国查办事件，应拟增添由乌里雅苏台将军、科布多参赞大臣与托木、色米珀拉特二省固毕尔那托尔往来行文办理等语。则阿尔泰地方由科布多划分，遇有交涉事件自应与俄国该二省行文办理。从前阿属借与塔城管理时，系由塔城参赞大臣与俄国西悉毕尔总督往来行文。自塔城将阿地交还设立办事大臣后，所有阿交涉事件系办事大臣行文，由库伦及塔城各领事转送托木省等处。至前年乌里雅苏台设立领事后，即由乌城领事转送，间有仍由塔城者。现在邮政尚未成立，应如何联络，设法改良之处，容俟将来再行妥拟。	咸丰十年续约第十一款	各省调查员各抒意见
十七	租建	张家口之俄民铺房、行栈现已建设若干，其建设之地是否仍由地方官照伊塔通商章程无价给予，现在应否议费并加限制？ 查光绪七年改约第十三款内开：给地盖房系援照咸丰元年伊塔通商章程第十三条内开，俄商贸易必须房屋，即在伊犁、塔尔巴哈台贸易亭就近由中国指定一区，令俄商自行盖造，以便住人存货等语。阿尔泰从前借归塔城管辖时，俄商借此潜入各游牧，搭盖土房，住人存货，以至蔓延阿属，诚难禁止。窃思阿尔泰现尚未开商埠，未设领事，不宜由俄商在各游牧任意盖房。嗣后非经中国行文允许指明何处准其修建房屋，如有俄商潜入私自营造，或华人纳贿别有弊窦及此者，即将该房屋充公，任凭中国办理。此事前经呈请奏咨，并拟具说帖中详载在案。	光绪七年改约第十三款	
增	往来行路	俄国领事官在蒙古地方及天山南北两路往来行路，按照《天津条约》第十一条、《北京条约》第十二条，可由台站行走，此事有无窒碍？ 查俄领事往来行路经过地方自应照章保护，若常索驼马供给为约所未有。迩来西北沿边有台各处恐因细故酿成事端，不得已如数应付，几至应接不暇。阿尔泰于光绪三十一年早经奏请改台为驿，以恤蒙艰，所设南通新疆、东达科布多各驿站，专递折报、公文，本营差使亦不供给。故俄领事来往入境不便应付驼马，相形之下，诚恐俄官暗生意气，遇事为难，嗣后办理外交愈形棘手，似宜于条约内特别声明，以资遵守而固邦交。	光绪七年改约第十款	阿尔泰等处调查员

俄国驻华公使廓索维慈致清政府外务部的最后通牒

(1911年2月16日)
俄国之哀的美敦书
照会中国之原文
自由行动之恶语

俄国由驻北京钦使照会中国政府云：俄政府以近时中俄交涉，中政府颇不以一千八百八十一年商约为然，中政府及各地方官毫不注意条约之细则，且有时任意违背条约内原文。然俄政府以中政府对待此约之行为实有不能交好之情，故俄国政府应详细辨明，并请中政府作速照复，愿否遵照一千八百八十一年条约内容及中俄各条约之总纲办理。

第一，一千八百八十一年条约以各项国际协约除华俄交界五十俄里外，并未限制在中俄交易贸易纳税之自由。凡在两国陆路边界五十俄里内，中俄两国彼此运出输入物品一概无税。

第二，俄人在中国境内有治外法权，故吏治裁判交涉专属于俄员。若遇民事讼事，如华俄人之交涉，须由中俄会审解决。

第三，蒙古及中国长城以外以及天山左右，俄人有权自由往来，居留及贸易货品一概无税，亦不得以专利或禁止限制其通商自由。

第四，俄政府除已设之领事外，有权在科布多、哈密、古城设立领事，虽无此权，须经中政府认可，惟现在在各该城华俄商人每有兴讼之事，显然不能不实行此权。

第五，凡设领事之国，中国地方官声明承认，遇有华俄争办之事，不得推辞与俄员公同裁判。

第六，蒙古及长城以外各城，俄政府有权设领事署，即伊犁、塔尔巴哈台、库伦、乌里雅苏台、喀什噶尔、乌鲁木齐、科布多、哈密、古城以及张家口等处，俄人有权置地建筑。

为此，俄政府特照会中政府，若不承认以上六款，或一款不欲，即可谓之中国不欲遵守前约，敦固善邻，如此俄政府即可自由进行，以便申明条约权限云云。

录自《民立报》，辛亥年正月二十六日（2月24日）

俄外交大臣沙佐诺夫致驻华公使密电

（1911年2月23日）

二月二十五日，由俄京电，传暂署外部大臣于二月二十三日致北京俄使密电一道。据称，俄政府视察，近时中俄交涉，足证中政府故意延缓，其答覆中，又屡用游移之词，意在不认可二月三号俄国照会内容，如三月六号照覆驻北京俄使一节，中政府仍用原词，承认俄国在科布多设立领事，无须同时设立税关，并不言及他处领事。况设各领事，已载之彼得堡条约第十条，至于新疆实行华商专利，违背与各国所定约章。据中政府声称，俄商以本地所产通商一节，可与华商一律平等。可见中政府毫不注意俄国在蒙古国及中国西北按照条约无税通商等事，此等交涉，毫无效果。总之，中政府谋藉端限制俄国条约权，不患无词耳。其宗旨在将来可借词排挤，今俄政府不得不求水落石出，无容再事延缓，并请中政府正式宣明，从实承认三月三号俄国照会一切要求。果能如此宣布后，俄政府候中国答覆此次照会，仅限定俄历十五号（华历二十八日）为止，并先期声明，至期，若非接到按二月三号要求六款，如款承认照复时，则俄政府即行所谓自由行动主义，而中政府一面不能辞其固执之咎云。由是观之，冲突之结局如何，惟在中政府一面耳。如中政府此次果能全数承认，则今日已至满期，两国可保全和年（平），无战争之危也。

录自《民立报》，1911年4月5日

清政府照会俄国驻北京钦使

（1911年3月27日）

本爵二十四日接读贵钦使照会，内称自二月十八日本部照复未尝言及按照一千八百八十一年彼得堡条约设立俄国各领事署，又谓违背与各国条约不言新疆现在实行专利事，显系不注意俄商无捐税通商之按约权限，据称正式声明认可后，俄政府始能提议征税以及他项问题云云。本部理合答复，声明前于正月二十一日、二月十八日本外部照复，现在所称各问题已详细说明，本部所认可者，无须如何声明，今因贵钦使要求，故本部甚愿详细声明，以免无形之误会，如科布多、哈密、古城设立领事一节，本部于第一次照复中，根据条约第十条，其愿往各该处派放领事，至第二次照复时，本部已认可在科布多设立领事。因贵钦使第二次照复中所称之事仅关于科布多之故，本部除科布多之外，绝不驳斥，按照条约在他处设立领事之权，至于新疆专利之问题，本部已在第二次照复内讲明，俄人在天山南北各处以及中国长城以外通商者，与华人一律平等，将来绝不加之限制。其中所谓一律平等不加限制者，即可表明，中国不用专利限制本都查看第一次照复，俄人在蒙古及中国西境无税通商问题，特声明中国严守一千八百八十一年条约第十二条，此即显明承认俄人在蒙古及中国西境暂时无税通商。以上之承认绝不能谓之为不注意条约权限，查中俄交谊亲密已非一日，凡遇边界各问题，两国无不遵守条约，敦固彼此睦谊，中国政府向抱此宗旨，从无反对。正月二十一日俄国照会各款，今仍愿承认俄政府根据条约各条举动。本爵为此作正式声明，承认俄国按约一切要求，敬请贵钦使将以上各节转达俄国政府。

俄外务部电致驻北京俄使原文内容如下

俄历二月三日，所交中国政府之文经中国政府决议照准条约所载一切，俄皇甚为满意，表谢贵大臣办理外交之敏捷，并饬贵大臣转达中国政府请其照所允准之事施行，将来中俄两国邦交自可日益亲笃也。

录自《民立报》，1911年4月5日